봉인된 역사

봉인된 역사

대장촌의 일본인 지주와 조선 농민

초판 1쇄 발행 2017년 9월 20일
초판 2쇄 발행 2017년 12월 26일

지은이 윤춘호

펴낸이 김선기
펴낸곳 (주)푸른길
출판등록 1996년 4월 12일 제16-1292호
주소 (08377) 서울시 구로구 디지털로 33길 48 대륭포스트타워 7차 1008호
전화 02-523-2907, 6942-9570-2
팩스 02-523-2951
이메일 purungilbook@naver.com
홈페이지 www.purungil.co.kr

ISBN 978-89-6291-426-9 93910

* 이 책은 관훈클럽신영연구기금의 도움을 받아 출판되었습니다.

대장촌의 일본인 지주와 조선 농민

봉인된 역사

윤춘호 지음

푸른길

• 차 례 •

서문

1934년 12월 25일자 『동아일보』는 짧은 공연 예고 기사를 싣고 있다. 기사 내용은 단순하다. 아름다운 목소리로 이름이 높은 테너 조화석 씨가 춘포공립보통학교 동창회 초청으로 다음 달 5일 독창회를 연다는 것이었다. 쉽게 보고 넘길 수도 있는 공연 예고 기사지만, 이 기사를 잘 살펴보면 몇 가지 재미있는 사실을 알 수 있다. 독창회 장소가 모교 강당이라고 소개되고, 모교를 위하는 마음으로 특별히 출연한다는 조씨의 말이 기사에 인용된 것을 보면 조화석 씨는 이 학교 출신으로 보인다.

일제강점기에 테너 공연이 신문기사로 다뤄지고 있다는 것은 다소 의외다. 1930년대에 서양 근대 음악이 일반 대중들에게도 그리 낯설지 않았던 모양이다. 여기에서 더욱 주목할 것은 독창회 장소가 열리는 곳이다. 조화석 테너의 공연 장소는 춘포공립보통학교 강당이다. 춘포공립보통학교는 1923년 전북 익산군 춘포면 대장촌리에 세워진 학교다. 면 소재지 학교로 당시 학생수는 200명이 채 안 되는 작은 시골학교였다. 이 학교 강당에서 테너 독창회가 한겨울에 열렸던 것이다. 서양 근대음악 공연이 도시도 아닌 농촌마을 학교에서, 그것도 일제강점기에 열린다는 것은 놀라운 일이 아닐 수 없다.

공연을 하는 테너 조화석 씨가 이 학교 출신인 것을 보면 그는 농촌 출신이면서도 일찍부터 서양 음악을 접할 수 있는 환경에서 성장한 것이라고 추정할 수 있다. 또 조씨를 초청해 독창회를 열기로 한 춘포공립보통학교 동창회 간부들도 서양 음악에 상당한 수준의 지식과 관심이 있었던 것으로 추정되는데, 이들 역시 춘포공립보통학교 출신으로 이 마을 태생일 것이다. 서양 음악을 알고 즐길 수 있다는 것만으로 문화적 소양이 있는 것으로 단정할 수는 없을 터이지만, 적어도 이 마을 출신들이 서구 근대 문물을 낯설게 여기는 사람들이 아닌 것은 분명하다.

『동아일보』는 1935년 1월 5일에 열렸을 조화석 테너의 대장촌 독창회가 어떠했는지에 대해서는 보도하지 않았다. 제대로 된 난방시설이 있었을 리 만무한 공연장이 텅텅 비어서 가뜩이나 썰렁하고 추웠을 학교 강당이 더욱 얼어붙었는지, 아니면 학교 강당을 가득 채운 청중들의 열기로 한겨울 동장군을 녹였는지는 알 수 없다. 공연의 성공 여부는 알 수 없지만 이 기사를 통해 확인할 수 있는 것은 테너의 미성을 즐기려는 잠재적인 고급문화 향유층이 이 동네에 있었다는 사실이다. 그런 사람들이 없었다면 이런 공연을 기획하는 것 자체가 불가능했을 것이다. 한마디로 조화석 독창회 예고 기사는 이 농촌 동네가 당시로서는 대단히 개명된 동네였음을 상징적으로 보여 주는 것이라고 할 수 있다. 궁금하지 않을 수 없다. 어떤 마을이길래 1930년대에, 그것도 한겨울에 초등학교 강당에서 테너 독창회를 열었던 것일까?

이 동네에 테너의 아리아만 울려 퍼진 것은 아니었다. 1930~1940년대 이 동네 단골손님 가운데 한 명이 당시 조선에서 최고의 인기를 누리고 있던 임방울 명창이었다. 임방울 명창은 이 동네 환갑잔치나 혼인잔치에 수시로 불려 와 며칠씩 머물렀다. 이 마을 사람들은 당대 최고의 명창이 선사하는 판소리 '춘향가'를 일 년에 두어 차례씩 즐기는 호사를 누렸다. 동네 사람들의 시름을 잠시나마 잊게 해 준 대가로 받은 쌀자루를 짊어지고 동네 어귀를 떠나던 임방울을 기억하는 이곳 출신 인사가 지금도 정정하게 살아 계신다.

당대 최고의 스타였던 임방울 명창이 자주 왔다는 것은 이 동네 사람들이 임방울 명창의 소리를 듣고 즐길 줄 아는 복된 '귀'를 가졌다는 뜻이고, 한편으로는 임방울 명창의 소리에 보답할 수 있는 '돈'을 가졌다는 의미다.

일제강점기 엄동설한에 테너 독창회가 열리고 임방울 명창이 쑥대머리 열창으로 마을 사람들의 심금을 울렸던 이 동네는 전북 익산시 춘포면 춘포리다. 원래는 전북 익산군 춘포면 대장촌리였지만 행정구역의 개편으로 춘포면이 익산시로 편입되고, 대장촌大場村이라는 지명이 일제의 잔재라는 이유로 1996년 익산시 의회 결정으로 춘포리로 바뀌었다. 그렇지만 이 동네는 아직도 현지 주민들 사이에서는 대장촌이라고 불린다.

대장촌이라는 말은 '큰 농장이 있는 마을'이라는 뜻이다. 일제 식민지 시절 일본인 지주들이 이 마을에서 대규모 농장을 경영했다고 해서 대장촌大場村, 일본말로 오오바무라おおばむら라고 불렸다는 것이 대장촌이란 지명과 관련된 지금까지의 통설이다.

그러나 본문에서 자세히 살펴보겠지만 이 동네는 일제의 침략이 본격화되기 이전인 19세기 후반부터 대장촌이라고 불렸고, 각종 역사자료에도 '大壯村, 大長村'이라는 마을 이름으로 표기되어 있다. 다만 일제 식민지 시기에 한자의 표기가 '大場村'으로 달라졌을 뿐이다. 대장촌이란 지명의 추방은 오해와 무지, 편견에서 빚어진 일이라고 할 수 있다.

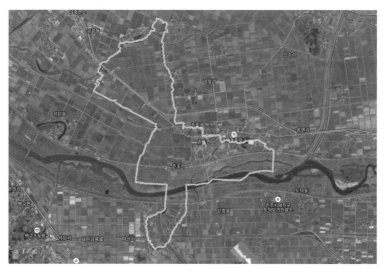

전북 익산시 춘포면 춘포리 지역

　행정지명에서는 사라진 지 20년이 넘었지만 지금도 이 지역 주민들이
대장촌을 버리지 못하는 것은 조상 때부터 100년 넘게 사용해 온 지명인
지라 귀에 익고 입에 붙었기 때문일 것이다. 또 대장촌이라고 부르고 불
릴 때 이 동네만의 고유한 정서와 역사가 살아난다고 느끼기 때문은 아
닐까. 같은 이유로 이 책에서도 춘포리라는 공식 지명보다는 대장촌이
라는 지명으로 이 동네를 부르기로 한다.

　위 지도에서 보듯 대장촌, 즉 춘포리는 익산시 춘포면 남쪽에 자리 잡
고 있다. 동쪽으로는 삼례가 지근거리에 있고, 서쪽으로는 익산 시내 중
심부가 손에 잡힐 듯 가깝다. 남쪽으로는 만경강을 사이에 두고 김제군
이 자리하고 있다. 전주시가 외곽으로 확장되고 도로 사정이 개선되면
서 제법 멀게 느껴졌던 전주도 이제는 옆집 다니듯 갈 수 있는 거리에 있
다. 엄격한 행정구역 구분과는 무관하게 역사적으로 대장촌이라는 마을

의 영역은 전라선 철도와 만경강 사이에 있는 춘포면 남측 지역이라고 할 수 있다.

대장촌을 찾아가는 길은 간단하다. 호남고속도로 삼례 IC에서 빠져나와 국도 27호선으로 갈아타서 익산, 군산 방면으로 5분여 정도 달리면 이 마을이 나타난다. 기차로 가려면 익산역을 이용하면 된다. 1914년 전라선의 전신이라 할 수 있는 전북경편철도 대장역이 문을 연 이후로 지난 2007년까지 이 마을은 기차가 서는 동네였다. 그러나 10년 전부터 이 동네에는 기차가 서지 않는다. 익산역에서는 대장촌을 거쳐 삼례까지 다니는 버스가 10분에 한 대꼴로 출발한다. 이 동네를 찾는 데 산을 넘거나 강을 건너는 수고는 필요치 않다. 마을의 남쪽으로 동에서 서로 길게 흐르고 있는 만경강이 남쪽에서 오는 길을 조금 멀게 느끼게 할지는 모르겠다.

지도를 통해 한눈에 알 수 있듯이 이 동네는 외부를 향해 활짝 열려 있다. 마을은 평야지대에 있는 전형적인 농촌마을이다. 밭보다 논이 훨씬 많고, 논들은 바둑판처럼 정리되어 있다. 오직 들판뿐인 동네다. 그리고 들판이 아름답다. 들판이 주는 아름다움이 뭔지 궁금한 사람들은 이 동네에 가 보기를 감히 권한다. 봄, 여름, 가을, 겨울 사시사철 언제 가더라도 이 동네의 들판은 아름답고 감동적이기까지 하다.

이 동네에 산이라고 이름 붙은 것은 봉개산이라고도 불리는 춘포산이 유일하다. 전라선 철도 북쪽 너머에 있으니 엄격히 말하면 대장촌에 있는 산이라고 할 수는 없지만, 그래도 이 동네 언저리에서 '산 비슷한 것'은 춘포산이 전부다. 산이라 이름 붙이긴 했지만 해발 46m의 야산이니 산이 많은 다른 지역에 가서는 산이라고 명함 내밀기도 부끄러울 정도다. 그러나 춘포산은 낮은 언덕배기 하나도 찾아볼 수 없는 이 동네에서 절대적인 존재감을 자랑하며 춘포평야라고도 불리는 넓디넓은 들판 위에 홀로 우뚝하다.

북쪽으로 춘포산이 눈에 띄는 자연경관이라면, 남쪽으로는 만경강 제방이 눈에 들어온다. 대보둑이라고도 불리는 이 제방은 일제강점기에 만들어졌다. 만경강을 사이에 두고 좌우로 총 길이 60km 넘게 뻗어 있는 이 제방은 익산군만이 아니라 전주와 김제, 군산, 완주로까지 이어진다. 춘포산을 빼면 구릉 하나 찾을 수 없는 이 동네에서 높이 6~7m의 이 제방은 100리가 훨씬 넘는 길이로는 물론이고 높이 면에서도 사람의 눈길을 잡기에 부족함이 없다. 제방 상부도로는 폭 7m로 차량 두 대가 교차 통행할 수 있으니, 단순히 둑이 아니라 도로 역할까지 하고 있다. 완공된 지 80년이 다 되어 가는 이 제방은 이 마을의 시작과 함께 존재했던 인공구조물로 일제 식민통치의 대표적인 상징물이기도 하다.

만경강을 빼놓고는 이 동네 이야기를 할 수가 없다. 만경강은 이 동네의 모든 것이다. 자연적으로, 지리적으로도 그러하거니와 역사적·경제적·정치적으로도 그러하다. 만경강은 이 동네가 생기기 이전부터 존재했고, 이 동네를 만들었으며, 이 동네의 현재를 규정하였다. 만경강은 이 동네의 과거와 현재의 모든 것을 알고 있고, 새만금사업의 주 무대이기도 한 이 마을의 미래도 결국 만경강에 달렸다.

만경강을 알아야 이 동네를 알 수 있고, 만경강 없는 이 동네는 상상하기 힘들다. 이 동네의 역사는 만경강과의 집요한 투쟁의 역사였고, 이 투쟁의 역사를 통해 이 마을의 오늘이 형성되었다. 그래서 대장촌이라는 한 농촌마을을 집중적으로 다루게 될 이 책에서 가장 빈번하고 중요하게 언급될 단어도 만경강이 될 것이다.

마을의 역사가 대략 150년 전부터 시작되었다는 사실은 이 동네를 이해하는 데 중요한 요소다. 만경강 중류 북쪽에 위치한 이 마을은 19세기 중·후반부터 일부 고지대에 사람들이 들어와 취락을 이루기 시작했다. 그 이전에는 갈대만이 무성한 지역으로 사람이 살지 못했던 지역이다. 이 동네에서는 오래된 역사의 흔적, 고대유적은 물론이고 몇백 년을 자랑하는 가옥이나 열녀문, 아니면 누구의 송덕비나 웬만한 마을에 한 그루씩은 있기 마련인 그럴듯한 전설이 전해져 내려오는 거목 한 그루 찾아볼 수 없다. 당연히 역사에 기록될 만한 이 마을 출신 인물들도 없다.

마을의 역사는 조선이 끝나 갈 무렵에 시작되었다. 만조기가 되면 만경강을 통해 서해 바닷물이 지금의 춘포산이 있는 지역까지 역류하였기 때문에 19세기 중반까지 대장촌 지역은 농사짓기 어려운 황무지였다. 춘포와 접해 있는 금마, 왕궁이 삼국시대부터 역사서에 빈번하게 언급되는 것에 비하면 춘포라는 지명은 조선 후기에 이르기까지 역사에서 소외된 지역이었던 이유도 여기에서 찾을 수 있다. 조선 후기에 늘어나는 인구를 부양하기 위해 강변의 황무지를 개간하려는 투쟁이 본격화되었고, 대장촌이라는 동네도 이런 과정에서 조금씩 자리를 잡기 시작한 것이다. 봄나루터라는 뜻의 춘포春浦라는 지명에서 알 수 있듯이, 이 지역은 나루터가 있었고 서해 고깃배들이 드나들던 지역이었다.

만경강변의 한적한 나루터가 역사에 본격적으로 언급되기 시작한 것은 동학혁명 때부터다. 녹두장군 전봉준이 농민군의 군량미를 이곳에 보관하였고, 동학농민군을 진압하려고 출동했던 관군이 일시적으로 주둔하기도 했던 것을 보면 이때 이미 취락이 형성되었다는 것을 알 수 있다. 그럼에도 불구하고 대장촌은 20세기 초반까지 수시로 홍수와 가뭄에 시달리고 매년 범람하는 만경강에 속수무책으로 당하는 무력하고 미미한 농촌마을이었다.

대장촌이 본격적으로 개발되기 시작해 지금의 형태를 갖춘 것은 20세기 초반부터였다. 공교롭게도 마을의 개발은 일본인 지주들의 이 지역 토지 매입과 비슷한 시기에 진행되었다. 제국주의 일본의 조선에 대한 정치·군사적 침탈의 1차 완성이라 할 수 있는 을사보호조약 체결을 전후한 시점에 일본인 지주들이 대장촌으로 몰려들었다. 앞으로 자주 들게 될 호소카와 모리시게細川護成, 이마무라 이치지로今村一次郎, 다사카 사사부로田坂佐三郎 등이 바로 그들이다. 호소카와를 비롯한 일본인 지주들은 경쟁적으로 대장촌 일대의 땅을 사들였다. 일본인 지주들의 손에는 총칼이 아닌 돈이 들려 있었고, 그들의 대장촌 토지 매입 과정이 외형상으로는 폭력적이거나 강제적이었던 것은 아니다. 하지만 그들의 뒤에는 일장기 휘날리며 총칼을 든 일본 제국주의가 버티고 있었다.

일본인 지주들은 태평양전쟁 패배로 대장촌에서 밀려날 때까지 이 동네의 완벽한 지배자로 군림하였다. 그들은 대장촌의 천황 같은 존재였다. 대장촌 일대 토지의 80%가 일본인 지주들의 소유였고, 대장촌 농민들 가운데 이들의 소작인이 아닌 사람은 찾아보기 힘들었다. 이들은 지주로서 땅을 지배하는 것에 그치지 않고 학교 후원회장, 관변단체 간부, 면과 도의회 의원, 지역의 유지로 마을의 여론과 발전 방향을 주도했다.

이들은 명실상부한 대장촌의 건설자이자 개발자였고 지배자였다. 학교를 유치하고 철도를 놓고 변전소를 짓고 우편소를 세우고 수리조합을 설립했고 금융조합을 만들었다. 전기는 물론 상수도까지 끌어들였다.

경찰주재소와 헌병분견대는 이들의 대장촌 정착과 거의 동시에 이 마을에 자리 잡았다. 15년에 걸쳐 만경강을 직강화直江化하고 제방을 쌓는 대역사를 통해 이 동네의 지도를 근본적으로 바꿔 놓았다. 이런 개발을 통해 대장촌의 넓은 벌판을 그들의 근거지로 삼았다. 이 벌판에서 나오는 쌀을 철도를 통해 군산항으로 실어 날랐고, 이 쌀들은 배편으로 일본으로 옮겨져 오사카 미곡시장에서 거래되었다. 대장촌의 지주들은 동아시아 지역 최대 규모였던 오사카 곡물시장의 큰손이었다.

대장촌 개발을 통해 일본인 지주들이 막대한 경제적 이익을 거둬들인 것은 말할 것도 없었다. 그들은 경제적 이익과 함께 선의로 무장한 개척자라는 명예도 놓치려 들지 않았다. 만경강변의 볼 것 없던 농촌마을을 한겨울에 테너의 독창회가 열릴 수 있는 '개명된 동네'로 만들었다고, 이 동네는 한일 두 민족이 공영·공존하는 내선일체의 모범촌이라고 자부했다. 이들은 자신들의 성취를 진정으로 자랑스러워했다. 식민지 지배자들은 이 동네의 '성공적인 개발'에 대해 상을 주고 표창을 하는 방법으로 이 동네를 자신들의 식민통치의 성공사례로 들었다. 일본인 지주들은 자신들의 대장촌 개척은 일본만이 아니라 조선과 조선인을 위해서도 좋은 일이라고 확신했고, 그 확신은 조선에서 강제로 쫓겨날 때까지 조금도 흔들림이 없었다.

이 동네에 살았던 일본인 지주 가운데는 일본 최고 명문대학을 나온 변호사 출신이 있었고, 이 동네에서 40년을 뿌리내리고 살면서 죽어서도 이 땅에 묻히겠다며 이 마을과 조선에 대한 애정을 토로한 사람도 있었다. 그들은 이 마을의 천황 같은 존재였고 조선 소작인들의 생사여탈권을 쥔 절대적 권력자였지만, 일본 제국주의라는 큰 틀에서 보면 그들 역시 통치의 대상일 뿐이었다. 조선에 거주하는 일본인들에게는 피선거권은 물론 투표권조차 부여되지 않았다. 대장촌의 일본인 지주들을 포함한 재조 일본인들은 자신들을 2등 국민이라고 자조하기도 했다. 스스로를 2등 국민이라고 불렀지만 자신들의 처지가 조선 소작인들과 같다고 생각했을 리는 만무했다.

일본인들의 '모범촌'에 일본인 지주들만이 살고 있었던 것은 아니다. 이 동네는 일본인 농장 설립과 함께 대규모의 일본인 이민이 이루어졌다. 이민자들 대부분은 일본 규슈九州 지방, 특히 구마모토熊本 출신의 가난한 일본 농민들이었다. 일본 농민들의 대장촌 이민을 통해 농업생산성 향상을 꾀하는 한편, 이들의 영구 정착을 통해 조선에 대한 지배를 불변의 기정사실로 만들고자 한 것이다.

일본 농업이민자들은 대장촌에서 조선 농민들과 섞여 살았다. 다른 지역과는 달리 이 동네에는 일본인 전용 거주지역이 없었다. 그러니 겉으로 보면 조선인과 일본인은 이웃사촌이었다. 한마을에서 한 울타리를 두고 이웃으로 살았다고 해서 그들의 공존이 늘 평화롭고 안녕했던 것은 아니다. 그것은 적대적 공존이었다. 조선인과 일본인이 가는 길은 확연히 달랐다.

빈농 출신이 대부분이었던 일본인 농업이민자들은 일본에 계속 있었다면 생각하기도 힘들었을 그들의 꿈을 대장촌에서 이루었다. 일본 농민들 가운데 상당수가 식민지 기간을 통해 소작농에서 자작농으로 올라서거나 자영업자로 변신했다. 대장촌에서 태어난 그들의 2세들은 일본군 장교가 되고 교사가 되고 대학생이 되었다. 조선 소작인들은 감히 생각할 수도 없는 경제적·사회적 성취를 그들은 이룩했다. 교육을 비롯한 각종 제도 면에서 조선 거주 일본인들에게 혜택이 주어졌기 때문에 가능한 일이었다. 일본인 지주들에게 대장촌이 그들이 심혈을 기울여 만든 '모범촌'이었다면, 가난한 일본인 농민들에게 대장촌은 자신들의 꿈을 이룬 '이상촌'이었던 것이다.

일본인이 주도하는 마을이었지만 이 동네의 압도적 다수는 당연히 조선 농민들이었다. 그런데 이 마을의 조선인들은 몇 대에 걸쳐 한 마을에 뿌리를 내리고 사는 전통적인 의미의 토박이와는 거리가 멀었다. 이 마을이 20세기 초반부터 본격적으로 형성되고 개발되는 과정에서 조선의 다른 곳에서 유입된 사람들이 다수였다. 마을의 역사가 짧다는 점, 토박이가 거의 없었다는 점, 일본인과 조선인이 섞여 사는 농촌마을이라는 점은 이 마을의 역사를 이해하는 데 핵심적인 요소다.

이 동네 조선 사람들은 대부분이 일본인 농장의 소작인으로 일하기 위해, 아니면 식민지 시절 이 동네 곳곳에서 쉼 없이 계속된 철도공사, 만경강 개수공사 등에서 일자리를 찾기 위해 왔다가 정착한 사람들이었다. 전북 출신이 많긴 했지만 전국 팔도에서 사람들이 몰려들었으며, 서해를 건너온 산둥성 출신의 중국인 인부들도 적지 않았다. 다양한 출신의 다양한 배경을 갖고 있는 사람들이 어울려 살던 동네였고, 다양한 사람들이 살았던 만큼 다양한 일들이 벌어졌고 갈등은 필연적이었다.

이 동네 조선인들은 거칠었다. 조상 대대로 살아온 토박이가 없는 대신 하루라도 먼저 정착한 사람들을 중심으로 타지에서 온 사람들에 대한 텃세가 만만치 않았다. 외지인이나 다른 동네 사람들은 이 동네에 있던 기차역을 이용할 때마다 동네 왈패들의 괴롭힘을 각오해야 했다. 동네 간 패싸움도 이 동네에서는 보기 어려운 일이 아니었다. 쿨리라고 불리는 중국인 노동자들은 자기들끼리 잘 뭉치고 거칠기로 악명이 높았지만, 이 동네에서는 제대로 기를 펴지 못했다. 중국 인부들과의 패싸움에 온 동네 사람들이 나섰다는 이야기가 신문기사로 보도되기도 했다.

가뭄이 극심할 때 물싸움 현장에는 이 동네 농민들의 낫과 삽이 허공을 가로지르기 일쑤였고, 싸움 말리러 나왔던 순사가 봉변을 당하는 일도 드물지 않았다. 자신들의 이익 또는 마을의 이익이 침해될 때는 집단행동도 서슴지 않았다. 만경강 물길을 막는 일제 수리조합의 갑문을 깨부수려고 삽과 괭이를 들고 마을 주민 600여 명이 집단행동에 나서는가 하면, 인근 지역 주민들과 연합해 무려 5,000명이나 되는 시위대를 조직해서 전북도청으로 몰려갔던 것도 대장촌 사람들이 주도한 일이었다. 일제강점기에 5,000명이나 되는 농민이 집단시위를 벌인 것은 극히 드문 일이었으니 일제 경찰로서는 기겁하지 않을 수 없었다. 조선에서 가장 일본화된 마을로 꼽히던 이 동네 농민들의 이런 대규모 시위가 벌어질 때마다 일본 경찰은 대장촌에 대한 시각을 새로이 하지 않을 수 없었다.

거칠었고 텃세 부릴 줄 알았고 자신들의 이익을 지키기 위해 때로는 과감한 행동도 불사했지만, 대장촌의 조선 농민들은 다른 곳과 마찬가지로 식민지 사회에서 철저한 을일 수밖에 없었다. 소작을 얻기 위해 일본인 지주는 물론 마름에게도 고개를 굽실거려야 했고, 겨우 얻은 소작을 떼이지나 않을까 전전긍긍하며 소작료 인상에 온 신경을 곤두세웠다. '선한' 일본인 지주들의 소작료에 관련한 너그러운 조치에 감지덕지한 것도 사실이었다.

몇 번의 대규모 집단행동을 벌여 일본 경찰의 간담을 서늘하게 한 것은 사실이지만, 그렇다고 이 동네가 저항의 불온한 기운으로 가득 찬 동네는 아니었다. 일본인 지주들을 상대로 한 소작쟁의가 빈번했던 것도 아니고 농민운동이 활발했다는 기록도 찾아보기 힘들다. 전 조선 민중이 들고일어난 3·1만세운동 시기에 이 동네는 침묵했다. 마을의 분위기는 한일 두 민족의 적대적 공존이라고 표현할 수 있었지만 일상은 비교적 평온했다. 일본인들에게 이 동네는 '어두워진 후에도 조금도 불안을 느끼지 않았던 너무도 평화로운 동네'였다.

어떤 이들은 이 동네를 일본인 지주들에 빌붙어 잘 먹고 잘산 '일본놈' 동네였다고 폄하하기도 한다. 확실히 이곳이 식민지 시절 다른 동네에 비하면 상대적으로 덜 배고픈 동네였던 것은 맞다. 들판이 넓어 소작 얻기가 쉬웠고, 호소카와 농장이나 이마무라 농장의 소작료도 다른 지역 일본인 농장에 비하면 가혹하지 않았다. 농지가 비옥하고 수리시설이 제대로 갖춰져 생산성도 높았으니, 소작인들에게 큰 몫이 돌아갈 리는 없었지만 그래도 떨어지는 것이 적지는 않았을 것이다. 농한기에는 마을 주변에서 진행 중이던 만경강 개수공사나 철도 선로공사에서 막노동이라도 하면 현금으로 일당을 챙길 수 있었으니, 자기 한 몸 건강하면 '세 끼 챙겨 먹고 막걸리 한 잔은 마실 수 있는' 마을이었다. 일제 식민지 시절을 회고하는 이 지역 촌로들 가운데 일제강점기가 대장촌이 그래도 살기 좋았던 시절이라고 말하는 이도 있다.

상대적으로 덜 배고픈 마을이었던 것은 맞지만 이 동네가 일본 지주에 빌붙어 잘 먹고 잘살았던 마을은 아니다. 부지런히 몸 놀리면 겨우 밥 세 끼 챙겨 먹을 수 있었을 뿐이다. 잘 먹고 잘사는 마을이었다면 왜 이 마을 초등학교 진학률이 50%에도 못 미쳤겠는가? 일본화된 마을이었기에, 일본인들과 함께 살았기에 일상에서 느끼는 차별의 서러움은 더 컸고 수시로 일본인에 대한 열패감에 시달려야 했다. 대표적인 것이 아이들의 교육문제였다. 일본인 학생들이 다닐 수 있는 학교가 1907년 세워진 반면에, 조선인 학생들이 다닐 수 있는 학교는 1923년에야 개교했다. 일본인 농장의 소작지 분배도 일본인 농민들에게 우선적으로 이루어졌고, 하다못해 막노동을 해도 일본인과 조선인 노동자의 임금 차이는 두 배가 넘었다. 이 동네의 평온함의 밑바닥에는 제도화된 차별과 멸시, 열패감과 굴욕감이 자리 잡고 있었다.

일제강점기의 역사는 불과 100여 년 전의 이야기임에도 불구하고 그 실체가 손으로 잘 만져지지도 않고, 머릿속으로 그 시대를 그려 보려고 해도 그 시대상이 좀처럼 그려지지 않는다. 그 시절에 관한 사료는 박물관 열 개로도 부족하고, 그 시대에 대한 증언은 차고 넘친다. 아직도 그 시대를 맨몸으로 겪었던 사람들이 우리 주위에 생존해 있다. 위안부 피해자 할머니들이 대표적인 존재일 것이다. 대부분의 역사 교과서들은 조선의 국권 피탈과 그에 대한 저항과 투쟁을 상세하게 기술하고 이를 학교에서 가르치고 있으니 일제강점기에 대한 교육이 부족해서 그렇다고 할 수도 없다.

그 시대는 왜 손으로 잘 잡히지 않고 그 시대 풍경은 눈앞에 떠오르지 않고 머릿속으로 그려지지 않을까?

여러 가지 답이 가능하겠지만 가장 분명하고 핵심적인 이유는 그 시대에 대한 총체적인 연구와 이해가 부족하기 때문이다. 일제강점기는 우리에게 여전히 현재진행형이다. 역사와 정치가 뒤엉켜 꼬이기 일쑤인 한국과 일본의 외교관계가 그것을 증명하고 있다. 일제강점기의 역사가 정치의 영역 속에서 완전히 벗어나지 못하다 보니, 그 시절의 역사는 현재의 필요에 의해 선택적으로 호출되고 선택적으로 활용되기 일쑤다. 현재로 불려 오는 역사는 일제에 대한 저항과 투쟁의 역사가 대부분이다.

나머지 수많은 역사들은 슬그머니 봉인되거나 외면되는 경우가 적지 않다. 마치 이렇게 말하는 듯하다. "이런 것은 더 보지 않아도 돼, 볼 필요도 없어. 이제 여기는 됐으니 다른 데로 가 보자." 심지어는 "여기를 왜 보려고 그래? 무슨 생각으로 여기를 보자는 거야?"라고 다그치는 소리도 들린다. 이민족에게 나라를 빼앗기고 종으로 살았던 시대가 마냥 부끄럽기 때문일 것이다. 그 시대는 어떤 이유로든 자랑스러울 수 없고 오직 부끄럽고 수치스런 시대일 뿐이다. 악몽의 시대였고, 악몽은 기억하기보다 잊는 것이 상책이라고 생각하는 듯하다. 그러니 그 시대를 제대로 이야기하고 정확히 기억하려고 하지 않는다.

우리가 배우고 기억해야 할 것은 저항하고 투쟁했던 역사만으로 충분한 것일까? 수치스럽고 굴욕에 찬 역사는 봉인해서 언제까지 묻어 두어야 하는 것인가? 일제에 대한 저항과 이를 통해 쟁취한 해방으로 만들어진 나라이기 때문에 저항과 투쟁의 역사가 최우선의 가치를 갖는 것은 당연하다. 우리 공동체의 존립 근거이기도 하다는 점에서 저항과 투쟁의 역사에 방점을 찍는 것은 꼭 필요한 부분이기도 하다. 그러나 그 기억만으로 그 시대의 역사가 서술될 수는 없다. 투쟁과 저항의 기억만 남고 다른 기억들은 봉인되어 묻히면서 그 시대의 역사가 빈곤해졌다. 객관적인 사실이 사라진 자리에는 현재의 필요에 의한 과거 역사의 해석과 평가가 자리 잡고 있다.

일제강점기의 역사는 현재의 필요에 의해 선택되고 선택받지 못한 역사는 묻혀 버렸다. 그 시대가 총체적으로 기록되지 못하고 선택받은 사실만으로 재구성되는 일이 빈번하다 보니 그 시대에 대해 아무리 외우고 배워도 손으로 잡히지 않고 눈에 보이지 않는 것이다. 요즘에는 가난해진 역사를 상상력과 창의력으로 채우는 일도 드물지 않게 벌어진다. 일제강점기를 다룬 일부 영화들이 그 예라고 할 것이다. 일부 영화들은 사실에 대한 과장이나 왜곡을 넘어 없는 사실까지도 만들어 낸다. 그리고 그것을 역사라고 믿는 사람들이 적지 않다. 우리 시대는 역사를 기록하기보다 역사를 만드는 일에 더 열광하고 있는 것은 아닌가.

이 책에서 다루려고 하는 대장촌이라는 마을의 역사도 일반적인 시각으로 보자면 그리 자랑스러운 역사는 아니다. 이 마을은 많은 것이 일본인들의 주도로 이루어졌다. 일본인들이 농장을 세웠고, 일본인들이 철도를 놓았으며, 일본인들이 학교를 열었고, 일본인들이 전기와 상수도를 들여왔다. 뱀처럼 구부러진 만경강을 직강화한 것도, 15년에 걸친 대역사를 통해 초대형 제방을 완공해서 이 마을의 영원한 숙제였던 홍수 문제를 근본적으로 해결한 것도 일본인이었다. 일본에서 편지를 쓸 때 봉투에 '조선국 대장촌'이라고만 적어도 편지가 문제없이 도착했다는 말이 전해져 오는 마을인데, 그 말인즉슨 일본에서도 널리 알려진 마을이라는 뜻이다. 일본인을 빼고는 이 마을의 역사를 말하기가 어렵다. 다른 지역에 비해서도 마을의 역사에서 일본인들, 특히 일본인 지주들이 차지하는 몫이 큰 동네다. 이 마을의 역사를 쓰는 것은 곧 일본인, 특히 일본인 지주들의 이야기를 쓰는 것이라고도 할 수 있다. 이 책을 처음 기획했을 때 '대장촌의 일본인 지주들'이라고 가제를 붙인 것도 그런 이유에서였다.

해방 이후 이 동네는 급속히 사람들의 관심사에서 멀어졌다. 점차 잊혀진 동네가 되어 갔고 이제는 어느 모로 봐도 두드러질 것 없는 평범한 농촌마을이 되었다. 일제강점기에 좋은 일이든 나쁜 일이든 한 해에 서너 번은 신문지상을 장식했던 이 동네가 언론에 등장하는 일도 거의 찾기 힘들다. 이 동네의 과거를 묻는 이들도 찾기 힘들다. 식민지 지주 농업 경영의 상징적인 장소라는 점에서 일부 학자들이 꾸준히 관심을 두고 있지만, 이 동네가 본격적인 연구와 토론의 대상이 된 적은 없다.

패전과 함께 이 동네를 떠난 일본인 지주들의 이야기는 서둘러 봉인되었다. 그들이 떠난 뒤에도 그들이 살던 집, 그들이 운영하던 거대한 도정 공장, 그들이 세운 철도 역사며 도로가 지금도 남아 있지만 일본인 지주들의 존재 자체는 지워지고 흩어지고 묻혀 버렸다. 그들을 찾는 이들도 없고, 애써 기억하는 이들도 없으며, 그들이 무슨 일을 했는지를 말하는 이들은 더욱 없다. 그들의 행적은 철저하게 봉인되어 버렸고, 그 봉인을 해제하자는 목소리는 어디에서도 듣기 힘들었다.

일본인 지주들의 이야기가 묻히면서 그들의 맞은편에 서 있었던 조선인 소작인의 이야기도 함께 봉인되어 묻혀 버렸다. 조선인 소작인들의 이야기를 하기 위해서는 일본인 지주들의 이야기를 하지 않을 수 없는데, 일본인 지주들의 이야기가 묻히면서 조선 농민들의 사연도 잊혀진 것이다. 일본인 지주와 조선인 소작인은 적대적 공존관계였고 하나로 묶인 이 마을의 쌍두아였다. 어느 한쪽을 배제하고 다른 한쪽만이 존재하기 힘들었다. 어느 한쪽 이야기만을 할 수 없다면 차라리 그 시대 자체를 잊자는 데 암묵적으로 동의했던 것은 아닐까? 굳이 과거를 뒤적여 봐야 그리 자랑스러울 것도 없다고 생각하는 사람들도 있지 않았을까? 이 동네와 직간접적으로 관련된 연구논문이 한국보다는 일본 쪽에서 더 많이 나오는 것도 이런 이유와 무관치 않을 것 같다.

숨기고 감추고 외면해야 할 부끄러운 과거가 있기라도 한 것일까? 알게 되면 후손으로서 수치스러움을 느끼지 않을 수 없는 숨겨진 이야기라도 있는 것일까? 필자가 굳이 이 동네의 이야기에 관심을 가졌던 것은 이런 호기심도 없지는 않았다. 일본인 지주들의 존재, 일본인의 식민촌, 일본인과 조선인의 혼거 같은 점이 다른 마을에 비하면 다소 특이하다고 하겠으나 이 마을의 역사가 유달리 다른 마을의 그것과 다르다고 할 수는 없다. 그리 자랑스러울 것도 없지만 크게 부끄러울 것도 없었다.

거듭 말하거니와 이 동네의 역사에서 일본인 지주들의 몫은 크다. 일본인들이 차지한 역할이 주도적이고 적극적이었다고 해서 이 동네의 역사를 봉인하고 묻어 버릴 수는 없다. 자랑스러운 역사만이 기록될 가치가 있고, 공동체의 역사는 늘 자랑스럽거나 적어도 자랑스럽게 해석되고 평가되어야 한다는 생각에 필자는 동의하기 어렵다. 과거를 선택적으로 기억하거나 기록하는 것은 한 시대에 대한 제대로 된 이해를 가로막는 일이다. 역사 왜곡은 바로 그 지점에서부터 시작된다. 기본적으로 역사는 과거에 어떤 일이 있었는가를 밝히는 것이다. 역사에서 무엇을 배울 것인가를 따지는 것은 그다음 일이다.

대장촌이라는 마을이 어떻게 만들어지고 무슨 일이 있었으며, 무엇보다 거기에 산 사람들이 누구였는지를 밝혀 보고 싶었다. 이 책을 통해 부분이 아닌 전체로서의 대장촌이라는 역사적 실체를 되살리고 싶었다. 민족에 상관없이 그 동네에 살았던 사람들을 현재로 불러내고 싶었다. 가능하면 한 사람이라도 더 거기에 살았던 사람들의 이름을 불러 주고 그들의 행적을 기록하고 싶었다. 그래서 이제는 백골도 진토되었을 그 동네 사람들의 역사적인 실존을 확인시켜 주고 싶었다.

그것은 곧 이 동네 역사에 가해진 봉인을 해제하는 작업이기도 했다. 자랑스럽지 않다는 이유로, 부끄럽다는 이유로, 일본 사람들이 주도했다는 이유로, 제대로 저항하지 못했다는 이유로, 종으로 살았다는 이유로 자의 반 타의 반으로 봉인하고 묻어 버린 이 동네 역사를 복원하고 살리려는 일이었다. 봉인이 더욱 단단해지고 과거를 덮고 있는 흙이 더 두꺼워지기 전에 이 동네의 역사를 제대로, 있는 그대로 기록해 두고 싶었다.

이 마을 사람, 이 마을을 거쳐 간 사람을 한 사람도 빼지 않고 그들의 이름을 적고 싶었다. 황봉생, 노문재, 홍종계, 모리와키 기요시, 나가하라 구니히코, 이마무라 이치지로 등등 그들의 이름을 부르고 그 표정 하나하나를 묘사하며, 그들의 슬픔과 기쁨을 적고, 그들이 하고 싶었던 말들을 낱낱이 기록하고 싶었으나 능력이 의욕을 따르지 못했다. 특히 만경강 갑문을 때려 부수기 위해 삽과 괭이를 들었던 600명의 사람들, 전북도청으로 몰려갔던 5,000명의 시위대에 대해서는 좀 더 자세히 적고 싶었으나 그 많은 이들 가운데 단 한 사람의 이름도 확인하지 못하고 600과 5,000이라는 추상적인 숫자로만 표시할 수밖에 없었다. 사진이라도 한 장 있었으면 얼마나 좋았을까 싶지만 못내 아쉬운 부분이다.

대장촌 농민들의 일제 저항사를 쓸 생각은 없었다. 이 마을에는 저항과 투쟁의 역사도 있지만 그것이 이 동네의 전부는 아니었다. 오히려 침략과 저항이라는 잣대로 이 동네를 바라보면 장편소설 몇 권은 나올 수 있는 이 마을의 풍부하고 극적인 역사를 제대로 담아낼 수 없기 때문이었다. 이 동네는 잣대를 대고 금을 긋듯 선악을 분별하기 어려운 동네이기도 했다. 민족으로는 일본과 조선으로 갈렸고, 계급으로 보면 지주와 소작인이 있었다. 일본인 가운데도 지주와 소작인이 있었고, 조선인 가운데도 극렬 친일분자가 있는가 하면 반일 성향이 농후한 사람도 있었다. 이 동네에서는 누구나 뜨내기였다. 어떤 잣대를 들이대느냐에 따라 다종다양한 범주로 구분이 가능했다. 적대적 공존이 꼭 일본인과 조선인의 적대적 공존만을 뜻하는 것일 수는 없었다. 일본인 지주들을 포함한 일제와 일본인들의 행위는 침략과 수탈로, 조선인 농민들의 행동은 저항과 투쟁이라는 이분법적인 도식에 빠지지 않기 위해 노력했음을 미리 밝혀 둔다. 기본적으로 선과 악이라는 잣대만을 들고 한 시대를 평가하기는 쉽지 않고, 인구 몇천 명의 작은 동네의 일상에서 선과 악이란 그렇게 선명하게 모습을 드러내지도 않는다. 다른 공동체의 역사가 그러했듯이 이 마을 역시 선과 악, 정의와 불의가 서로 겹치고 때로는 자리를 바꿔 가며 교직했다. 일제강점기는 외형으로 보면 선과 악, 침략자와 저항자가 분명해 보이는 시대이긴 하지만, 이 마을의 역사를 들여다보면 볼수록 하나의 잣대로는 20세기 초반 한 마을에 대한 다면적이고 입체적인 이해가 어렵다는 것을 실감하게 된다.

어린 소견에도 '대장촌'이란 마을 이름이 괴이하긴 했다. 왜정시대 왜놈 대장이 살아서 마을 이름이 대장촌이라고 한다는 이야기를 아버지한테 들었다. 왜놈 대장이 흰말을 타고 들판을 누볐다는 말도 들었다. 아버지도 직접 듣거나 본 이야기를 한 것은 아니고 몇 사람 건너 들은 이야기였을 것이다. 그때부터 이 동네는 어딘가 모호했다.

마을에는 일본식 집들이 많았다. 한두 채가 아니라 마을 곳곳에 있었다. 10여 채 이상은 되었다. 초가지붕이 남아 있던 터라 일본식 집은 마을에서 좋은 집이었다. 다른 마을에도 일본식 집이 마을 집들 사이사이에 있으려니 했다. 내가 살던 동네만 유달리 일본식 집이 많을 것이라고는 생각하지 못했다.

우리 집 바로 옆에는 큰 도정공장이 있었다. 마을 사람들은 그 공장을 '영단'이라고 불렀다. 영단 앞마당이 축구장 하나 넓이는 되었고, 가을철 도정공장에서 나오는 벼의 겉껍질인 왕겨가 산처럼 쌓였다. 노란 왕겨—우리는 그것을 맵저라고 불렀다—가 건물 2층 높이로 쌓였다. 초등학생 눈에는 산처럼 보였다. 영단이라 불리던 그 도정공장이 바로 호소카와 농장이었다. 우리 집 바로 옆이 호소카와 농장이었던 것인데, 그 사실은 이번에 이 책을 쓰면서 이 동네 출신인 김준태 선생과 현장 답사를 가서야 알았다.

1993년 당시 호소카와 모리히로細川護熙 일본 총리가 방한했을 때 한국과의 인연이 알려졌다. 그의 조부가 일제강점기 전북 익산 춘포에서 농장을 경영했다는 것이다. 내 고향 인근 어딘가 보다라고 생각했지만 그 농장이 우리 동네였으리라는 데까지는 생각이 미치지 못했다.

그로부터 13년의 시간이 흐른 뒤 2006년에 도쿄특파원으로 부임했다. 우연한 기회에 도쿄 메이지로에 있는 에이세이분코永青文庫에 들르게 되었다. 에이세이분코는 호소카와 가문의 도쿄 저택을 개조해 만든 미술관 겸 기념관이었다. 그때부터 호소카와 가문에 대해 관심을 갖게 되었다. 내가 태어난 고향을 40년 동안 실질적으로 지배했던 가문이란 사실도 알았다. 대장촌이란 이름이 왜놈 대장에서 유래한 것이 아니라 큰 농장이 있는 마을이라고 해서 붙여졌다는 이야기도 그 무렵 들었다. 관심을 갖고 알아보니 내 고향에 호소카와 농장 외에도 이마무라 농장, 다사카 농장이 있었다는 사실, 우리의 유일한 놀이터였던, 우리가 대보둑이라고 부르던 제방이 일제강점기에 만들어진 것이라는 사실도 알았다. 이 동네의 역사를 더 알아보고 기록해야겠다는 생각을 구체적으로 하기시작했다. 준비는 2015년부터 했지만 현업에 바빴다. 2016년 관훈클럽 신영연구기금을 신청하고 구체적인 작업에 착수했다.

2015년 무렵 초등학교 친구 양덕만 군이 『대장교회 100년사』라는 책을 복사해서 보내 주었다. 대장교회는 면소재지 교회 중에서는 우리나라에서 손꼽힐 만큼 규모가 큰 교회였지만 100년이 넘는 역사를 간직한 줄은 처음 알았다. 이 교회가 100년의 역사를 갖고 있다면 이 동네도 100년 이상의 역사가 있다는 말이었다.

이 무렵 양덕만 군이 재미있는 이야기를 전해 줬다. 이 동네를 소재로 한 소설이 있다는 것이다. 처음엔 농담이려니 생각하고 믿지 않았다. 그런데 찾아보니 정말 그런 소설이 있었다. 박이선 작가가 2012년에 출간한 『1938년 춘포』라는 소설이었다. 우리 동네가 소설의 소재가 될 정도의 사연이 많은 동네임을 박이선 작가를 통해 확인한 셈이다. 수소문 끝에 박이선 작가를 만날 수 있었다. 대장촌이라는 마을에 관심을 갖게 된계기며 소설에 담지 않은 이야기를 들었다. 박이선 작가는 앞으로 기회가 되면 대장촌을 소재로 10권짜리 대하장편소설을 써 보고 싶다는 뜻을 밝혔다. 소설 10권이 충분히 나올 정도로 여러 가지 사연이 많고 매력적인 동네라는 것이 박 작가의 이야기였다.

실제 준비를 하는 과정에서 익산시청에 근무하는 초등동창 강병수 군으로부터 큰 도움을 받았다. 강병수 군은 익산시와 익산문화원에서 발행한 춘포 관련 자료 등을 보내 주고 귀한 사진도 구해 주었다. 박이선 작가 등 마을 역사를 알 수 있는 사람들을 섭외하는 데도 도움을 주었을 뿐 아니라 현지를 답사할 때마다 동행하는 수고를 아끼지 않았다.

이 글을 준비하는 과정에서 고향 선배인 김준태 선생을 알게 된 것은 더없이 큰 행운이었다. 대장촌에서 1933년에 태어난 김준태 선생은 일제 시절 그 동네 이야기를 마치 어제 일처럼 기억하고 있었다. 그 시절 대장촌에 살던 사람들의 이름과 행적은 물론—일본인, 한국인 구분 없이—그들이 살던 집이며 농장 구조 등을 상세히 일러 주셨다. 어디에 누가 살고 그 집의 가족 구성이 어떠했는지는 기본이었고, 누구네 집 마당에 있는 돌은 원래 일본인 묘지 비석이었던 것을 가져온 것이고 바로 여기가 그 집이라는 것까지 잊지 않고 있었다. 감탄할 만한 총기를 가진 분이다.

김준태 선생과 동행한 대장촌 현지 답사에서 그분의 설명을 들으면서 그 시대가 다시 눈앞에 살아나는 듯한 감동과 전율을 느꼈다. 특히 온다 恩多 선생에 대한 이야기는 압권이었다. 일제강점기 춘포공립보통학교 교사 명단에 온다라는 여선생님 이름이 있는데 다소 특이한 이름 때문에 기억에 남았던 인물이다. 그런데 김준태 선생이 대장촌 현지답사 때 한 낡은 집을 가리키며 "이 집이 온다 선생이 살았던 집이다. 그리고 옆집은 요시마쓰 선생이 살았다. 온다 선생은 조선 학생들에게 참으로 친절하고 착한 선생이셨다."라고 설명할 때 마치 온다 선생이 그 집에서 살아 나오는 듯했다. 선생의 설명을 들으면 몇십 년 전 이야기가 손에 잡히고 눈앞에 생생하게 펼쳐지는데, 그 감동이 독자들에게 제대로 전달될지 모르겠다.

송하춘 고려대학교 명예교수도 고마운 분이다. 구마모토 연수 때 알게 된 이노우에 히로시에 대해 알려 준 것도 감사하지만 이 책의 전체적인 방향에 대해서도 아낌없는 조언을 주셨다. 100년이 다 된 한 농촌마을의 이야기, 그것도 일본인 지주들의 이야기가 지금 우리에게 무슨 의미를 줄 수 있을지 자신 없어 할 때 격려를 아끼지 않으셨다. 누가 언제 이 지역의 일제강점기를 연구하더라도 반드시 이 책을 참고하지 않을 수 없도록 야무지게 쓰라고 한 말씀이 기억난다.

오래전 자료만을 봐서는 대장촌의 수리시설에 대해 이해하기 어려웠는데 전북농조에서 오래 근무한 이종진 님이 현장을 함께 다니며 설명을 해 주어서 크게 도움이 되었다. 이종진 님은 구하기 힘든 사진자료도 구해 주셨다. 이 지면을 빌려 감사드린다.

호소카와 농장 관사에서 어린 시절을 보낸 강세창 변리사 덕분에 대장촌의 옛 모습을 조금 더 생생하게 그려 볼 수 있게 되었다. 고향 사랑이 각별하신 강세창 변리사는 이 책의 출간을 가장 고대하는 분 중의 한 분이다.

조금은 쉽게 생각하고 덤벼들었는데 막상 쓰려고 하니 아는 것은 너무 적었고 공부할 것은 너무 많았다. 무엇보다 자료를 찾고 정리하는 일부터가 쉽지 않았다. 남의 도움 받아 가며 일하는 것이 어느새 습관이 되어 혼자서 모든 것을 처리하는 것이 영 쉽지 않았다. 그래도 하나하나 필요한 자료를 찾아가며 일제강점기에 대한 기본적인 공부부터 시작해 나갔다. 2016년 하반기부터 작업에 속도가 붙었고, 당초 계획은 2016년 말까지 원고 작성을 마무리 지을 수 있을 듯싶었다. 그러나 작년 하반기부터 선거 방송팀을 맡으면서 작업은 더뎌졌고 10월부터 시작된 이른바 촛불

시위와 그로 인한 조기 대선으로 집필 작업은 더욱 차질이 불가피했다. 틈틈이 자료를 보면서 본격적인 집필에 대비한 메모작업을 했고, 대통령 선거가 끝난 뒤에야 원고를 정리하기 시작했다.

대학에서 역사학을 전공했지만 역사를 쓸 만한 제대로 된 훈련을 받았다고 자신할 수는 없다. 또 과거의 이야기를 쓴다고 해서 모두 '역사'를 쓴 것이라고 할 수도 없다. 역사 분야 역시 일정한 훈련과 경험 없이는 제대로 된 글을 쓰기 어렵다는 것을 이번에 실감했다. 그런 점에서 선행 연구자들이 없었다면 이 책은 나오기 힘들었다. 대장촌 개발 및 당시 현황과 직접 관련된 것으로는 정승진 성균관대학교 교수와 도쿄대학교 마쓰모토 다케노리 교수의 논문이, 만경강 개수공사와 관련해서는 허수열 충남대학교 교수의 연구가 큰 도움이 되었다. 전북 지역 일본인 이민과 조선의 일본인 사회와 관련해서는 최원규 교수와 이규수 교수의 논문에서 도움 받았음을 밝힌다. 3·1운동과 전북 지역 일본인 지주들과 관련해서는 소순열 전북대학교 교수의 저서와 논문이 길잡이가 되었다. 이 글을 쓰는 데 도움이 된 저서와 논문, 저자의 이름은 참고문헌에 밝혀 놓기로 한다.

이 책이 다른 역사 논문들이나 저작에 비해 조금이라도 생생하고 피가 도는 것처럼 느껴졌다면 많은 부분은 일제강점기의 『동아일보』 기사 때문이다. 그 시절 기사를 통해 그 시대의 분위기를 감지할 수 있었고, 기사와 논문을 연결 짓는 방법으로 이 책을 구성하려고 했다.

관훈클럽신영연구기금에도 감사를 드린다. 이 재단의 지원이 없었다면 선뜻 경험 없는 집필의 길을 선택하기 어려웠을 것이다.

도무지 찾는 이가 많을 것 같지 않은 이 책의 출판을 선뜻 맡아 준 푸른

길 김선기 사장과 편집부원들에게도 고맙다는 인사 말씀을 드린다. 무엇으로 이 빚을 갚아야 할지 모르겠다.

아내 김영주에게 이 지면을 빌려 진심으로 사랑과 고마움을 전한다. 나의 각시 김영주가 없었다면 이 책은 나오기 힘들었다. 자료 검색에서 부터 시작해 출판까지 하나하나를 챙겨 주었고 원고 쓰기를 주저할 때는 내게 용기를 주었다.

이 책은 사랑하고 존경하는 고 윤재선, 정칠선 두 분에게 바친다. 대장촌에서 오래 사셨고 많은 땀을 흘리셨다. 나의 아버지, 어머니시다.

2017년 9월

윤 춘 호

제1장

동학과 함께 역사의 전면으로

부여 선비 이복영, "여기가 대장촌이냐?"

부여 선비 이복영이 대장촌을 찾은 때는 동학농민군과 관군 사이의 전주화약全州和約이 위태롭게 유지되던 1894년 8월 20일이었다. 이복영은 부여에서 태어나 부여에서 살았지만 이때는 전라도 웅포로 피난을 나와 있었다. 부여에서 금강을 건너면 바로 웅포였다. 전라도 일대는 정부군과 농민군의 합의로 전투가 그친 상태였지만, 이복영이 살고 있던 충청도 지역은 정부군과 동학농민군 사이의 산발적인 전투가 계속되고 있었다. 게다가 조선 정부 요청으로 청나라 군대가 6월 8일 아산만에 상륙하고, 이에 대응해 일본군이 하루 뒤인 6월 9일 제물포에 13,000명의 대규모 부대를 파견하면서 청일 간의 무력 충돌이 시작된 시점이기도 했다. 청일전쟁 와중에 일본군이 경복궁을 무력으로 점령하고 김홍집을 수반으로 한 새로운 내각이 출범하는 등 한양 조정도 한 치 앞을 볼 수 없는 급박한 국면을 맞고 있었고, 전봉준과 김개남이 이끄는 호남 지역 동학세력은 무기와 식량을 준비하며 2차 봉기를 서두르고 있었다.

정국이 급변하면서 일본군과 청나라군 사이의 전투가 하루가 다르게 격렬해지고 동학의 2차 봉기가 분명해진 상황이었지만, 이 24세 청년이 남긴 『남유수록南遊隨錄』에서는 이런 시대의 급박함은 좀처럼 읽히지 않는다. 도리어 피난길이 아닌 유람길에 오른 듯 한가롭게 보이는 부분이 적지 않다. 이복영은 지인의 문병을 겸해 8월 17일 대장촌 인근 고잔리에 도착한다. 지인 두 명과 함께 온 것으로 되어 있는데 임시로 거주하고 있던 웅포에서 출발해 50리 가까운 길을 폭염 속에서 걸어왔다.

『남유수록』의 이 부분 기록을 보면 이 청년의 관심사는 지인의 문병보다는 이 지역의 풍광에 있는 듯하다. 대장촌 주변 만경강 일대는 예로부터 '노화십리蘆花+里'로 이름이 높았다. 가을이 되면 만경강 연안에 갈대꽃이 만개해 장관을 연출했는데, 이 한가로운 선비는 당시 만경강의 모습을 이렇게 표현하고 있다.

"산등성이에 올라가 보니 평탄하고 넓은 들판 가운데에 허리띠처럼 좁은 강물이 굽이굽이 돌아가고 있었다."

일제강점기 직강直江사업 이전의 만경강은 이복영의 표현처럼 강폭이 허리띠처럼 좁고 뱀이 꿈틀거리는 것 같은 모양의 전형적인 사행하천蛇行河川이었다. 강변은 발이 푹푹 빠지는 뻘밭이었고 서해가 만조에 이르면 군산 앞바다 바닷물이 만경강을 거슬러 올라 대장촌 어귀까지 밀려왔다. 이러니 강물은 늘 소금기를 품고 있어 농작물을 재배하기가 어려웠다. 소금기 머금은 강물에 버틸 수 있는 것은 갈대뿐인지라 가을이 다가오면 만경강변은 갈대가 지천이었다. 그것을 사람들은 노화십리의 장관이라고 했다. 강물이 굽이쳐 흐르면서 만들어 놓은 연못과 늪이 곳곳에 널려 있었다. 이를 두고 한가로운 시인 묵객들은 볼만한 풍경이라 했으나 거기 사는 이들에게는 농사지을 수 없는 황무지였을 뿐이다.

만경강변의 노화십리 예찬을 이전부터 익히 들었던 듯, 이복영은 '날씨 맑음'으로 시작한 1894년 8월 20일 일기에서 대장촌 경관에 대한 찬탄을 아끼지 않는다. 감수성 예민한 20대 젊은이의 일기에서는 호들갑스러움에 가까운 찬탄이 생생하게 기록되어 있다.

"아름답구나! 어느 곳이 금릉金陵, 중국 남경만 못하겠는가? 그러나 멀고 외진 땅에 있어서 고명한 사람과 뛰어난 선비의 감상이 없고 또한 평야에 자리 잡고 있어 유명한 정자나 화려한 누대를 짓지 못하여 마침내 없어져서 들을 수가 없으니 어찌 애석하지 않겠는가?"

이복영이 중국의 금릉에 못지않다고 경탄한 곳은 전북 익산군 춘포면 장연長淵부락으로 지금의 대장촌 인근이다. 이복영의 동학전쟁 피난 일기인 『남유수록』은 갑오농민전쟁 연구에서 빼놓을 수 없는 필독서이기도 하지만, 대장촌이 처음으로 거론되었다는 점에서도 의미가 있다.

녹두장군, "군량미를 대장촌으로 옮기라"

대장촌. 앞으로 이 책에서 다룰 이 동네는 전북 익산군 춘포면 춘포리의 옛 이름이다. 마을 이름이 일제의 잔재라는 이유로 지난 1996년 익산시 의회의 결정에 따라 지금은 춘포리로 바뀌었지만, 현지 주민들은 여전히 대장촌이란 지명을 자연스럽게 사용하고 있다.

대장촌大場村이라는 한자를 풀어 보면 말 그대로 넓은 들, 큰 농장이 있는 마을이라는 뜻이다. 일제강점기 이 동네에 일본인들이 큰 농장을 만들었고 동네 이름도 '큰 농장이 있는 마을'이라는 뜻으로 대장촌, 일본어로 오오바무라おおばむら라고 불렸다는 것이 대장촌이라는 지명과 관련된 정설이다.

그러나 앞서 이복영 선비의 글에서 본 것처럼 일본의 침략이 본격화되기 이전, 그러니까 일본인들이 들어오기 이전부터 이 동네는 대장촌으로 불리고 있었다. 이복영의 일기에는 이런 구절이 있다.

"전주 대장촌大世村을 거쳐 춘포에 있는 감찰 최덕경 집에 이르렀다."

한자가 다르긴 하지만 이복영이 말한 전주 대장촌이 지금의 익산군 춘포면 춘포리다. 당시 대장촌은 익산이 아니라 전주부에 속해 있었고, 대장촌과 춘포는 구별된 별도의 동네였다. 대장촌이란 지명은 일제 지배 이전인 대한제국 말기 다른 기록에서도 찾아볼 수 있는데 주로 동학 관련 자료에서 언급된다.

동학농민군 진압을 위해 서울에서 파견된 정부군의 행적을 기록한 『주한일본공사관기록』(국사편찬위원회)을 보자. 인천 주재 이등공사 노세 신고로能勢辰五郎가 일본공사대리 스기무라에게 보낸 기밀 전문이다.

"5월 10일 홍계훈은 친군병을 이끌고 군산을 출발하여 30리 정도 되는 임피에 이르러 야영하고 다음 날 50리 되는 대장촌大長村에서 점심을 먹고 다시 40리 가서 이날 저녁 전주 감영에 도착했다고 합니다."

전봉준이 이끄는 동학농민군이 고부 관아를 급습하여 고부군수 조병갑을 쫓아낸 것은 1894년 음력 1월이다. 서울로 쳐들어가 돈 있고 권세 있는 자들을 모두 없애자는 동학농민군의 기세는 거칠 것이 없었다. 무기라고는 죽창과 낫, 관아 무기고에서 빼앗은 칼과 창, 몇 정의 구식 총기가 전부였고 훈련이 제대로 되었을 리도 없었다. 수백 년에 걸친 정부의 학정에 대한 분노가 이들의 가장 큰 무기였다. 분노로 무장한 농민군 앞에서 관군은 속수무책이었고 농민군은 삽시간에 전라도 일대를 휩쓸었다.

기껏 죽창으로 무장한 농투사니들, 사교집단의 광신도들쯤이야 대포 한 방이면 꽁무니를 빼고 달아날 것이라고 봤던 조정에 비상이 걸렸다. 발등에 불이 떨어진 조정이 토벌군 총사령관 격인 양호초토사兩湖招討使로 내세운 인물이 홍계훈이다. 홍계훈은 1882년 구식 군대가 정부의 부당한 처우에 항의해 일으킨 임오군란 당시 명성황후를 궁궐에서 탈출시키는 데 공을 세워 고종의 신임이 두터웠던 인물이다. 또 동학교도들이 1892년에 충북 보은에서 최초로 교조신원운동敎祖伸寃運動을 벌이며 대규모 집회를 열었을 때는 보은에서 가까운 청주로 600여 명의 병력을 이끌고 출동한 적도 있다.

홍계훈은 800여 명의 병력을 이끌고 청나라 군함 평원함平遠艦을 이용해 제물포에서 전북 군산으로 이동했다. 홍계훈이 군산에서 전주로 이동하면서 거쳤던 마을 가운데 한 곳이 대장촌이었다. 이 기록에서 거듭 확인할 수 있는 것은 일제 식민지 시절 이전에 대장촌이란 지명이 이미 사용되고 있었다는 사실이다.

1894년 음력 9월 녹두장군 전봉준은 2차 봉기에 나선다. 청일전쟁에서 기선을 제압한 일본이 김홍집 친일 내각을 조직하자 외세 배격의 기치를 내걸고 다시 들고 일어선 것이었다. 관군과 화약을 맺어 무기를 내려놓고 전주성에서 물러난 지 100일 만이었다. 동학농민군의 총지휘부인 대도소大都所는 삼례에 설치되었다. 총지휘소를 차린 직후 녹두장군 전봉준은 군량미를 즉시 대장촌으로 옮기라고 명령을 내린다. 이 상황을 당시 일본공사관은 이렇게 기록하고 있다.

"(동학농민군의 총지휘부가 있는) 삼례 대도소에서 군산진에 통문을 보내 유박미留泊米 1천 석을 즉시 전주 대장촌大長村으로 운반하라고 하였다."

당시 호남 들판에서 나오는 쌀은 배편으로 서해를 통해 조정에 보냈다. 이 쌀들을 실은 배가 머무르는 곳이 군산진이었다. 녹두장군 전봉준이 군산진에 선적되어 있던 쌀 1,000석을 대장촌으로 옮기라고 명령하고 있는 것이다. 녹두장군의 명령에 나오는 대장촌은 현재의 전북 익산시 춘포면 춘포리를 말한다. 대장촌과 같은 곳을 가리키는 지명으로 사용되는 춘포春浦라는 말은 봄나루라는 한글을 한자로 표기한 것으로 이 지역에 나루터 또는 포구가 있음을 알려 준다. 서해 바닷물이 만조기에 밀려올 때면 배들이 대장촌까지 거슬러 올 수 있었고 그곳에 제법 큰 나루터가 있었다.

전봉준이 대장촌으로 군량미를 옮기라고 한 것은 우선 배편으로 운반하기가 쉬웠기 때문이다. 물때만 잘 만나면 반나절이면 군산에서 대장촌까지 운반이 가능했다. 대장촌이 동학군 지휘부가 자리 잡은 삼례와 가깝다는 점도 고려됐다. 주력부대가 있는 본진에서 가까운 대장촌을 군량미 보관장소로 사용하려고 했다는 것은 대장촌 일대가 동학농민군의 주요 거점이었다는 뜻이기도 하다. 대장촌과 녹두장군의 인연은 2년 전에 있었던 동학 삼례집회를 통해 맺어졌다.

당시 조선 정부는 기세가 오를 대로 오른 동학농민군의 발을 전라도에 묶어 두려고 농민군이 주장하는 폐정개혁안을 받아들이는 모양새를 보이긴 했지만, 농민들의 요구를 실제로 수용할 생각은 추호도 없었다. 전주화약을 통해 급한 대로 한숨을 돌리고 청나라에 동학농민군 진압을 위한 원병을 요청해 사태를 해결하자는 것이 정부의 구상이었다. 조선 정부의 속내는 전주화약을 맺기 사흘 전 청나라에 보낸 긴급지원 요청 전문에서 그대로 드러난다.

"백성들의 습속이 모질고 사나우며 그 성격이 간사하니… 이들을 진압하기 위한 대국의 병력을 보내 주면 천추에 그 은혜를 잊지 않을 것입니다."

제 나라 백성들을 모질고 사납고 간사하다고 비난하며 군대를 보내 백성들의 의로운 요구를 진압해 주면 천년이 가도 그 은혜를 잊지 않겠다고 하는 이들이 당시 조선의 왕실이었고 정부 권력자들이었다. 이들은 동학농민군에게 휴전의 손길을 내밀면서 다른 손으로는 농민혁명군을 때려잡아 달라고 '대국' 청나라에 애걸하고 있었다. 이것이 당시 조선 정부의 실상이었다.

전북 서부 평야 한가운데에 있는 대장촌은 바로 이 시점에 역사에 등장한다. 19세기 이전에는 역사 문서에서 이 마을이 언급된 적이 없다. 이 지역을 포함하고 있는 『대동여지도』에도 대장촌이란 지명은 보이지 않는다. 이 지역은 만경강 연안으로 상습 침수 지역이어서 사람들이 거의 살지 못했다. 농사도 거의 불가능했다. 그랬던 대장촌이 본격적으로 역

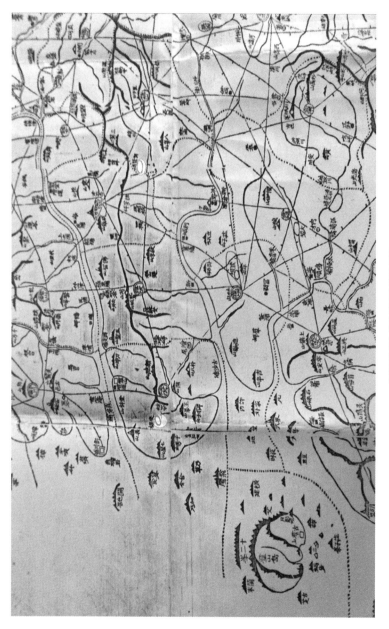

『대동여지도』성의 만경강 연안 지역

제1장 동학과 함께 역사의 전면으로 **43**

사에 등장한 것은 동학혁명과 관련된 기록을 통해서다. 500년 왕조의 운명이 경각에 달리고 외세의 침략이 거세어지던 시점에 대장촌이라는 전북의 농촌마을이 역사에 등장하기 시작한 것이다.

교주의 밀명, "음력 11월 1일, 삼례로 모이라"

1892년 음력 10월 27일, 동학 교주 최시형은 전국의 교도들에게 비밀 지령을 내렸다. 지령의 내용은 나흘 후인 음력 11월 1일 삼례로 집결하라는 것이었다. "모임에 달려오지 않는 자는 하늘의 벌을 받을 것이다."라는 교주의 지령은 간결했지만 추상같았다. 전국의 동학조직은 기다렸다는 듯 신속히 움직였다.

동학은 치밀한 연락망을 갖춘 기율이 엄격한 조직이었다. 삼례로 모이라는 수뇌부의 지령은 교단 본부에서 대접주와 접주를 통해 각 지역별 세포조직인 포包와 접接으로 신속하게 전파되었다. 포의 책임자는 포주, 접의 책임자가 접주였다. 지역의 관리책임자인 접주는 40~50명 정도의 교인을 지도하고 관장하였다. 접의 상위 조직이 포인데, 삼례집회 당시 전라도에만 16개의 포가 있었다. 포의 책임자인 포주는 대접주라고도 불렸는데, 대접주의 상급자가 법헌法軒으로 불린 교주였다. 지령이 떨어진 지 불과 나흘 만에 수천 명을 동원할 수 있었던 것은 이런 일사불란하고 치밀한 조직의 힘이 절대적이었다.

참가자들은 각 접과 포별로 할당된 식량과 노숙에 필요한 장비와 개인 용품을 챙겼다. 계절은 이미 겨울로 치닫고 있었지만 그다음 날부터 삼례로 향하는 길은 동학교도들로 넘쳐 나기 시작했다. 동학교도의 대부분은 농한기를 맞은 농민들이었다. 충청도 쪽에서는 공주–논산을 통해, 전라도 남쪽에서는 장성–신태인–금구를 거쳐, 동쪽에서는 남원–임실–전주를 거쳐 사람들이 쏟아져 들어왔다. 삼례 서쪽인 옥구와 익산 방면에서도 동학농민들이 밀려왔다.

추위에 대비해 두툼하게 차려입고 칭칭 동여맨 사람들로 전라도의 작은 마을은 이미 음력 10월 29일부터 북적거렸다. 전라도 삼례는 조선 초기부터 사통팔달의 교통요지였다. 조선시대 전국 9대 간선도로 가운데 두 곳이 삼례를 통과했는데, 한양과 해남을 잇는 삼남대로와 한양에서 통영으로 이어지는 통영대로가 삼례에서 갈라졌다. 전라 좌도左道와 우도右道, 지금으로 말하자면 전북의 서부와 동부를 잇는 길목이었고 전라도에서 서울을 갈 때 반드시 거쳐야 하는 곳이었다.

삼례에는 한양에서 파견된 도찰방道察訪이 상주하면서 호남의 13개 역을 관할했다. 도찰방은 역을 총괄하는 관리로 종6품의 직책이다. 동학 수뇌부가 삼례를 교조신원운동의 거점으로 지목한 것은 이런 교통의 편리함 때문이었다. 삼례집회는 수운 최제우 교조의 순교 이후 정부의 단속을 피해 20년 넘게 은신하며 동학을 이끌고 있던 2대 교주 해월 최시형까지 참석하려 했을 만큼—최시형은 삼례로 출발하려다가 말에서 떨어져 다치는 바람에 이 집회에는 참석하지 못했다—동학 교단이 총력을 기울인 집회였다. 동학의 세를 조정에 과시하기 위해서라도 많은 교도들이 참석해야 했고, 그러기 위해서 우선적으로 고려된 것이 교통이었다.

삼례를 선택한 두 번째 이유는 전라감영이 있는 전주와의 인접성 때문이었다. 자신들의 요구사항을 신속하고 정확하게 전달하기 위해서는 집회장소가 감영이 있는 전주에서 너무 멀어서는 곤란했다. 교단은 전주와 가깝고 교통도 편리한 곳을 찾았고 그런 장소로 삼례만한 곳은 없었다. 역참이 있던 곳이니 집회에 참석한 사람들의 기본적인 숙식을 해결하기에 상대적으로 용이한 점도 고려되었다.

삼례가 동학 역사는 물론 한국 근대사에서 큰 의미가 있는 집회장소로 선택된 또 하나의 이유는 이 지역의 동학 교세 때문이다. 삼례 일대는 전북 동학 포교의 거점 가운데 한 곳이었다. '참가하지 않는 자에게는 특단의 조치가 있을 것'이라고 언명할 만큼 삼례집회는 동학 지도부가 심혈을 기울여 준비한 모임이었다. 이 모임이 열리기 보름 전인 1892년 10월 교단의 일부 세력은 교주 최시형의 묵인하에 교조의 신원을 요구하는 집회를 공주에서 열었다. 공주와 전주는 감영이 있는 도시라는 공통점이 있긴 했지만, 조선 왕조의 뿌리인 전주는 공주와는 정치적 상징성에서 비교가 되지 않을 만큼 위상이 높은 도시였다.

삼례집회는 교주를 포함한 교단의 지도부가 총출동하기로 한 만큼 사전 준비의 철저함도 공주집회에 비할 바가 아니었다. 정부와의 물리적인 충돌 등 만약의 상황에 대비해서 최시형 교주를 비롯한 교단 지도부의 안전을 담보할 수 있는 곳이어야 했다. 그런 점을 감안하면 집회 지역은 동학교도가 많거나, 적어도 동학에 대해 우호적인 지역이어야 했다.

삼례는 2대 교주 최시형이 직접 전도활동을 펼친 지역이었다. 주로 강원도와 충청도 산골 지방을 중심으로 포교활동을 했던 최시형은 1884년에 약 넉 달 동안을 삼례 인근 사자암에서 보냈다. 사자암은 전북 익산군에 있지만 삼례에서 불과 10km 정도밖에 떨어져 있지 않은 사찰이다.

그곳에서 최시형은 넉 달을 숨어 지내며 익산과 전주에 대한 포교활동을 벌였는데 이때 삼례도 주요 포교대상 지역이었다. 1880년대 후반에는 최시형 교주가 전주 일대에서 활발한 포교활동을 했다는 동학 교단의 기록도 남아 있다. 이런 점으로 보면 전주와 삼례 일대는 동학의 교세가 상당한 지역이었던 것을 알 수 있다. 삼례집회 2년 뒤인 1894년에 녹두장군 전봉준이 2차 동학 무장봉기에 나섰을 때 총사령부인 대도소를 설치한 곳이 삼례였다는 사실도 삼례 일대가 일찍부터 동학의 거점 지역이었음을 보여 주고 있다.

민영익과 왕실의 땅, 대장촌

동학 관련 기록에 대장촌이 몇 차례 언급되고 있지만, 삼례집회와 관련해서는 대장촌이라는 마을의 이름을 찾아보기는 어렵다. 그러나 기록으로 남아 있지 않다고 해서 대장촌이 동학 삼례집회와 무관한 것은 아니다. 오히려 당시 정황과 더불어 삼례와 대장촌의 지리적 인접성으로 미루어 보면 그 집회는 삼례-대장촌집회라고 이름 지어도 무리가 아니다.

대장촌은 삼례에서 서쪽으로 약 4km 정도 떨어진 농촌마을이다. 두 마을 사이에는 다른 마을이나 산과 강은 말할 것도 없고 작은 언덕조차 없이 넓은 들판으로 연결되어 있다. 삼례와 대장촌의 남쪽으로는 만경강이 두 마을을 이어 주며 길게 흐르고 있다. 두 마을 사이를 막아서거나 갈라놓는 그 어떤 것도 없어 삼례에서는 대장촌이, 대장촌에서는 삼례가 빤히 바라다보였으니 손짓하며 부르면 바로 답을 할 것 같은, 말 그대로 지호지간指呼之間이라는 말이 딱 들어맞는 거리였다. 거리로도 가까울 뿐 아니라 들판으로 강으로 맺어진 두 마을이었으니, 이웃 마을 삼례의 대사大事가 대장촌에 남의 동네 일일 수가 없었던 것은 너무도 당연하였다.

삼례집회는 음력 11월 1일 시작되어 같은 달 20일까지 계속되었다. 이 역사적 집회의 참가자가 수천 명이라고 동학 역사는 기록하고 있는데, 전문가들은 대략 3,000명 안팎의 사람들이 이 모임에 온 것으로 추정하고 있다. 삼례는 중앙정부 관리인 도찰방과 역리들이 주재하는 곳이었지만 가구수는 100여 호 남짓하고 전체 주민이라야 수백 명에 불과했다. 수천 명의 군중이 20일 동안 머무르며 자체적으로 숙식을 해결하면서 집회를 열기에는 턱없이 작은 마을이었다. 더구나 계절은 음력 11월 겨울이었다. 양력으로 치면 12월로 본격적인 겨울 추위가 시작되는 시기였다. 식량이야 각자 가져온 것으로 어떻게든 해결할 수 있었지만 가장 큰 문제는 숙소와 땔감이었다. 수천 명이 겨울철에 하루 이틀도 아니고 20여 일을 보낸다는 것은 지금으로서도 쉬운 일이 아닌데 하물며 120여 년 전에는 더 말할 것이 없었다.

이 집회가 삼례 한복판에서 열린 것은 아니다. 집회는 삼례 옆 서쪽으로 넓게 펼쳐져 있는 들판, 그러니까 삼례와 대장촌 사이 들판에서 열렸다. 만경강 북쪽 연안의 들판으로 삼례평야 또는 전주평야라고도 불리는 곳이다. 가을걷이가 끝난 벌판은 볏짚단이 곳곳에 쌓여 있을 뿐 휑하게 바람만이 오가는 빈 들이었다. 참가자들은 만경강 지류인 한내 너머 삼례와 대장촌 사이의 빈 벌판에 장막을 쳤다. 장막은 삼례 서쪽에서 시작되어 장연, 사천 등 대장촌 외곽 마을까지 이어졌다.

대장촌 사람들은 이런 지리적인 이유로 삼례집회의 가장 가까운 목격자였고 나아가 협조자가 될 수밖에 없었다. 동학의 주장과 가르침은 대장촌 사람들에게 삼례집회 이전부터 낯선 것이 아니었지만 20일간의 농성을 지켜보면서, 때로는 이들의 농성에 동참하면서 그들은 사람이 곧 하늘이라는 동학의 주장과 요구에 점점 물들어 갔다.

그 당시 대장촌은 구불구불 흐르는 만경강을 따라 곳곳에 농가가 몇 가구씩 흩어져 있는 작은 농촌마을이었다. 만경강에서 북쪽으로 멀찌감치 떨어져 있는 춘포의 인수리나 쌍정리 등이 조선 중기 이후 꽤 큰 규모의 집성촌을 이룬 것에 비하면, 지금의 판문과 사천, 장연, 회화리 일대를 가리키는 대장촌은 동네 형성도 늦었고 마을 규모도 작았다. 현재의 신촌, 중촌, 역전, 신호 부락은 20세기에 들어 취락이 형성된 마을로 삼례집회 무렵에는 존재하지 않았다. 삼례집회는 외형으로는 동학 교조 최제우의 신원을 촉구하는 종교적 집회였지만, 본질은 부패한 관리들과 무능한 정부를 성토하는 자리였다. 학정에 시달리고 차별에 울고 평생 배고픔을 면하지 못하던 농민들의 숨죽이고 소리 낮춘 봉기였다. 아직은 죽창을 들지는 않았지만 단 몇 마지기라도 내 땅을 갖고 싶다는 욕망을 평생 소처럼 일해도 결코 채울 수 없었던 농민들의 항거였다.

이 지역 대부분의 농지는 조선 왕실의 궁방토宮房土나 명성황후의 조카로 당대 최고의 실세였던 민영익 소유의 토지였다. 전라도의 많은 농민들이 그러했듯이 대장촌 농민들 역시 사람이 곧 하늘이라는 동학의 주장에 귀 기울지 않을 수 없었던 이유가 바로 여기에 있었다. 대장촌이 삼례와 이웃한 마을이어서 동학 집회에 자연스럽게 영향을 받기도 했지만 무엇보다 이 지역 사람들이 왕실과 권력자들의 탐욕을 너무도 잘 알고 있었기 때문이다.

전라감사 이경직의 침묵

음력 11월 1일 아침, 참가자들이 21자로 된 삼칠주三七呪 주문을 일제히 외우는 것으로 삼례집회는 시작됐다. "至氣今至 願爲大降 侍天主 造化定 永世不忘 萬事知", 즉 "하늘의 지극한 기운이 오늘 내려오길 기원하고 천주를 내 안에 모셔 세상의 조화가 정해지는 것을 영원히 기억하면 세상만사의 이치를 절로 알게 된다."는 것이 주문의 내용이다. 동학의 핵심 교리를 21자의 한자에 담았다는 이 주문을 외우는 것으로 하루가 시작됐고, 밤 9시에 다시 이 주문을 다 함께 외우는 것으로 들판의 하루가 끝났다.

초겨울의 추위를 이기기 위해, 때로는 참가자들의 흥을 돋우고 집회의 열기를 높이기 위해 함성을 지르고 목청을 높여 노래를 부르기도 하며, 유달리 피가 뜨거운 이들은 앞에 나서서 격정적으로 주장을 펼치기도 했다. 그에 호응하는 박수와 응원의 꽹과리 소리, 징 소리가 때로는 높기도 했지만 삼례집회는 기본적으로 종교집회였다. 정부에 사정하고 애원해서 교조의 억울함을 풀고 포교의 자유를 얻어 내려는 것이 이들의 목적이었다. 보름 전 열린 동학 교단의 공주집회에서 정부는 교조의 억울함을 풀어 달라는 동학교도들의 공개 요구를 일축하긴 했지만, 동학교도에 대한 부당한 수탈은 금지하겠다고 밝혔다. 동학을 사교로 규정하고 탄압으로 일관하던 것에 비하면 정부의 이런 반응은 의외였다.

동학 지도부는 내심 정부의 입장이 달라지는 것 아니냐는 기대를 하고 있었다. 이런 기대가 헛되지 않기를 바라는 마음으로 나직하게 기도하고 주문을 외우며 전라감사의 회답을 기다리는 것이 이들의 집회 일상이었다. 겨울로 접어드는 전라도 들판을 가득 메운 주문과 기도 소리는 어떻게 들렸을까? 어떤 이들은 사교집단의 괴이한 행태라고 눈살을 찌푸렸을 테고, 어떤 이들은 공포스럽고 재수 없는 소리라며 귀를 틀어막기도 했을 것이다. 하지만 어떤 이들에게는 그 소리가 만악萬惡을 물리치는 소리로, 희망이 샘솟는 소리로, 새로운 세상이 열리는 소리로 들렸을 것이다.

교주 해월의 수제자인 강시원과 손천민 등 대표 6명은 집회 이틀째인 음력 11월 2일 장문의 청원문을 들고 전라감영을 찾았다. 청원문의 제목은 '각도동학유생 의송단자各道東學儒生議送單子'였다. 의송이라 함은 고을 사또에게 제소하였다가 패소한 뒤 관찰사에게 다시 상소하는 것을 말하고 단자는 내용을 적은 종이를 가리키니, 동학교도들이 교조의 억울함을 풀어 줄 것과 동학 포교의 자유를 인정해 줄 것을 다시 한 번 관찰사에게 호소하는 문건이다. 이 문건에는 교조 최제우의 억울한 죽음에 대한 호소, 동학교도들에 대한 정부와 지방관들의 수탈 금지, 서양 오랑캐와 왜놈들의 척결을 요구하는 내용이 담겨 있었다.

그때 전라감사는 이경직이었다. 1841년생으로 나이 쉰을 넘긴 이경직은 노회한 관료였다. 분노한 농민 수천 명이 모인 삼례집회를 심상치 않은 일로 보고 있던 그는 동학교도들의 재심 요구는 섣불리 가타부타 대답을 내릴 사안이 아니라고 판단했다. (이경직은 3년 후 일본 낭인들이 경복궁을 습격해 명성황후를 시해한 을미사변 당시 궁내부 대신으로 일본 낭인들에게 살해당했다.) 그는 대답 대신 깊은 침묵으로 일관했다. 전라감영 코앞에서 수천 명의 백성들이 모여 주문을 외우며 겨울 들판을 하얗게 메우고 있었지만 전라감사는 아무런 반응도 보이지 않았다. 푸른 눈의 서양인들이 이제는 말 위에 높이 앉아 양대인洋大人이라는 말까지 들어 가며 포교의 자유를 누리는 것을 넘어 세도가 행세를 하는 판에 나라에 충성하고 부모에 효도하며 민생을 구하려는 우리들의 목소리는 왜 무시하느냐는 외침에 대해 그는 묵묵부답이었다.

전라감사의 무거운 침묵이 계속되는 동안 수천 명의 동학교도와 농민들은 한겨울 들판에서 삭풍을 맞으며 주문을 외우고 하늘에 기도했다. 추위와 굶주림과 싸워야 했다. 전라감사의 답을 듣기 위해 여기서 이럴 것이 아니라 우리 모두 전라감영으로 몰려가자는 목소리가 나올 법도 했건만, 그 누구도 그 겨울 삼례와 대장촌 사이 넓은 들판을 떠나지 않았다.

동학 지도부의 철수

전라감사의 침묵이 닷새를 넘기자 동학 지도부는 11월 7일 다시 최고의 경어체로 작성한 청원서를 보냈다. 전라감사의 답은 그로부터 이틀 뒤인 9일에야 왔다. 길고 공손하게, 단어 하나하나를 고르고 골라 작성된 동학의 청원서에 비하면 전라감사 이경직의 답은 짧고 오만했다.

"너희들 동학은 나라에서 금하는 바이다. 사람의 심성을 갖추고서도 어찌하여 정학을 버리고 이단을 좇아 스스로 죄를 범하는 것인가? 너희들 소장의 내용인즉 동학을 널리 허용해 줄 것을 바라는 것이나 말이 되지 않는 소리다. 곧 물러가 새사람이 되어 미혹하는 일이 없도록 하여라."

아흐레를 추위에 떨며 제대로 먹지도 못하고 한뎃잠을 자면서도 정부의 성의 있는 대답을 기대했던 집회 참가자들은 이경직의 답변에 들끓기 시작했다. 누군가 이렇게 외쳤으리라. "우리가 이런 답 듣자고 여기에서 이렇게 떨며 아흐레를 지낸 거 아니잖아유?" 그때까지 목소리 낮춰가며 기도를 드리고 주문을 외우던 동학농민들이 웅성거렸다. 참고 참았던 분노가 함성으로 바뀔 조짐을 보이자 전라감영은 그때서야 긴장하기 시작했다. 그리고 달래려 들었다. 전라감사 이경직은 급히 전라도 각 고을에 이런 지시를 내렸다. "동학을 금하고 단속한다는 빌미로 이들의 재산을 수탈하지 말라." 그러나 지시는 지시일 뿐 실제로 동학교도에 대한 수탈은 변함이 없었다.

그럼에도 불구하고 삼례집회를 이끌었던 동학 지도부는 이런 답을 얻은 것만으로도 충분한 성과를 얻은 것이라고 봤다. 그리고 집회 해산을 결정했다. 한겨울 아흐레 농성의 결말치고는 허무했다. 지도부가 해산을 결정하면서 교도들에게 하달한 행동강령을 보자.

　-처신과 행사는 도리에 합당했으니 이제부터 더욱 도리에 힘쓰자.
　-삼례집회는 대의명분에 떳떳했다. 해월 선생이 직접 지휘하지 못한 것을 달리 생각하지 말라.

-이후 무단한 탄압이 있을 경우 소장 등을 제출하여 적극 대응하라.

-도리를 어기고 기강을 어지럽히는 자는 엄히 책망하라.

-일찍부터 대의에 참여하여 살림이 어려워진 교도들을 함께 도우라.

동학 지도부는 정부와의 충돌이 못내 두려웠다. 자칫하면 자신들이 감당할 수 없는 사태가 벌어질 수 있으니 빨리 이 집회를 자진 해산하는 것이 최상의 방책이라 생각했던 것일까? 무기력한 행동강령 몇 줄을 남기고 삼례도회소參禮都會所로 불렸던 동학 지도부는 삼례에서 열흘 만에 철수했다. 행동강령 가운데 '도리를 어기고 기강을 어지럽히는 자'란 표현은 지도부의 온건론에 반발하는 동학 내부의 강경론자를 뜻하는 것이었다. "기도만 올리고 주문만 외운다고 뭐가 해결됩니까? 수탈하지 말라는 하나 마나 한 이야기 듣자고 우리가 이렇게 고생했습니까?"라고 대드는 사람들의 반발을 뒤로한 채 지도부는 철수 결정을 내리고 떠났지만 상당수 참가자들은 삼례를 떠나지 않았다.

그들은 전라감사의 답변에 만족할 수가 없었다. 교조의 억울한 누명을 벗겨 달라는 요구는 묵살됐고, 포교의 자유를 인정해 달라는 호소는 너희는 이단이다라는 말로 되돌아왔다. 동학 단속을 빌미로 지방 관리들이 동학교도의 재산을 분탕질하는 것을 막겠다고 했지만 그것이 말뿐이라는 것은 정부가 더 잘 알고 있었다. 그 정도 답을 듣기 위해 죽을 고생을 하며 열흘을 겨울 들판에서 보낸 것이냐는 목소리가 점점 힘을 얻고 있었다. 참가자들이 남아 있는데 미적지근한 행동강령만을 남기고 달아나듯 삼례를 떠난 교단 지도부에 대한 불만의 목소리는 높아 갔다.

지도부의 해산 지시에 불응하고 있던 동학교도들의 삼례집회는 자위적 차원의 농성 성격을 띠기 시작했다. 지도부가 철수하면서 동학교도들에 대한 자체 통제가 어려워지며 곳곳에서 과격화될 기미가 나타나자 전라감영이 다급해졌다. 전라감영은 "동학 여류餘類를 평안히 지내게 하라는 지시를 하달했는데도 아직도 안접하지 못하는 이들이 있다."며 삼례를 떠나 고향으로 돌아가는 동학교도들의 안전을 보장하라는 지시를 지방 수령들에게 내렸다.

삼례에서 철수했던 동학 지도부도 남아 있는 교도들의 해산을 설득하고 나섰다. 동학교도들은 이번에 흩어지면 언제 다시 이렇게 모일 수 있겠느냐는 생각이 강했다. 겨울 들판의 농성을 통해 확실히 알게 된 것은 교조의 억울함을 풀고 포교의 자유를 인정해 줄 수 있는 것은 일개 감사의 권한을 벗어난 것이라는 점이었다. 이 문제는 결국 중앙조정이 해결해야 할 사안이며, 그렇다면 전주나 공주가 아닌 한양으로 올라가서 결판을 내야 할 사안인데 그럴 용기를 지도부가 갖고 있느냐며 해산 지시에 응하지 않았다. 집회 잔류자들의 반발이 계속되자 교주 최시형이 직접 나섰다. 최시형은 11월 19일자 교주 지휘서신이라 할 수 있는 경통을 통해, "임금께 복합伏閤할 별도의 계획을 세워 실행하겠으니 다음 조치를 기다려 지휘에 따르라."고 이른다. 전라감영의 회유와 설득, 그리고 임금에게 직접 호소하겠다는 최시형 교주의 약속이 나온 뒤에야 남아 있던 교도들도 삼례를 떠났다. 동학교도들은 삼례 겨울 벌판을 떠났지만, 대장촌은 20일간의 그 강렬했던 경험을 그 후로도 오랫동안 지울 수가 없었다.

민이 뭉치면 관이 흔들린다

삼례집회는 평화롭게 진행되었다. 관헌과의 충돌 기록이나 관의 진압 시도에 대한 언급이 없는 것을 보면 그렇게 판단할 수 있다. 사교집단에 빠진 무지렁이들의 모임이라고 아예 무시했던 것일까, 아니면 수천 명의 동학교도의 기세에 놀라기라도 한 것일까? 그도 아니면 저 들판의 백성들은 독이 오를 대로 오른 뱀 같은 존재이니 자극하지 않는 것이 상책이라고 생각했던 것일까? 조정과 전라감영은 삼례집회를 조심스럽게 지켜만 보고 있었다. 어서 해산하라는 말이 없었던 것은 아니었지만 말 그대로 말뿐이었다. 20일의 결코 짧지 않은 농성과 집회가 계속되는 동안 이 모임을 강제로 해산시키려는 관의 움직임은 감지되지 않았다. 속히 해산하지 않으면 엄벌에 처할 것이라는 엄포는 엄포에 그쳤고, 조용히 집회를 끝내면 책임은 묻지 않겠다는 은근한 회유조차 없었다. 농민들이 주문과 기도라는 평화적이고 비폭력적인 수단으로 자신들의 뜻을 전했던 20일 동안 전라감영은 이를 지켜보기만 했다.

동학농민들은 삼례와 대장촌 사이 넓은 벌판에 진을 치듯 장막을 펼치고 관과 대치했다. 집회 참가자들이 내세운 교조 신원과 포교의 자유 인정이라는 목적은 달성하지 못했지만 민民이 뭉치면 관官이 흔들리는, 이전에는 상상조차 할 수 없는 경험을 했다. 관이 눈만 부라려도 오금을 못 쓰던 것이 민이었지만 이번에는 민의 요구에 관이 답해야 했다. 그것도 목소리를 낮춰 대답했다. 힘으로 내리누르고 을러대는 대신 지켜보고 달랬을 뿐이다.

민이 나서면 나라가 흔들릴 수 있다는 것은 대장촌 사람들에게는 결코 잊을 수 없는 기억이었다. 삼례집회를 통해 동학농민들의 새로운 지도자로 떠오른 전봉준은 2년 후 삼례에서 반봉건·반외세의 기치를 올리고 제2차 봉기에 나선다. 2차 봉기에 대장촌 사람들이 얼마나 힘을 보탰는지는 확인되지 않지만 그들은 이미 두 해 전에 키는 작지만 눈빛 형형한 녹두장군을 알고 있었다. 2년 만에 다시 죽창을 들고 나타난 전봉준을 향해 대장촌 사람들이 그 누구보다 열렬히 환호성을 지르지 않았다고 할 수 있을까?

겨울 삭풍 막아 줄 언덕 하나 없는 그 벌판에서 동학교도들은 무엇을 먹고 어디에서 잠을 자며 20일을 보냈을까? 정부가 언제라도 사교집단의 불법집회라며 강제해산과 체포에 나선다고 해도 전혀 이상할 것 없는 상황이었다. 전라감영을 비롯한 관의 작은 움직임 하나하나에 수천 명이 술렁이고 수시로 희비가 엇갈리는 극도의 긴장 속에서 무엇이 이들을 버틸 수 있게 했을까? 종교집단의 집회가 아니었다면 불가능했을 것이다. 종교적 열정이 아니었다면 그 추위와 배고픔, 긴장과 불안과 불편한 잠자리를 참아 내지 못했을 것이다.

그런 점에서 보면 삼례집회는 성경에 나오는 예수의 오병이어五餠二魚의 기적을 떠올리게 한다. 종교적 열정이 불편함과 배고픔과 추위를 이겨 내는 데 결정적인 요인으로 작용했다. 이 모임이 동학교도들의 집회인 동시에 부패하고 무능하고 뻔뻔한 조선 정부를 규탄하는 농민들의 모임이라는 점도 잊어서는 안 될 내용이다. 참가자들은 동학교도인 동시에 가장 혹독하게 수탈당하고 억압받고 평생을 제대로 사람 대우 한 번 받지 못하던 농민들이었다. 종교적 열정이 북풍한설의 한겨울 추위를 이겨 내도록 했다면, 지배자에 대한 농민들의 분노가 극도의 불안과 긴장감을 극복할 수 있도록 했다.

　동학교도가 중심이 된 20일간의 삼례집회는 동학 이념이 이 땅에서 현실로 구현된, 대동세상이 실현되었다는 점에서 큰 의미가 있다. 앞에서 지적했듯이, 동학 삼례집회는 성경에서 말하는 오병이어의 기적과 같은 일이었다. 언제 무슨 일이 어떻게 벌어질지 모르는 초긴장의 상황이었지만 집회는 별다른 불상사 없이 성공적으로 마무리되었다. 어떻게 그런 결과가 가능했을까? 이 집회는 남녀-노소-귀천-빈부의 구별이 없는 대동세상이었다. 얼어 죽거나 굶어 죽은 이도 없었고 희망을 버리고 그 겨울 들판을 떠난 이도 없었다. 당시 한 자료는 동학교도들의 모습을 이렇게 기록하고 있다.

"(동학은) 귀천과 등위等位를 따지지 않으니 백정과 술장사들이 모이고, 남녀를 차별하지 아니하고 유박帷薄을 설치하니 홀아비와 과부들이 모여들고, 돈과 재물을 좋아해 있는 사람과 없는 사람이 서로 도우니 가난하고 궁핍한 사람들이 기뻐했다."(박맹수, 2010, p.42)

　삼례-대장촌 들판에서 '동학판 오병이어의 기적'이 가능했던 것은 모두가 모두를 섬기고 작은 것도 서로 나누며 나의 어려움을 남에게 미루지 않았기에 가능했다. 섬겨야 하는 종도 없고 군림하는 양반도 없는, 신분 차별이라는 당연하고도 완고하고 지긋지긋하게 오래된 관습이 여기에는 없었다. 말이 아니라 행동으로 만민평등이 구현된 세상, 그것은 혁명 직후의, 그것도 아주 짧은 순간에나 가능한 신세계였다. 그것을 경험한 한 동학교도의 경험담을 들어 보자.

"입도入道만 하면 만인여천萬人如天이라는 주의主義하에서 상하, 귀천, 남녀, 존비 할 것 없이 꼭꼭 맞절을 하며 경어를 쓰며 서로 존경하는 데서 심열성복心悅性服이 되었고."(박맹수, 2010, p.41)

매천 황현은 자신이 본 바를 왜곡 없이 그려 내려던 고집스런 선비이 자 역사가였다. 차갑기가 가을 서릿발 같던 매천 황현은 동학을 사교이 자 서학의 부스러기를 모아 놓은 요술에 불과하다고 혹평했다. 그랬기 에 매천은 우금치 전투에서 동학군과 일본군이 맞붙었을 때 일본군의 승 리를 기원하고 동학농민군의 패퇴를 빌었다. 매천 같은 유생이 보기에는 동학은 왜놈의 힘을 빌려서라도 척결하지 않으면 안 되는 적이요, 사교 집단이었다. 그런 매천이 동학교도들의 모습을 이렇게 기록하고 있다.

"적敵: 동학은 서로 대하는 예가 매우 공손하였으며 신분의 귀천이나 나이에 상관없이 평등한 예로 대하였다. 하인과 주인이 함께 입도한 경우에도 서로를 접장이라 불러 마치 벗들이 교제하는 것과 같았다. 또 비록 접주라고 불리는 사람들 중에서 남보다 뒤처지는 사람이 있 다 해도 도적들은 정성껏 섬겼다."(황현 저, 김종익 옮김, 1994; 박맹 수, 2010)

수천 명이 겨울 들판에서 연출해 낸 이런 새로운 세상을 대장촌 사람 들은 두 눈으로 생생히 지켜봤다. 어떤 이들은 그 신세계로 들어가 같이 그 세상을 누리기도 했다. 긴 인생에서 보자면 그 20일은 눈 한번 깜빡이 고 숨 한번 내쉬는 극히 짧은 시간이었지만 그 기억이 너무 강렬하고 황홀해서 평생 잊을 수 없었다. 그 세계를 지켜보고 함께한 이들은 그것을 보고 누리기 이전과 같은 사람일 수 없었다. 그 기억은 시간이 흐르면서 흐릿해지고 때로는 그 실체를 두고 사람들 간에 논란이 벌어지기도 했지만, 삼례-대장촌집회 20일의 기억은 대장촌 사람들의 유전자 속에 절대 잊힐 수 없는 기억으로 남아 후대로 후대로 이어졌다.

겨울이면 대장촌과 삼례 사이 벌판엔 늘 삭풍이 분다. 겨울바람을 막아 줄 산이라곤 해발 46m의 춘포산이 전부인 곳이다. 허허벌판이라 이 동네의 바람은 차갑고 먼지가 날리지 않는 날이 드물다. 120년 하고도 몇 년 전 겨울에도 바람이 불고 눈도 내렸을 것이다. 먼지가 날려 눈을 뜨기도 어려운 날이 있었을 테지만 대장촌 사람들은 '새로운 세상'을 봤다. 그런 세상을 두 눈으로 보고 어찌 달라지지 않을 수 있었겠는가? 함께 꿈꾸는 새로운 세상을 경험했다. 그날 이후 대장촌은 달라졌고 그것이 대장촌 역사의 시작이었다.

제2장

안 팔아도 뺏길 것이다

호소카와 후작, "대장촌에 농장을 세워라"

이 들판을 탐낸 사람들은 많았다. 탐을 낼 만한 땅이었다. 언덕이라고 부를 만한 구릉 하나 없이 평평하고 반듯한 수백만 평의 들판이 대장촌을 중심으로 펼쳐져 있었다. 불과 해발 46m의 춘포산이 그 벌판에서는 홀로 우뚝했다. 넓은 벌판 한가운데를 사철 마르지 않는 만경강이 동에서 서로 굽이굽이 흘러 서해로 이어졌다. 만경강을 건너 남쪽으로 가면 또 다른 들판이 눈이 확 트이게 펼쳐졌는데, 그것이 바로 김제와 정읍에 걸쳐 있는 조선 최대의 호남평야다.

들판 곳곳에 옹기종기 자리를 잡고 있는 마을들은 조선 중기 이후 조금씩 조금씩 형성되기 시작해 19세기 후반이 되어서야 대장촌 일대가 취락지로서 모양을 갖췄다. 대장촌에서 서쪽으로 약 8km쯤 떨어져 있는 이리裡里는 당시에는 솝리라고 불렸다. 이리는 수십여 가구가 모여 사는 작은 농촌마을에 불과했다. 대장촌 동쪽으로는 전라도 교통의 요지인 삼례가 있다.

춘포평야라고도 불리는 대장촌 주변 벌판은 넓이로만 치면 호남평야에 미치지 못하지만 비옥하기 그지없는 땅이었다. 들판 곳곳에 자리 잡은 크고 작은 마을들로 인해 지평선이 보이지는 않지만 공중의 새들도 이 벌판 위의 하늘을 벗어나기 힘들 만큼 이 땅은 넓었다. 이런 땅이니 탐내는 이가 많을 수밖에 없었고, 이 땅을 탐내던 사람들치고 힘없고 권세 없는 이는 없었다. 이 땅의 주인으로 군림하던 이들은 세력이 다하고 기운이 파하면 이 벌판에서 쫓겨나듯 물러섰다. 그것이 당연한 세상사 이치였고 이 벌판의 역사였다.

원래 이 벌판은 누구의 땅도 아닌 모든 사람들의 땅이었는데, 언젠가부터 나라의 땅이 되었고 어느샌가 군주의 땅이 되었다가 그다음에는 군주의 이름을 빌려 왕실의 땅으로 둔갑했다. 왕실의 힘을 빌려 이 땅을 차지하려 한 이들도 있었는데 민영익이 그 대표적인 인물이다.

대장촌이 역사에 본격적으로 등장하는 조선왕조 말기 이 땅의 주인은 민영익이었다. 명성황후의 친정조카로 당대 최고의 세도가였던 민영익은 이 벌판에 대규모 수리시설까지 만들어 이곳을 자신과 후손들의 천년복토로 삼으려 했다. 그러나 민영익은 권력을 잃으면서 애지중지했던 수리시설과 함께 이 땅도 새로운 지배자에게 넘겨주지 않을 수 없었다.

나라를 팔아먹은 이완용도 이 땅에 욕심을 낸 사람 가운데 한 명이다. 이완용은 양부養父에 이어 본인까지 2대에 걸쳐 전라관찰사로 근무하면서 대장촌을 비롯한 익산군 일대의 드넓은 땅을 차지했다. 이완용 일가가 이 땅을 차지한 수법은 상세하게 확인되지는 않지만 전라감사의 직위와 권한을 부당하게 이용한 수탈의 결과였음은 두말할 필요가 없을 것이다. 그는 이 땅의 힘을 빌려 저승에서도 영원복락을 누리기라도 하겠다는 듯 죽어서는 생전에 골라 놓은 익산 땅에 묻혔다. 그러나 다른 사람도 아닌 후손의 손에 의해 그의 묘는 파헤쳐졌고, 그가 심혈을 기울여 만들고자 했던 만경강 주변 '이완용보'는 지금은 흔적조차 찾기 쉽지 않다.

민영익, 이완용에 이어 이 벌판을 지배한 이는 일본인 지주들이었다. 그중에서도 세토 게이瀨戶競, 구로다 니헤이黑田二平 같은 가신들을 앞세워 이 땅을 장악한 일본 구마모토 출신의 호소카와細川 가문이 대표적으로 손꼽힌다. 1904년 3월, 호소카와 모리시게細川護成 후작은 퇴역 육군 소령 세토에게 조선 출장 명령을 내렸다. 세토 소령에게 주어진 임무는 조선 현지 사정을 면밀히 파악할 것, 특히 전북 일대에서 대규모로 투자할 만한 가치가 있는 농지를 파악하여 보고하라는 것이었다.

세토는 10년 전 벌어졌던 청일전쟁에 참여한 경험이 있어 조선 사정에 밝았다. 구마모토 출신으로 이 지역의 오랜 영주였던 호소카와 후작 가문에 대한 충성심도 강했다. 또 전라도 군산 일대에 자리를 잡고 있던 미야자키 게이타로宮崎桂太郎 등 구마모토 출신 일본인 이민자들과의 인간적 유대도 돈독해서 조선 진출에 대한 조언을 구하기에 적임자였다. 세토가 오기 한 달 전 조선에서는 러일전쟁이 시작되어 한반도에 5만 명이 넘는 일본군 대병력이 파견되었다. 전시 상황에서는 장교 출신이 활동하기에 유리할 것이라는 판단도 세토가 조선 파견 요원으로 선발된 이유였을 것이다. 호소카와 가문의 집사인 노지리 야스시野尻安가 세토와 동행했다.

세토와 노지리는 그로부터 석 달 동안 전라도 일대를 샅샅이 훑고 다녔다. 그중에서도 집중적으로 조사한 지역은 전주와 익산, 군산 등 전북 서부 지역의 평야지대였다. 현지 조사를 마친 뒤 일본 구마모토로 복귀한 세토는 토지의 성격과 위치, 현재 상태, 접근성, 수리시설 유무, 소유자 현황 및 경작 상황, 일본인 현지 진출 여부, 현지 조선인의 민심까지 포함된 상세한 보고서를 작성해 호소카와 가문의 집사인 쓰다津田에게 전달했다.

세토가 호소카와 가문 수뇌부에 조선 보고서를 올린 지 석 달 후인 그해 8월, 호소카와 모리시게는 자신의 또 다른 심복인 구로다를 전라도 대장촌으로 보낸다. 구로다는 당시 36세로 호소카와 가문이 대주주인 히고은행肥後銀行 출신이었다. 구로다에게 주어진 임무는 세토의 임무보다 훨씬 구체적이었다. 전북 전주와 익산 부근의 대규모 토지를 구입하여 농장을 설립하라는 것이었다.

호소카와 가문의 첫 해외투자이기도 한 조선 농업 투자의 전권을 부여받은 구로다는 그로부터 11년 동안 전북 익산군 대장촌을 근거지로 호소카와 조선 농장을 구축한다. 이 꼼꼼하고 충직한 전직 은행원은 부임 첫해인 1904년 말까지 전북 익산군 대장촌에 호소카와 농장을 설립하고 사무실까지 마련했다. 8월에 조선에 와서 불과 넉 달 만에 농장 설립까지 마칠 수 있었던 것은 세토의 조선 출장 보고서에 힘입은 것이라고 봐야 한다. 조선이 러일전쟁의 와중에 정치·군사적으로 일본에 강점되지 않았다면 구로다가 그 짧은 시기에 대장촌에 일본인 농장을 세우는 것이 과연 가능했을까? 그런 점에서 보면 호소카와 가문의 대장촌 농장 설립은 일본의 조선에 대한 정치·군사적 침략에 힘입은 것으로 경제적 침탈의 상징이라고 할 수 있다.

세토의 조선 출장 보고서 내용은 공개되지 않았지만, 세토는 1904년 상반기에 이루어진 사전 조사를 통해 호소카와 가문의 투자 최적지로 전북 익산, 그중에서도 대장촌을 지목했을 가능성이 크다. 당시로서는 한적하고 교통도 불편한 데다 이름도 거의 알려져 있지 않은 전북 익산의 농촌마을에 일본 최고 귀족가문의 조선 진출 근거지를 마련한 것은 대단히 파격적인 선택이었다. 대장촌과 호소카와 가문의 40년 인연은 이렇게 시작됐다.

호소카와 모리시게 후작이 대장촌 토지에 투자하기로 결정한 이유나 대장촌을 조선 진출의 근거지로 선정한 이유는 아직도 공개되지 않았다. 한 가지 분명한 것은 조선에 대한 그의 관심은 일시적인 것이 아니었

대장촌 호소카와 농장-후작 호소카와 농장(侯爵細川 農場)이라고 쓰여 있다.

다는 점이다.

　호소카와 가문은 구마모토에 근거를 둔 일본에서 손꼽히는 대표적인 명문가였다. 이 가문은 도쿠가와 막부 시절부터 200년 넘게 구마모토 일대를 통치해 왔는데, 해마다 54만 석을 수확하는 거대 영주였다. 영지 규모로 치면 도쿠가와 막부 치하 영주들 가운데서 서너 번째로 꼽혔다. 거대 봉건영주로서 호소카와 가문의 영광은 메이지 유신의 시작과 함께 막을 내렸다. 메이지 유신 정부가 실시한 1869년의 판적봉환版籍奉還과 그 2년 후에 이루어진 폐번치현廢藩置縣 정책으로 호소카와 가문은 구마모토 지방의 영주 자리를 내놓지 않을 수 없었다.

　메이지 유신 정책에 대한 갈등과 조선 정복론에 대한 의견 차이로 빚어진 세이난西南 전쟁은 호소카와 가문의 정치적 몰락을 가속화했다. 메이지 유신에 대한 일본 봉건무사들의 최후의 저항으로 평가되는 세이난 전쟁의 주主 전장은 호소카와 가문의 200년 근거지였던 구마모토 성이었다. 이 전쟁은 6개월 만에 반란군을 이끌던 사이고 다카모리西郷隆盛가 자결하면서 정부군의 승리로 막을 내렸지만, 자신의 본거지에서 벌어진 전쟁으로 호소카와 가문은 회복하기 어려운 정치적 타격을 입었다. 이 전쟁에서 사이고 다카모리를 열성적으로 추종했던 구마모토 출신 인사들은 오랜 정치적 소외 기간을 보내야 했고, 호소카와 가문은 중앙 권력의 핵심에서 사실상 축출되었다. 권력에서 추방당한 호소카와 가문은 이제 다른 출구를 찾아야 했다. 다른 출구는 돈이었다.

메이지 유신 이후 호소카와 가문은 정치적으로는 추락했지만 경제력 면에서는 봉건영주 시절에 못지않은 위상을 자랑하고 있었다. 손상된 가문의 위상을 돈으로 보상받기라도 하겠다는 듯 이 가문은 1880년 이후 대규모 투자를 이어 갔고, 이 투자들은 대부분 성공으로 이어졌다. 호소카와 가문의 투자 재원은 구마모토 일대에 보유하고 있던 부동산과 메이지 정부가 영주의 통치권을 회수하는 대신 일종의 보상금 성격으로 지급한 금록공채金祿公債였다. 메이지 정부는 지방 영주들의 통치권을 회수하는 대신, 구영주들에게 귀족 작위와 수십 년분의 연봉에 해당하는 금록공채를 주는 것으로 이들의 불만을 달랬다. 호소카와 가문은 정치적 지위를 내려놓는 대신 후작이라는 명예와 함께 막대한 자금을 받았고 이를 종잣돈으로 활용해 적극적인 투자에 나섰다. 호소카와 가문이 받은 금록공채의 규모는 구영주들과 무사들 가운데 네 번째로 많았다. 이 가문은 구마모토는 물론 도쿄 일대에 막대한 부동산을 소유하고 있었다.

이러한 재산을 바탕으로 금융과 철도 등 근대적인 기간산업에 집중적으로 투자했다. 조선에 진출하기로 결정할 무렵에는 구마모토 은행의 최대 주주, 일본 철도회사의 실질적인 소유주로 근대적인 자본가의 위상을 확보하고 있었다. 개발이 한창이던 홋카이도에도 2,000여 정보의 토지를 확보하는 등 부동산에 대한 투자에도 적극적이었다.

호소카와 모리시게

이 투자를 주도한 사람이 호소카와 모리시게였다. 1868년생인 모리시게는 10대 후반과 20대 초반에 제국주의 핵심 국가인 영국과 프랑스에서 유학생활을 했다. 이 유학생활을 통해 영국과 프랑스가 어떻게 식민지 경영을 하는지, 식민 지배를 통해 무엇을 얻는지를 충분히 보고 배웠다. 무엇보다도 근대 자본주의의 핵심은 돈이라는 사실을 자본주의 본고장에서 체득한 사람이었다.

20세기 초반 호소카와 가문의 경제력은 이미 재벌급이었다. 은행과 철도 등 핵심 기간산업의 최대 주주였고, 1930년도 납세 기준으로 보면 도쿄에서 5위였으니 재벌이라고 부르기에 부족하지 않았다. 정치명문가에서 재벌로 성공적인 변신을 한 것이다.

호소카와 가문의 최대 관심은 돈이었다. 후작 가문이며 오랜 역사를 지닌 명문가로 나름대로 명예와 품위를 존중한 것도 사실이었지만, 이 가문의 본업은 이제 재벌이었다. 재벌로서 호소카와 가문의 가장 큰 관심은 안정적이고 수익률 높은 투자처를 찾는 것이었다. 이들의 가장 분명한 판단기준은 돈이었고, 이들의 조선 투자 역시 돈을 벌기 위한 것, 그 이상도 그 이하도 아니었다.

조선으로 가라! 조선의 땅을 사라!

호소카와 모리시게는 가신 구로다를 내세워 신속하고 적극적으로 토지 구입에 나섰다. 모리시게는 큰 방향의 투자방침만을 정해 주고 조선 토지 구입과 농장 운영에 관련된 권한은 구로다에게 대폭 위임했다. 권한을 넘겨받은 구로다는 은행원 출신답게 환율 변동에 따른 손익까지 계산해 가며 꼼꼼하고 치밀하게 토지 구입에 나섰다.

조선 투자라는 큰 방향을 잡는 데는 시간이 걸렸지만 지침이 결정된 이후의 행동은 신속했다. 대장촌에 호소카와 농장 한국사무소가 문을 연 1904년 이후 불과 5년 만에 구로다는 대장촌을 중심으로 전북 익산과 삼례 일대의 700정보, 약 210만 평의 땅을 사들였다. 토지 구입을 비롯한 조선 농장 운영의 권한을 현지에 파견된 구로다를 비롯한 실무자들에게 대폭 위임했기에 이런 신속한 행동이 가능했다.

구로다는 농장을 세우고 일본 구마모토의 농민들을 대거 조선 대장촌에 이주시켰다. 이 지역 대지주였던 민영익으로부터 수리시설인 독주항洑洑走項洑를 사들여 전익수리조합全益水利組合을 창립하는 등 초기 호소카와 농장의 설립과 경영에서 큰 역할을 맡았다. 구로다는 대장촌에 온 지 11년 만인 1915년에 사망했다. 그 뒤를 이어 대장촌 호소카와 농장을 맡은 이는 초기 현지 조사를 맡았던 노지리 야스시였다.

호소카와 가문은 일 년에 평균 100정보가 넘는 땅을 사들였다. 일본 후작 가문의 대장촌 농지 매입은 이 동네에 혁명적인 변화를 가져왔다. 농촌에서 땅주인이 바뀐다는 것은 모든 것이 바뀌는 일이다. 한일강제병합이 임박한 시기였지만 조선은 아직은 엄연한 주권국가였다. 그런데 일본의 귀족이 이곳 농촌에 와서 닥치는 대로 땅을 사들이고 있었다. 나라의 주인이 바뀌기 전에 이미 땅의 주인이 바뀌고 있었으니 누가 봐도 망국의 조짐이었다.

대장촌 사람들에게 일제 침략자는 총칼을 앞세운 군인의 모습이 아니라 돈으로 무장한 지주의 모습으로 다가오고 있었다. 500년 왕조의 몰락은 일본인들의 토지 매입으로 구체화되고 있었다. 한일강제병합이 이루어지기 전에 호소카와 가문은 이미 대장촌의 최대 지주였다. 대다수 농민들은 호소카와 농장의 소작인이었다. 200만 평이 넘는 땅을 사들이는 데 들어간 돈은 11만 5,000엔, 당시 화폐가치를 현재와 단순 비교하기는 쉽지 않지만 지금 기준으로 치자면 대략 100억 원 정도로 추산된다.

호소카와 가문의 토지 매입은 조선이 일본의 식민지가 된 이후에는 더욱 가속도가 붙어 1919년이 되면 논 1,236정보, 밭 170정보 등 총 1,400여 정보의 땅을 사들였다. 일본 구마모토 영주 출신의 일본인 귀족이 조선에서 420만 평의 대농장을 갖게 된 것이다. 춘포면 일대의 농지 절반 이상이 호소카와 가문의 땅이었으니, 구마모토에서 영지를 잃었던 호소카와 후작은 전북 익산에 새로운 자신의 영지를 구축했다고 해도 과언이 아니었다. 이 땅을 사들이는 데 든 돈은 총 28만 엔, 지금으로 치면 대략 300억 원 안팎이다. 익산군 일대, 특히 대장촌을 중심으로 하는 춘포는 일제의 식민지라는 추상적 표현이 아니라 호소카와 가문의 영지라는 구체적 표현이 더 어울리는 마을이 되었다.

재벌급의 경제력을 갖추고 있던 이 가문 입장에서 가장 중요한 투자기준은 수익성과 안정성이었다. 다른 것들은 그리 중요하지 않았다. 과연 이 투자가 돈이 되는가라는 질문에 조선의 토지, 특히 전라도 일대 토지는 손해 보지 않으면서도 안정적인 수익을 담보해 주는 투자처였다.

당시 기록을 보면 조선의 토지 가격은 일본 땅에 비하면 거의 공짜 수준이었다. 일본 전문가의 연구에 따르면, 당시 조선 토지 가격은 일본 간사이關西 지역 토지에 비해 평균 10분의 1 수준이었다. 토지 위치에 따라서는 30분의 1에 불과한 땅도 있었다. 일본 땅 300평을 팔면 조선에 와서 그 10배인 3,000평, 많게는 거의 1만 평을 사들일 수 있었다. 일본 땅값의 10분의 1밖에 되지 않는 조선 농지는 일본인 투자가들에게 그 자체로 매력덩어리였다.

당시 일본 언론들은 조선으로 가라는 기사를 연일 싣고 있었다. "왜 조선에 가지 않는가!"라고 조선 이민을 설득하고 있었다. 자신들의 손아귀로 들어올 것이 확실한 조선은 새로운 기회의 땅이라고 일본 언론과 정부는 연일 바람을 잡고 있었다. 일본 정부는 이미 1901년 이민보호법을 제정해 조선을 비롯한 해외이민에 대한 규제를 과감히 철폐했다. 이런 이민 바람을 타고 당시 만경강과 동진강 유역의 전북 평야 지역은 일본인들의 토지 투자가 활발했다. 광풍이라고 해도 지나치지 않을 조선 농지 사재기 바람이 20세기 초 조선의 전북에서 벌어지고 있었다. 호소카와 가문의 대장촌 토지 매입은 이런 투기 바람에 편승한 것이었다.

땅값이 싸다는 것이 최고의 매력이었지만 장기적인 투자전망도 나쁘지 않았다. 호소카와를 비롯한 일본인 지주들은 일본에 비해 조선의 토지생산성이 낮긴 했지만 다수확이 가능한 일본의 볍씨를 적극 보급하고 농업기술에서 앞선 일본 농민들을 조선으로 이주시키면 비약적인 농업 생산성 증대가 가능하다고 판단하고 있었다.

호소카와 모리시게는 1902년 일본 정재계 거물들이 중심이 되어 설립한 '조선협회'의 부회장으로 일찍부터 조선에 대한 관심이 많았다. 조선협회는 한국 경제 사정의 조사 연구, 한일통상 진흥을 목적으로 내세운 단체였지만, 실질적으로는 조선에 대한 경제적 침탈과 조선에서의 이권을 확보하기 위한 일본 고위급 경제계·관계 인사들의 모임이었다. 이 모임에는 한국은행의 전신인 제일은행 설립자이자 경부선 철도 부설을 주도한 일본의 대표적 기업가인 시부사와 에이이치澁澤榮― 등이 참여했다.

이 모임이 1902년에 펴낸 회보는, "한국의 농촌은 수리시설이 방치되어 있고 토지생산력이 낮으며 땅값이 싸다. 이런 싼 땅을 사서 수리공사를 실시하고 경작법을 개량하면 조선의 부를 진흥시킬 수 있고 투자자의 재산을 늘리며 소작인도 이롭게 할 수 있다."라는 글을 싣고 있다. 호소카와 모리시게의 조선 투자 방침은 이때 이미 정해져 있었다.

장기 수익성 전망도 나쁘지 않았다. 조선은 일본의 식민지가 되기 일보 직전의 상황이었다. 식민지가 되기만 하면 투자의 안정성이 담보되는 것은 말할 것도 없고 투자한 땅의 가치가 뛸 것이라는 것은 세 살 먹은 어린아이도 알 수 있는 것이었다.

유일한 불안요소가 있다면 러시아와의 전쟁이었다. 세토와 노지리가 조선에 파견되기 한 달 전인 1904년 2월 8일 일본은 중국 뤼순항의 러시아 함대를 기습 공격하는 것으로 러시아와의 전쟁에 돌입했다. 일본은 개전 다음 날인 2월 9일에는 5만 명의 병력을 인천항에 상륙시켰고, 러시아공사관은 2월 12일 서울에서 서둘러 철수했다.

러시아와 일본의 전쟁은 아직 초반으로 어느 쪽이 이길지 알 수 없는 상황이었다. 일본이 몇 차례 전투에서 부분적인 승리를 거두긴 했지만, 당시 대부분의 서양 군사 전문가들과 언론은 러시아가 일본에 압승을 거둘 것이라고 전망했다. 일본이 개전 초기 기선을 제압하고 있었지만, 근대화에 착수한 지 불과 50년밖에 안 된 황인종의 나라 일본이 세계 최강의 군대를 보유한 러시아를 이길 수 없다는 견해가 압도적이었다.

세토 소령이 전북에 왔던 1904년 3월 한반도는 일본이 군사적으로 점령하고 있었다. 고종 황제를 위시한 조선 정부는 전쟁의 기운이 짙어지자 그해 1월 황급히 중립을 선언했지만 일본군은 이에 아랑곳하지 않은 채 조선의 군사요지를 점령했다. 그리고 같은 해 5월 압록강 일대에서 벌어진 육상 전투에서 러시아군이 패배해 만주로 밀려나면서 한반도는 완전히 일본군 수중에 떨어졌다.

일본의 한반도 정책은 이토 히로부미伊藤博文가 초안을 마련하고 1904년 5월 일본 내각이 승인한 '대한시설강령對韓施設綱領'에서 보다 명시적으로 드러난다. 이 강령은 러일전쟁이 한창일 때 만들어진 것으로 작성 시기가 세토의 일본 귀국 시점과 맞아떨어진다. 그 주요 내용은 다음과 같다.

-군사적으로 일본군의 영구 주둔과 군사전략상 필요한 지점을 신속히 수용할 것
-외정을 감독하여 외교권을 장악할 것
-재정을 감독하여 징세법과 화폐제도 개혁을 일본 고문관 주도로 진행할 것
-교통기관, 특히 경부선과 경의선을 장악할 것
-통신기관, 특히 전신선을 장악할 것
-척식拓殖을 실시하여 일본인 농민들을 이주시킬 것

한반도를 군사적으로 강점하고 조선을 보호국으로 만든 뒤에 교통, 통신 등 주요 산업을 장악한다는 것이었다. 특히 일본 농민들을 조선으로 이주시켜 조선 점령을 실질적으로 완성한다는 마지막 조항이 눈에 띈다. 일본 정부의 농업이민 정책은 단순히 농업 개발에 목적이 있는 것이 아니라 일본 농민을 조선으로 이주시켜 조선을 일본화하는 것이 궁극적인 목적이었다. 모리시게가 일찍이 예견한 것처럼 상황은 돌아가고 있었다.

러시아와의 전쟁 중에 이루어진 호소카와 가문의 투자 결정은 일종의 승부수였다. 더 이상 늦으면 조선에 진출할 기회가 사라질 수 있다는 위기감이 작용한 것이지만, 만에 하나 일본이 러시아에 패한다면 조선에 대한 투자는 재앙으로 돌아올 수 있었다. 몇 번의 전투에서 일본이 러시아에 승리를 거두기는 했지만 만주 일대에서 벌어진 육상 전투는 일진일퇴의 공방전으로 승패를 예견하기 어려웠고, 세계 최강의 함대인 러시아 발트 함대가 동해로 들어온다면 일본의 운명은 한 치 앞을 내다보기 어려운 상황이었다.

호소카와 가문의 조선 투자는 안전판이 담보된 것은 아니었다. 위험을 감수하면서도 이루어진 투자는 일본 자본의 투기성을 보여 주는 것이기도 했고, 한편으로는 이들이 투자하려 한 그 땅이 위험을 감수할 만한 가치가 있다는 것의 반증이기도 했다. 마치 투기를 하듯 호소카와 가문이 고른 땅이 대장촌이었다. 위험을 감수하지 않고는 높은 수익을 기대하기 힘들다는 자본가적 결단으로 보이기도 하지만, 조선은 결국 일본의 먹잇감이 될 것이라는 확신을 갖고 있었기에 가능한 결정이었다. 일본의 조선 지배 의지가 확고하지 않았다면 호소카와 가문이 대장촌 농지에 투자할 리는 만무했다. 이런 점에서 호소카와 가문의 대장촌 농장 건설은 일본 식민지 침략정책과 밀접하게 연결되어 있었다.

구마모토의 식민지, 대장촌

호소카와 모리시게가 결정을 내리는 데는 세토 소령의 현지 답사보고서와 함께 당시 전북 군산에 거주하던 일본인 토지 브로커 미야자키 게이타로의 조언도 적지 않은 역할을 했다.

구마모토 출신인 미야자키는 조선 현지 조사를 나온 세토 등 호소카와 가문의 심복들에게 지금이 조선 농지, 특히 전북 지역 투자의 최적기라는 점, 특

미야자키 게이타로

히 몇 년에 걸친 극심한 흉작으로 조선 토지 가격이 바닥에 떨어졌다는 점과 함께 더 늦으면 투자기회가 없을 수 있다는 점을 강조했다.

구마모토 출신 일본인들은 일찍부터 한반도 진출에 적극적이었다. 사이고 다카모리 등이 주장한 조선 정복론에 대해서도 적극 찬성하는 사람들이 많았다. 지리적으로 한반도와 인접해 있는 데다 중앙 권력에서 배제되자 침략의 출구를 한반도로 삼은 것이다. 19세기 말에 조선에 진출한 구마모토 사람 가운데 대표적인 인물이 미야자키 게이타로였다. 미야자키는 1890년 서울에 와서 상업활동을 통해 부를 쌓은 뒤 1903년

군산에 자리를 잡은 인물로, 일본인들의 전북 토지 투자에 선도적인 역할을 했다. 호소카와 모리시게가 대장촌 투자를 결정하기 전에 의견을 구한 대표적인 인물이기도 하다.

호소카와 가문의 조선 진출은 수익성과 안정성이 보장되는 투자라는 의미와 함께 구마모토 출신들의 오랜 숙원인 조선 정벌의 일환이기도 했다. 호소카와 가문은 대장촌에 농장을 세운 뒤 적극적으로 구마모토 출신 농민들을 조선으로 이주시켰다. 구마모토 출신들이 다수를 이루면서 대장촌은 비후촌肥後村으로 불리기도 했는데, 비후는 현재의 구마모토현에 해당하는 옛 '히고국肥後國'을 뜻하는 일본말이었으니 대장촌은 일본의 식민지인 동시에 구마모토의 식민지이기도 했던 셈이다. 실제로 역대 대장촌 호소카와 농장의 농장장(공식명칭은 농장주임)은 모두 구마모토 출신이었고, 대장촌으로 이민을 온 일본 농민들 가운데 압도적 다수가 구마모토 출신이었다.

이 가문의 조선 투자가 다른 일본인들과 다른 점은 비싸더라도 좋은 땅을 골랐다는 점이다. 당시 조선 토지는 수리 가능 여부 등에 따라 비슷한 지역의 땅이라고 해도 서너 배의 차이가 났다. 대다수의 일본인 지주들은 싼 땅을 선호했다. 싸게 사들인 뒤 농지를 개량하면 많은 이익을 남길 수 있다는 계산이었다.

김제와 옥구, 군산 등 만경강 하구 일대의 토지는 수리시설이 제대로 갖춰지지 않은 천수답天水畓이 대부분이었고 황무지에 가까운 땅도 많았다. 상습적인 가뭄에 시달렸고 홍수도 빈번했다. 더구나 만경강이 수시로 역류하면서 소금기를 머금은 강물이 연안으로 밀려들어 농경 자체가 어려운 땅이 적지 않았다. 이런 땅을 일본인들은 미간지未墾地라고 불렀다. 만경강 하류의 미간지가 일본인들이 집중적으로 사들인 땅이었다.

일본인들은 조선에 넘쳐 나는 농촌의 유휴 노동력을 이용하고 일본의 경험 많은 농민들을 이주시켜 개간을 하면 토지생산성을 개선할 수 있다고 봤다. 무엇보다 미간지 구입은 조선 농민들의 저항을 피할 수 있는 방법이기도 했다. 이런 장점 때문에 일본인들의 토지 투자는 미간지에 집중되는 경향을 보였다.

수리시설이 갖춰져 이미 농사를 짓고 있는 땅들이 기간지既墾地였다. 호소카와 가문은 토지 투자에도 격이 있다는 듯이 미간지가 아닌 기간지 중심으로 농지를 사들였다. 가급적이면 수리시설이 갖춰져 있고 토질이 우수한 땅을 고르라는 것이 호소카와 후작의 주문이었다. 초기 투자비용이 다소 더 들더라도 좋은 땅을 골라서 높은 생산성으로 승부하겠다는 것이 이 가문의 전략이었다.

이 전략은 결론적으로 성공했다. 호소카와 조선 농장은 투자 초기인 1904년과 1905년에 적자를 기록했지만 1906년부터 흑자로 돌아섰다. 그해 2,200엔의 이익을 남긴 것을 시작으로 매년 흑자 행진을 계속했다. 1912년에는 26,000엔의 막대한 이익을 낸 것을 비롯해 대장촌 투자 평균 수익률은 18.4%나 되었다. 이런 수익률은 일본인 조선 농업 투자자 가운데 1위를 차지했다.

호소카와 가문은 자체 보고서에서 이 지역 투자는 가장 성공한 것이라고 자평하고 있다. 1909년 9월 호소카와 가문은 조선 토지 구입과 농장 경영의 성공에 공이 크다는 이유를 들어 초기 투자의 주역인 구로다와 세토, 노지리 등 5명의 직원들에게 표창장을 수여했다.

조선 농민들의 토지 투매

머지않아 식민지가 될 땅이기는 했지만 일본인 지주 입장에서 보면 조선에 대한 투자는 어쨌든 해외투자였다. 해외투자는 위험요소가 상존했다. 토지 투입 과정에서 이중매매 등으로 사기를 당하는 것이 가장 큰 위험요소였다. 또한 구입한 토지의 소유권을 법적으로 보장받기도 쉽지 않았다. 조선 사람들의 반발도 고려하지 않으면 안 되는 사안이었다.

농지를 매입하는 과정에서 당시 일본인들이 가장 경계한 것은 이중매매를 비롯한 조선 농민들의 사기였다. 당시 조선의 토지소유권은 다소 복잡했다. 농지 거래는 개인별로 이루어지기보다는 동네 단위로 이루어졌다. 농지 거래와 관련된 당시 일본인들이 남긴 기록을 보자.

"일본 사람들이 땅을 살 의사가 있다고 밝히면 팔겠다고 나서는 사람들이 많았다. 邦人일본인이 직접 토지 매매 교섭을 하지는 않았다. 우리가 토지를 구입할 의지가 있다고 밝히면 촌락의 대리자는 땅을 팔려는 사람을 대신하여 몇십 두락에서 많게는 몇천 두락을 팔기 위해 2~3리, 혹은 5~6리 떨어진 곳으로부터 우리를 찾아왔다."(이규수 외, 2016, p.178)

"평야 한가운데 서서 이번에 수천 두락의 토지를 매입할 계획이라고 말한다. 그러면 각 마을에 指審지심이라는 매매 중개인이 있어 2~3일 이내에 필요 이상의 물건을 모아 목록을 작성해 온다. 목록에 따라 실지를 답사하여 기름진 토지만을 골라서 매입한다."(이규수 외,

2016, pp.30~31)

이 기록에서 나오는 농지 거래는 몇 가지 점에서 잘 이해가 되지 않는다. 우선 몇십 두락에서 많게는 몇천 두락이라는 결코 작지 않은 규모의 땅이 불과 2~3일 만에 매물로 나올 수 있었을까? 당시 조선 농민들이 소유하고 있던 농지는 가구당 몇십 두락에 불과한 것으로 추정되는데, 어떻게 많게는 몇천 두락이라는 큰 농지가 단일 매물로 나올 수 있었을까? 몇천 두락이 매물로 나왔다는 것은 한 개인의 땅이 아니라 마을 전체 사람들이 갖고 있던 땅을 팔기로 했다는 뜻으로 보이는데, 어떻게 마을 사람들이 일본인들에게 농지를 팔아넘기는 것에 쉽게 합의할 수 있었을까? 농민들에게 땅이란 제일 소중하고 가장 큰 재산인 셈인데 이런 재산을 처분하는 것을 그리 간단하게 결정할 수 있었을까? 불과 2~3일 만에 말이다. 개인에 따라 사정이 다를 수밖에 없는데 마치 일본인 구매자를 기다리고 있기라도 한 듯이 전 재산이나 다름없는 농지를 팔기로 할 수 있을까? 이런 의문에 답을 하기 위해서는 우선 조선 토지제도의 특성을 이해할 필요가 있다.

조선의 토지는 기본적으로 국가 소유였고, 이 토지에서 나오는 세금으로 국가가 운영되었다. 그런데 관리와 왕족들에게 특정 토지에 대한 조세권한을 분배하기도 했는데, 이런 권리를 수조권收租權이라고 한다. 수조권은 특정 토지에서 나오는 세금을 받을 수 있는 권리로, 이 땅에 대한 소유권을 갖고 있는 것은 아니었다. 왕족, 왕실이 세금을 대신 받을 수 있는 수조권을 가진 토지를 궁방전宮房田이라고 하는데 전라도 일대에 궁방전이 많았다. 왕족은 이 땅에서 나오는 지대나 세금을 받았고, 이 땅을 경작하는 사람은 농민들이었다. 농민들은 세금을 왕실 또는 관청에 내긴 하지만 그 땅에 대한 경작권을 갖고 있었고, 그 경작권의 세습은 오랜 세월 동안 관습적으로 인정되었다. 그러니까 이 땅은 국가의 소유였지만 이 땅에서 나오는 세금 또는 지대를 걷을 수 있는 권리는 왕실에 있었다. 그리고 이 땅을 경작할 수 있는 권한은 농민에게 있었다. 현재와 같이 토지에 대한 모든 권리가 한 사람에게 배타적으로 있지 않았다는 것을 이해할 필요가 있다.

그 당시 토지의 소유권이 누구에게 있는지가 애매한 경우가 많았다. 조선 후기로 가면서 전라도 일대에서 궁방전에 대한 권한을 두고 농민들과 왕실 간에 갈등이 격화되고 있었다. 왕실이 궁방전에 대한 수조권을 넘어 소유권까지 주장하는 경우가 늘어난 것이 갈등이 격화된 이유 가운데 하나였다.

임진왜란과 병자호란, 그리고 조선 후기로 갈수록 빈발한 민란 등으로 황폐화된 농지가 급증했다. 농민들이 몇 년 피난을 갔다가 돌아오면 그동안 방치된 농지는 황무지가 되어 버렸다. 이런 땅은 토지의 경계가 무너져 누구 땅인지도 불분명한 경우가 허다했다. 조선 조정은 이런 황무지에 대한 적극적인 개간을 유도하기 위해 땅의 원소유주보다는 이 땅을 재개간한 사람에게 소유권을 인정하는 정책을 시행했다.

그런데 황무지 개간은 상당한 돈과 인력 투자가 필요한 일이었다. 농민 한두 사람이 의욕 있고 부지런하다고 해서 될 일이 아니었던 것이다. 황무지 개간에 가장 적극적으로 나선 것이 왕실이었다. 민간보다는 재정이 튼튼했던 왕실은 이런 개간사업을 통해 토지에 대한 장악력을 높이는 것은 물론 왕실 소유 토지를 늘려 나가려고 했던 것이다.

전라도 일대에는 그렇게 개간된 땅이 많았다. 원래는 농민의 땅이었는데 이 땅을 왕실 비용으로 개간한 땅의 경우에는 소유권과 경작권을 두고 왕실과 농민들의 갈등이 자주 일어났다. 왕실 소유였지만 농민들이 대대로 일궈 온 땅의 경우에도 소유권이 불분명하였다. 농민들은 선대로부터 농사를 지어 온 땅이니 자기 땅이라고 생각하고 이 땅을 팔기도 했다.

또 이런 경우도 있었다. 왕실 땅에는 세금을 물리지 않는 특혜가 주어졌다. 농민들 가운데는 국가에 내는 세금이 버거우니 아예 자기 땅을 왕실에 맡기고 세금을 면제받는 이도 있었다. 그리고 왕실에는 땅을 맡아 주는 대가로 일정한 지대를 주는 것이다. 국가에 내는 세금보다 왕실에 주는 지대가 적은 경우 농민들은 이런 선택도 마다하지 않았다. 이런 땅을 왕실은 너희가 스스로 주었으니 당연히 왕실 땅이라고 주장했고, 농민들은 준 것이 아니라 맡아 달라고 한 것이라며 반발하면서 양측 간에 소유권 분쟁이 벌어지기도 했다. 대한제국 말기에는 왕실이 궁방전의 세금을 더 받아 내기 위해 조정과는 별도의 관리들을 지방에 파견하여 농민들에 대한 압박을 강화하는 일까지 벌어졌다.

이런 상황을 염두에 두고 생각해 보면 일본인들이 한꺼번에 사들인 수천 두락의 농지는 개인 토지라기보다는 소유권이 애매한 궁방전, 또는 공유지 성격을 띠고 있던 역둔토驛屯土였을 가능성이 높다. 일본인들에게 팔아넘긴 땅이 모두 궁방전은 아니었지만, 소유권 시비가 있던 궁방전이 대규모로 팔린 경우는 적지 않았다. 농민들이 대대로 경작해 온 땅이고 선대로부터 물려받은 토지문서가 없는 것도 아니었을 테니, 동네 사람들이 작당하듯 이 땅은 우리 땅이오라고 일제히 주장하며 일본인들에게 팔아넘긴 것이다. 개인이 아니라 마을 단위로 거래가 이루어졌다는 일본인의 기록도 거래된 땅이 사유지가 아닌 공유지였을 가능성을 시사하고 있다.

조선 농부들은 순진하지 않았다. 배고프고 억눌리며 살아온 이들은 생존에 필요한 영악함을 갖추고 있었다. 그것은 생존본능 같은 것이었다. 소유권이 다소 애매한 땅을 팔아넘기는 것은 물론, 때로는 토지문서의 허술함을 이용해 같은 땅을 이 사람에게도 팔고 저 사람에게도 팔았다. 일본인 지주들이 치를 떨며 두려워했던 조선 농민들의 토지 이중매매였다.

소유권을 확인할 수 있는 규정과 제도가 허술했던 탓도 있다. 조선 토지 거래는 기간지의 경우에는 문기文記라고 부르는 문서를 넘겨받아 이 문서에 매입자와 촌락의 관리자가 연명 날인하는 방법으로 이루어졌다. 토지의 위치, 소유권의 이동 내역 및 이에 대한 확인 등이 지금 같지 않고 허술했다.

조선시대는 대부분의 사람이 태어난 동네에서 평생을 살고 그 동네에서 일생을 마쳤다. 농경사회는 사람이 토지에 결박된 사회다. 조선이 전형적으로 그런 사회였다. 따라서 토지의 소유권을 확인하는 것은 본인의 주장과 마을 주민들의 증명이면 충분했다. 문서로 소유를 증명할 필요가 없거나 있다 해도 그 문서가 정교하거나 복잡하지 않았다.

그런데 외부인이 와서 어느 마을의 땅을 산다고 하면 저 땅이 누구의 땅인지를 문서로 확인하기가 쉽지 않았다. 외부인이 관청에 있는 토지대장을 열람하여 확인하기는 사실상 불가능했다. 지방 관아에 그런 토지 관련 공문서가 제대로 작성, 정비되어 있지도 않았다. 외부인으로서는 중개인의 말을 믿고 사는 수밖에 없는데 그 중개인이 파는 사람과 한 통속이 되어 속이겠다고 들면, 특히 마을 전체 주민들이 그러겠다고 마음먹으면 당하기가 십상인 상황이었다. 같은 마을에서 조상 대대로 함께 살아온 조선 사람들 사이에서라면 저 땅이 누구 땅인지 분쟁이 적었을 것이고, 이런 방식의 토지 매매는 거의 불가능했을 것이다. 그러나 조선 사정에 어두운 외지인—일본인이다—들은 속기 십상이었을 것이다.

일본인들은 전북 일대에서 투기라고 해도 지나치지 않을 만큼 경쟁적으로 땅을 사들이고 있었다. 앞에서 본 일본인 기록에는 자기들은 느긋하게 땅을 사들인 것처럼 되어 있지만, 불과 몇 년 사이에 일본인들이 수백만 평도 아니고 수천만 평을 사들이고 있었다. 그들은 조선 농지에 대해 말 그대로 묻지마 투자를 하고 있었다. 땅만 보이면 무작정 사들였다고 할 정도였으니, 토지 사기는 일본인들의 묻지마 투자가 부른 자업자득의 측면도 있다.

일본인들이 토지 거래와 관련해 사기를 얼마나 당했는지에 대한 구체적인 통계는 없다. 다만 이중매매를 비롯한 허위 토지문서로 인해 어려움을 겪었다는 기록이 많은 것을 보면 그런 일이 상당히 있었다는 사실은 미루어 짐작할 수 있다. 이런 상황에서 가만히 있을 일본인들이 아니었다. 일본인 나름대로 이러저러한 자구책을 강구했는데, 그 대책 가운데 전라도 지방에서 가장 핵심적이고 효과를 거둔 것이 군산농사조합의 설립이었다.

군산농사조합은 1904년 4월 14일에 설립되었다. 군산 일대에서 일본 토지 매입 브로커로 활동하던 미야자키 게이타로가 중심이 되어 19명이 발기인으로 참여했다. 조합 정관에는 이 조합의 목적이 농사의 개선 진

표 2.1 군산농사조합 토지등록 면적과 조합원

	논	밭	황무지	가옥	총가	조합원
1904년 5월	24,644	484	1,171	–	249,829	45
1904년 12월	83,900	2,750	3,933		653,590	73
1905년 12월	111,510	5,875	4,998		940,702	99
1906년 12월	144,783	11,479	7,178	1,485	1,303,552	125
1908년 12월	192,940	25,960	11,200	1,170	1,643,135	188
1909년 12월	204,737	26,157	12,293	2,640	1,763,317	196
1910년 12월	184,737	26,157	12,293	2,426	1,961,608	196

출처: 이규수 외(2016)에서 재인용

흥을 도모하고 조합원의 이익을 증대하는 것이라고 적혀 있지만, 이 조합의 진짜 설립목적은 일본인 지주 사이의 토지소유권 조정, 토지 매입 사기피해 방지였다.

이를 위해 조합원들은 자신들이 구입한 토지의 소재지, 면적, 구 소유자 주소 및 성명을 조합에 제출했고, 조합에서는 이를 정리한 대장을 작성해 조합원들이 열람할 수 있도록 했다. 그리고 이 대장에 등록된 토지에 대해서는 등록자의 소유권을 확보한 것으로 인정했으며, 이에 대해 군산에 설치된 일본의 영사관 격인 군산이사청群山理事廳이 공증을 했다. 일본인 지주들의 자체 토지등기소인 셈이다. 토지를 구입하려는 사람은 이 조합에 등록된 토지대장을 확인하면 이중매매의 피해를 사전에 막아 토지소유권과 관련된 시비를 피하는 것은 물론 매수 농지에 대한 체계적인 관리도 할 수 있었다.

군산농사조합은 1904년 출범 당시에는 19명이 참여했지만, 조합의 기능과 역할이 강화되고 효용성이 입소문을 타면서 결코 적지 않은 조합비에도 불구하고 1910년에는 196명으로 크게 늘었고 신고 토지도 해마다 급증했다.

군산농사조합의 관할 지역은 군산, 익산, 김제, 정읍, 전주, 무주, 순창 등 전북 지역뿐 아니라 서천, 구례, 한산, 보령 등 전남과 충남 일대까지 포함하고 있었다. 대장촌도 군산농사조합의 관할 구역이었고, 호소카와 농장도 이 조합의 회원이었다.

강탈인가? 매입인가?

호소카와 농장을 비롯해 전북 지역의 일본인 농장과 관련해서 일본인들이 강제로 이 지역 토지를 강탈했다는 시각도 있다. 호소카와 가문의 대장촌 토지 매입은 큰 틀에서 보면 식민지 침략의 일부였지만, 지금까지 호소카와 집안의 조선 진출 과정에서 봤듯이 일본인 지주들이 총칼을 든 일본 군대를 앞세워 대장촌으로 밀고 들어와서 이 벌판을 장악한 것은 아니었다. 외형상으로 보면 호소카와 가문을 비롯한 일본인들은 대장촌 농지를 빼앗은 것이 아니라 사들였다.

대장촌 벌판만이 아니라 조선의 모든 국토가 한일강제병합과 더불어 일본 국토로 편입되었다. 그런데 한반도가 일본제국 영토의 일부로 편입되었다고 해서 개별 토지의 임자가 바뀌지는 않았다. 대장촌에 사는 윤 아무개의 땅이 한일강제병합으로 인해 일본인 호소카와 씨의 땅이 되거나 일본 국유지가 되지는 않았다는 것이다.

다음과 같은 주장도 있다. 한일강제병합 이후인 1912년부터 당시 조선총부가 토지조사사업이라는 것을 실시해 조선인의 토지를 강제로 빼앗아 갔다는 것이다. 근대적인 토지소유권을 확립한다는 구실로 일제가 토지조사사업을 벌였는데, 일제 정책에 반발하는 차원에서 신고를 거부하거나 글을 잘 모르거나 신고절차가 복잡해서 조선인이—특히 농민들이—제대로 신고를 하지 못했다, 이러저러한 이유로 신고가 되지 않은 땅을 일제가 임자가 없는 땅이라고 우겨서 이 땅을 접수해 버렸고 접수한 땅을 일본인들에게 넘겼다는 주장은 꽤 오랫동안 우리 사회에서 상식처럼 인식되어 왔다.

그러나 최근 연구에 따르면 토지조사사업을 통해 합법을 빙자해 이루어진 토지 강탈은 그리 많지 않았다. 특히 대장촌에서는 토지조사사업을 통해 개인 토지를 강탈하고 이렇게 빼앗은 토지를 기반으로 일본인들의 대규모 농장을 세웠다는 주장은 한 번도 거론된 적이 없다.

주목해야 할 것은 대장촌에 일본인 대농장이 등장한 시점이다. 적게는 수십만 평에서 많게는 여의도 면적의 4배가 훨씬 넘는 수백만 평의 일본인 농장이 들어선 것은 1904년에서 1906년 사이이다. 호소카와 농장은 1904년, 이마무라今村 농장과 다사카田坂 농장은 1906년에 설립됐다. 이 세 농장은 한일강제병합 이후에 규모가 더욱 커지긴 했지만 그 이전에 일본인 농장체제가 확립됐다. 대장촌에 수백만 평의 광활한 농지를 소유한 일본인 지주들이 자리잡은 계기가 한일강제병합은 아닌 것이다.

토지 구입과 관련된 정확한 조사는 없지만 물리적 강압이 행사된 흔적도 찾기 어렵다. 호소카와 농장이 대장촌에 자리를 잡은 것은 러일전쟁이 진행되던 시점이다. 일본이 러일전쟁에서 승리해 미국이 중재한 포츠머스 조약을 통해 한반도에 대한 지배권을 인정받은 것은 1905년 9월의 일이다. 일본은 두 달 후에 을사보호조약을 통해 대한제국의 외교권을 박탈하고 자국의 보호국으로 만들면서 조선에 대한 통치권을 확립하는데, 대장촌의 호소카와 농장은 그 이전에 들어선 것이다.

그러면 이제 그 거래는, 그 투자는 정상적인 것이었는지 따져 볼 필요가 있다. 팔지 않으려는 조선 사람들을 협박하고 회유해서 마치 빼앗듯 일본 자본이 조선 들판을 차지한 것은 아닐까? 조선 사람들의 뜻에 반해서 이루어진 거래라고 하면 이 역시 강압에 의한 거래이니만큼 강제성을 부여할 수 있을 것이다. 그런데 당시 정황을 보면 대장촌을 비롯한 전북 일대에서 일본인들이 투기라고 할 만큼 대대적인 토지 집적에 나섰던 것은 틀림없지만 강요에 의한 거래라고 볼 수 있는 기록은 찾기 어렵다. 앞서 언급했듯이 오히려 조선 사람들이 마치 투매를 하듯 땅을 팔아치운 흔적은 있지만 말이다.

농민들의 농지 투매 이유를 제대로 살피려면 당시 조선이 망국 직전이었다는 점을 고려해야 한다. 1905년 11월 일본 육군대위 무라이 후미다로村井文太郎가 이끄는 중대 병력의 일본군이 전주를 비롯한 전북 곳곳에 배치되는 등 일본에 나라가 넘어간다는 것은 전라도 농촌의 일반 백성들의 눈에도 너무나 분명한 사실이 되고 있었다. 나라가 망하는 것이 시간문제인 것은 알았지만, 나라가 망하는 것이 무슨 뜻인지 정확히 아는 사람은 없었다. 누구도 경험해 보지 않은 일이었기 때문이다. 나라가 망한다는 것은 무엇을 의미하는 것일까?

당시 농민들에게 나라가 망한다는 것은, 나라를 일본에 빼앗긴다는 것은 자신이 가지고 있는 모든 것을 일본에 빼앗긴다는 것으로 이해되지 않았을까? 무엇보다 자기의 땅을 빼앗기는 것으로 받아들였을 가능성이 크다. 서둘러 마치 내던지듯 땅을 팔아 버린 사람들의 심정은 이런 것이었을 터이다. 지금 팔지 않아도 곧 빼앗긴다, 그러니 나라가 망하기 전에 팔 수 있을 때, 사겠다는 사람이 나섰을 때 팔아서 한 푼이라도 건지자!

땅을 파는 조선 농민들은 이런 생각도 했을 것이다. 저 땅을 판다고 해서 저 땅이 조선 안에 있지 일본으로 가기야 하겠느냐, 왜놈들이 언제까지 이 땅을 지배할지 모르겠지만 어찌 됐든 저 땅은 여기에 그대로 있을 것 아니냐, 저놈들이 망할 날이 올 테고 그리 되면 저 땅은 다시 내 땅이 될 것이다! 한 일본인이 남긴 기록은 조선 농민들의 당시 정서를 이렇게 적고 있다.

"왜놈은 3백 수십 년 전 조선을 공격해 왔다. 처음에는 승리했지만 결국에는 패배하여 본국으로 물러나고 말았다. 이번에도 처음에는 이기겠지만 결국에는 패배하여 물러날 것이다. 우리는 그때 다시 토지를 되찾을 수 있지 않겠는가? 지금은 땅을 팔아서 이득을 챙기는 것이 이득이다."(이규수 외, 2010)

또 하나 생각할 수 있는 것은 나라야 망하든 말든 자신들의 고혈을 쥐어짜는 데 혈안이 된 왕실과 양반지주들에 대한 반발이 투매의 한 원인이 될 수 있다는 것이다. 농민들에게 조선이라는 나라는 자신들의 나라가 아니었다. 그들의 생명과 재산을 보호하고 돌봐주는 나라는 더더욱 아니었다. 양반사대부의 나라, 왕실의 나라였고, 나라는 언제나 자신들로부터 무언가를 빼앗아 가고 괴롭히고 고혈을 쥐어짜는 무섭고 사나운 존재였다. 어렵고 힘들 때 나라에 의지하고 기대려는 생각조차 하지 않았고 조금이라도 덜 빼앗기고 덜 시달릴 수 있다면 그것이 최선이었다.

빈말로라도 "이 나라가 누구의 나라이더냐, 백성들의 나라 아니더냐."라는 말을 들어 보지 못했다. 그랬던 나라이기에 나라를 빼앗긴다는 것이 기쁠 리는 없었겠지만 그렇다고 피눈물 나게 슬프거나 고통스러운 일도 아니었다.

백성들 입장에서 보면 왜놈들도 곱게 보이지 않았지만 왕실과 양반지주들이 정이 가는 존재도 아니었다. 어찌 보면 아는 놈이 더 무섭다고 일본 사람들보다 내 속 뻔히 아는 양반지주와 왕실이 더 야속하고 원망스러울 수도 있었다. 왕실이 됐든 일본놈이 됐든 누구의 소작인이 되는 것보다 누가 덜 뜯어 가느냐가 이들에겐 더 중요했다. 조선 왕실은 사납고 무서웠다. 탐욕스럽기 그지없었고 무책임했다. 징허고 징헌 것이 왕실이고 양반이었다. 왕실에 뺏기든 양반에 뺏기든 일본놈에 뺏기든 뭐가 그리 대수인가라고 생각하는 이들도 없지 않았다. 차라리 돈이라도 몇 푼 받고 넘기는 것이 그나마 낫다고 생각했을 것이다.

조선의 농민들은 결코 순박한 사람들이 될 수 없었다. 완고하고 악착같은 신분제 질서하에서 수없이 뺏기고 쫓기고 억눌리면서 나름의 생존법을 찾아온 사람들이었다. 밟으면 밟히고 달라면 내주고 숙이라면 숙이고 엎드리라면 엎드리는 존재이기도 했지만, 숙이는 척하면서 곁눈질 한번으로 세상 돌아가는 것을 파악하는 사람들이었다. 죽은 듯 자빠져 있는 것 같지만 들을 것은 다 들었고 누가 가르쳐 주지 않아도 세상 돌아가는 판세를 본능적으로 깨닫는 사람들이었다. 내놓으라면 내놓는 척하지만 자기 챙길 것은 악착같이 미리미리 챙기는 사람들이었다. 그렇게 영악하게 굴지 않으면 내 배 곯는 것은 말할 것도 없고 처자식이 굶어 죽을 수도 있었다. 그 험한 꼴을 당하지 않기 위해서는 영악하고 끈질기고 집요하고 억세지 않으면 안 되었다. 그것은 생존을 위한 필사적인 몸부림이었다. 사람다운 대접을 받지 못하면서 대대로 이어져 온 생존술이기도 했다. 그런 사람들이 자신들의 땅을 내던지듯 앞다퉈 팔았다면 거기에는 반드시 이유가 있었다. 그러지 않으면 안 되는 이유가 있었다!

대장촌의 권력 교체, 민영익에서 호소카와로

호소카와 가문이 대장촌의 토지를 누구로부터 어떻게 언제 구입했는지는 확실하지 않다. 분명한 것은 앞에서 적었듯이 불과 5년 사이에 대장촌 일대 토지의 절반 이상을 차지했다는 사실이다. 대장촌과 삼례 일대의 토지는 조선 최대의 세도가였던 민영익의 소유였다. 민영익은 명성황후 민씨의 친정조카로 불과 20대의 나이에 이미 당대 최고의 권력을 누렸다. 1860년생인 민영익은 25세가 되기 전에 이조판서, 병조판서, 예조판서, 지금의 서울특별시장인 한성판윤을 모두 역임하는 초고속 승진을 거듭했고 이미 조선 최고의 실세였다. 20대 초반에 민영익이 조선정부의 국방, 인사, 재정, 외교권을 한 손에 틀어쥘 수 있었던 것은 그가 명성황후의 정치적 대리인이었기 때문이다. 민영익의 이런 출세는 조선이 얼마나 부패하고 특정 세력의 전유물이었는지를 보여 주는 생생한 증거이기도 하다. 민영익은 명성황후의 친정오빠인 민규호가 집안에 배달된 의문의 폭발물에 의해 사망하자 그의 양자로 입양되면서 명성황후의 친정조카가 된다. 대원군이 실각한 이후 정권은 명성황후를 핵심으로 한 민씨 일파의 차지가 되었고, 민영익은 명성황후의 신임을 한몸에

받는 당시 정권의 핵심 인물이었다.

본시 민영익의 집안은 할아버지가 사망했을 때 관을 장만할 돈도 없을 정도로 가난했다는 기록이 있을 만큼 빈한한 집안이었다. 그러나 집안에서 왕비가 나고 이 왕비를 중심으로 정권을 장악하면서 민씨 일족은 조선에서 손꼽히는 거부가 되었다. 조선 말기에 부는 권력에 비례했다. 권력이 클수록 부도 커졌다는 것은 그만큼 정치권력이 부패했다는 뜻이다. 돈으로 권력을 사려는 이들이 줄을 섰고, 권력을 잡으면 돈은 저절로 따라왔다. 전라도와는 아무런 지역적 연고도 없는 민영익이었지만, 그는 어느 순간 전라도 대장촌 일대 들판의 최대 지주가 되었다. 이 동네에서는 민영익이란 이름조차 함부로 부르지 못했다. 민영익이 살고 있던 저택인 죽동궁竹洞宮이란 이름이 그를 대신하는 이름이었다. 민영익은 여기에 땅만 가지고 있었던 것이 아니었다. 그는 대장촌을 포함한 춘포면 일대 들판에 물을 공급할 수 있는 독주항보犢走項洑라는 수리시설까지 갖고 있었다.

독주항보는 19세기 후반에 만들어졌는데, 여기에서 나오는 물로 농사를 짓는 농지가 1,300정보였다. 대장촌 일대의 토지가 다른 지역에 비해 상등답으로 인정받을 수 있었던 것도 이 보 덕분이었다. 이 보의 지도를 보면 4개의 거대한 저수지 사이가 수로로 연결되어 있고, 곳곳에 둑과 수문 및 교량이 표시되어 있다. 보의 규모와 위치로 보면 이 수리시설을 만드는 데 대규모 인력과 자본이 동원된 것은 물론이고 보의 유지 관리에도 상당한 노력이 필요했을 것이다.

독주항보는 조선에서는 드물게 정기적으로 이 수리시설 수익자들에게 수세를 받았다. 그만큼 효용성이 크고 관리도 잘되었다는 뜻이다. 보

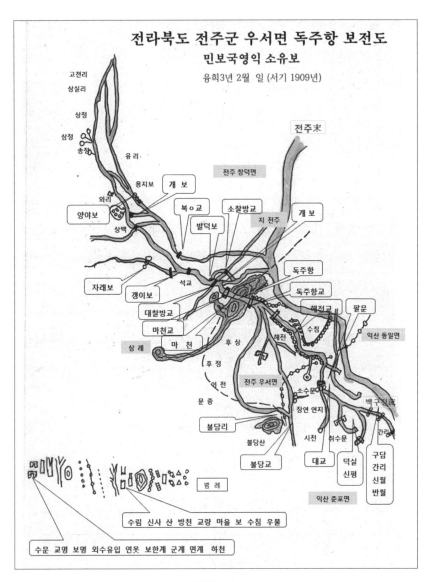

독주항보 지도

의 규모을 보면 개인이 만들고 운영할 수 있는 수준을 넘어섰지만, 민영익은 이 거대한 수리시설을 사유했다. 민영익이 언제 이 보를 갖게 되었는지는 분명하지 않지만 그가 이 수리시설을 만들었다는 기록이 없는 것을 보면 누군가에게서 넘겨받았을 가능성이 크다. 하지만 이와 관련된 기록은 남아 있지 않다. 민영익이 이 수리시설을 정상적인 거래를 통해 확보했을 것이라고 보는 사람은 없다. 그 시절은 권력의 크기만큼 부가 따르는 시절이었음을 상기해 볼 뿐이다.

민영익은 1909년 독주항보를 6명의 대장촌 지주들에게 팔았는데 그중 5명은 일본인이었다. 6명의 지주 가운데 가장 큰 땅을 갖고 있는 사람은 호소카와 후작이었다. 매각 대금은 당시 돈으로 11,000원으로 지금 기준으로 하면 10억 원 남짓하다고 할 수 있는데, 당시 화폐가치를 지금과 곧바로 비교하는 것은 다소 무리가 있지만 헐값에 팔렸다는 인상을 지우기는 어렵다.

이 수리시설을 인수한 호소카와 농장은 다음 해인 1910년 전익수리조합을 세운다. 초대 수리조합장은 호소카와 농장의 관리책임자인 구로다였고, 수리조합 사무실은 대장촌 호소카와 농장에 만들어졌다. 조합 설립일은 1910년 3월 31일, 한일강제병합 약 다섯 달 전이었다.

대장촌에 있던 전통 수리시설을 호소카와 농장이 사들인 것으로 미루어 보면 같은 지역에 있던 민영익의 토지도 이 일본 귀족집안이 매입했을 것으로 추정된다. 반일·친청 노선의 정치적 입장을 취해 왔던 민영익은 청일전쟁에서 청나라가 일본에 완패한 데 이어 그 이듬해인 1895년에는 자신의 든든한 정치적 배경이자 권력의 원천이었던 명성황후가 경복궁을 침입한 일본 낭인들에게 시해되면서 정치적인 영향력을 잃기 시작했다. 그리고 을사보호조약으로 조선이 식민지로 전락한 1905년에는 조선을 떠나 홍콩으로 망명한다. 그는 이후 중국 상하이와 홍콩을 오가는 망명객으로 지내다 1914년에 상하이에서 최후를 맞았다. 일본인들이 대장촌에서 본격적으로 농지 구입을 하고 있을 때 민영익은 정치적으로 실각한 상태였고, 1905년 이후에는 조선을 떠나 중국에서 지내고 있었다. 독주항보 매각에도 직접 나서지 않고 대리인을 통해 호소카와 농장에 소유권을 넘겼다. 인삼무역을 독점해서 벌어들인 돈이 막대했고 최고 권력을 행사하면서 챙긴 재산으로 경제적으로 어려웠을 리는 없지만, 민영익은 정치적 낭인 신세였다. 상하이와 홍콩에서 국내 정정을 주시하며 호시탐탐 재기를 노리고 있었지만, 일본이 득세하다 못해 이제는 나라의 주인 행세까지 하게 된 상황에서 그가 다시 돌아오는 것은 무망한 일이었다. 그런 상황에서 그는 독주항보를 팔았고 대장촌 들판의 그 아까운 땅도 내놨다.

민영익이 어떤 조건으로 얼마나 되는 땅을 누구에게 팔았는지는 기록에 남아 있지 않지만, 결과적으로 그의 땅은 호소카와 가문의 땅이 되고 말았다. 독주항보가 제값을 받지 못하고 헐값에 넘어간 것은 민영익의 정치적 낙마와 무관치 않아 보인다. 다른 거래도 그러했을 것이다. 분명한 것은 1909년 독주항보 매각 이후에 대장촌 일대에서 민영익과 관련된 기록은 더 이상 찾아볼 수 없다는 점이다. 권력으로 얻은 것은 권력을 잃으면 내놓아야 한다는 것을 그는 알았을까. 그리고 그 땅의 새 주인은 권력을 장악하고 있는 일본인, 호소카와 후작이었다.

제3장

대장촌과 3·1운동

이리 4·4시위

1919년 4월 4일, 그날 아침은 꽃샘추위가 기승을 부리고 있었다. 아침 기온이 7.3℃까지 내려갔고, 며칠 전까지만 해도 영상 20℃를 훌쩍 넘던 낮 최고기온도 그날은 16.7℃에 그쳤다. 전북 지역은 3월 하순 들어 낮 최고기온이 20℃를 넘으면서 진달래, 개나리, 벚꽃이 곳곳에서 일찍 꽃망울을 터뜨렸지만 그날은 쌀쌀한 날씨에 꽃잎들이 낯을 감추어야 했다. 전주 측후소 기록을 보면 그날 하루 평균기온이 11.3℃에 그쳐 하루 종일 쌀쌀했음을 알 수 있다. 게다가 구름까지 짙게 끼어 종일토록 햇살을 보기 어려웠고 아침 나절에는 적은 양이긴 하지만 비까지 흩뿌렸다. 여기에 초속 3.9m의 제법 강한 바람까지 불고 있었으니 체감기온은 훨씬 낮았다. 봄 날씨치고는 스산하고 음울한 날씨였다. 춥고 흐리고 바람 불고 비까지 왔지만 당초 계획을 취소하거나 연기할 수는 없었다. 문용기를 비롯한 시위 준비자들은 변덕스러운 날씨 때문에 사람들이 장터에 적게 나오면 어떡하나 하는 걱정을 주고받았을 터이다. 꽃샘추위가 기승을 부리던 1919년 4월 4일, 이리 장터 만세시위는 계획대로 시작됐다.

이리시위는 익산 오산면에 있는 남전교회南田敎會 신도들이 중심이 되어 3월 중순부터 준비되고 있었다. 남전교회는 1900년도에 설립됐는데 1917년 최대진 목사가 담임목사로 부임하면서부터 민족의식이 교인들에게 확산되고 있었다. 최대진 목사는 동학혁명의 최초 거병지였던 전북 정읍군 고부면 출신으로 형 최중진과 함께 동학농민전쟁에 참여한 전력이 있고, 주일 설교 등을 통해 반일독립 사상을 고취해 오고 있었다.

남전교회 시위의 실제적인 준비는 서울에서 3월 1일 대규모 만세시위가 벌어졌다는 소식을 들은 직후 최대진 목사와 이 교회 교인인 문용기, 김만순, 장경춘 등을 중심으로 진행되었다. 이 시위 주역인 문용기는 전북 익산 출신이며 당시 44세의 중년으로 군산 영명학교에서 영어 교사로 재직 중이었다. 영명학교에 부임하기 전에는 함경북도에 있는 미국 광산회사에서 8년간 통역으로 일한 적도 있어 영어가 능통했고, 미국인 사업가와 선교사 등과의 만남을 통해 국제정세의 흐름에 밝았다. 문용기는 한강 이남에서 처음으로 벌어진 3월 5일 군산 만세시위에 영명학교 학생들을 이끌고 주도적으로 참가해 이리시위 이전부터 일제 당국의 주목을 받고 있었다. 문용기는 군산시위와 관련된 일제 경찰의 단속의 손길을 피해 고향으로 와서 남전교회 신도들과 함께 이리시위를 준비하고 있었다.

이리시위에는 서울 중동학교 학생인 김종현, 김철환, 박영문, 박도현 등이 준비단계부터 가세했다. 김종현 등 학생들이 이 지역 출신인지, 아니면 서울에서 이리시위를 지원하기 위해 남전교회에 조직적으로 파견한 것인지는 분명하지 않지만, 서울 중동학교 학생들의 시위 참여는 이리시위가 자연발생적인 시위가 아니라 기독교와 학생 세력의 조직적인 논의와 치밀한 사전 협조의 결과물이라고 볼 수 있는 근거라고 하겠다.

문용기를 비롯한 남전교회 신도들은 독립선언서와 태극기를 사전에 준비하고 4월 4일 솝리(이리의 옛 이름) 장날을 이용해 거사에 나서기로 결정한다. 이들은 이리역, 구시장, 동이리역 등 세 군데에서 동시다발적으로 시위를 시작하기로 했다. 이리역은 최대위, 구시장은 문용기, 동이리역은 김만순이 시위 주동을 맡기로 하고 여기에 맞춰 신도들도 분산 배치하였다. 일제의 감시 시선을 피하고 경비병력의 분산을 노린 것이다. 세 곳에서 동시에 시위를 시작해 일제 군경의 저지를 돌파한 뒤에는 이리 지역 최대의 일본인 농장인 오하시大橋 농장 정문 앞에서 집결하기로 했다. 시위대의 타격 목표가 일제 관공서가 아니라 일본인 농장이라는 점은 당시 조선인, 특히 농민들에게는 일본인 농장이 일제 지배의 상징으로 비쳐지고 있음을 보여 주는 것이다.

기독교 신자와 학생들이 주축을 이룬 시위대도 사전 준비가 치밀했지만 일본 경찰과 헌병의 대응도 만만치 않았다. 3·1만세운동이 전국적으로 확산된 이후 이리에는 일본군 헌병 1개 중대가 증파되어 사전 검문검색과 경비를 강화하고 있었다. 이리 지역에 헌병 중대가 증강 배치된 것은 이리가 일본인 집단거주지라는 점에서 일본인과 주요 관공서에 대한 경비를 강화하려는 측면과, 이리가 호남선과 전북경편철도가 교차하는 철도교통의 요지라는 점에서 만세 시위운동의 타 지역 확산을 막으려는 의도가 함께 고려된 것이었다.

4월 4일 12시 정각, 문용기가 이끄는 시위대가 구시장 쪽에서 일제히 조선 독립 만세를 외치면서 시위는 시작됐다. 사전에 배치된 남전교회 신도들과 학생들이 시위대를 주도했고, 장터에 모여든 사람들도 만세를 따라 부르며 가세했다. 동이리역에서 대기하고 있던 김만순 조와 이리역에 있던 최대위 조도 정해진 시간에 맞춰 군중들에게 태극기와 독립선언서를 나눠 주며 시위를 시작했다.

당시 기록을 보면 세 군데 시위장소 가운데 문용기가 이끄는 구시장 쪽의 시위대가 가장 격렬하게 일제 군경과 충돌했다. 동이리역의 김만순 시위대와 이리역의 최대위 시위대도 행동에 돌입했지만 일제 헌병에 의해 초기에 해산되었다. 시위대는 순식간에 수백 명으로 늘어났다. 일제의 기록은 당시 시위대 인원을 300명이라고 적고 있다. 만세 소리가 잇따라 터지며 분위기가 고조되었다.

봄날의 꽃샘추위가 시위의 열기로 순식간에 사라지는 순간 날카로운 총소리가 허공을 갈랐다. 일제 헌병과 경찰이 발포를 시작한 것이다. 당시 시위 상황은 군산에 주재하고 있던 장로교 선교사 윌리엄 불William F. Bull이 미국 본부에 보낸 보고서에 상세히 기록되어 있다.

"정한 시간이 되자 그들은 태극기를 흔들며 독립만세를 외치기 시작했다. 만세 소리를 듣고 군인들이 공포를 쏘며 시위 군중들을 해산시키려 했으나 막을 수 없었다. 그러자 군인들이 군중을 향해 발포하였고 현장에서 수 명의 사상자가 나왔다. 동시에 소방조원들이 군중들 속으로 뛰어 들어가며 닥치는 대로 곤봉과 손도끼를 휘둘러 많은 부상자를 냈다."

이 보고서를 기반으로 그날 시위를 좀 더 자세히 분석해 보면 절정기를 맞고 있던 3·1만세시위 양태와 일제 치안당국의 진압방법을 알 수 있다. 규모가 작은 시골 장터에서는 일제의 감시가 상대적으로 소홀해 한두 사람이 만세를 부르고 장터에 모인 사람들이 이를 따라 하는 자연발생적인 시위도 벌어졌다. 이런 경우에는 만세시위가 있다 하더라도 일제 경찰이 출동하지 않은 사례도 적지 않았다.

그러나 이리 같은 인구 밀집 지역이나 도시 지역은 사정이 전혀 달랐다. 시위가 예상되는 곳에는 군경이 배치됐고, 시위를 주도할 것으로 의심되는 인물은 사전에 연행 또는 격리되었다. 시위가 시작되면 일제 경찰은 우선 시위대의 행진을 막고 서너 차례에 걸쳐 해산을 종용했다. 해산하지 않을 경우에는 착검을 한 상태에서 공포를 쏴 시위대 대오를 흐트러뜨렸다. 시위 참가자에 대한 무차별 연행도 있었지만 대개는 핵심 주동자를 검거하는 방식으로 만세시위에 대응했다. 보통 공포 사격과 주동자 검거로 진압이 되었지만 이날 이리시위는 양상이 달랐다.

이리 시위대는 일제의 해산 협박과 공포 사격에도 불구하고 대오를 유지하며 만세저항을 계속했다. 그러자 일제는 실탄 사격에 들어갔다. 김만순이 이끄는 동이리역 시위대와 관련된 기록을 보면 시위대 가운데 한 명이 일본 헌병이 쏜 총을 맞고 쓰러지자 시위대가 흩어졌다고 되어 있고, 미국 선교사의 보고서에도 실탄 사격 사실이 기록되어 있다. 귀를 찢는 듯한 총성이 울리는 가운데 시위대가 총을 맞고 연달아 쓰러지면서 장터는 아수라장이 되었다. 시위대 대열이 흩어지자 본격적인 검거 작전이 시작되었다. 시위대도 몽둥이 등 강제 진압에 대비한 준비를 하고 있었지만 일제 헌병의 실탄 사격에 저항하는 것은 불가능했다.

이리시위의 주동자로 구시장 시위대를 이끌었던 문용기는 이런 상황에서 희생됐다. 문용기에게는 해방 이후 건국포장이 추서되었는데, 그때 작성된 공훈서 등을 보면 그는 일제 헌병에 의해 오른팔과 왼팔이 잇따라 잘린 뒤에도 만세 부르기를 그치지 않았고 나중에는 온몸을 난자당해 살해된 것으로 되어 있다. 이 표현은 일제의 야만성과 당시 시위의 격렬함을 강조하기 위한 것으로 보이는데, 분명한 것은 당시 만세시위에 대한 일제의 진압이 대단히 잔혹하게 이루어졌다는 것이다.

총리의 훈령, 엄중한 조치로 재발을 방지하라

시위 장소와 규모, 시위의 격렬함 등 구체적인 상황에 따라 일제의 시위 대응은 조금씩 달랐지만 기본적으로는 총검 사용도 불사하는 강경 무력진압이었다. 3·1운동 초기에는 시위대의 검거보다는 해산에 주력했던 일제의 시위 대응전략이 바뀐 것은 3월 11일 이후였다. 만세시위가 시작된 지 열흘이 지나면서 전국으로 확산되는 분위기가 완연해졌다. 외신들이 조선에서의 반일시위를 연일 보도하고 조선에 남아 있던 서양 선교사들을 통해 만세시위와 일제 진압의 실상이 전해지면서 국제사회의 여론은 크게 나빠지고 있었다. 그러자 하라 다카시原敬 일본 총리는 다음과 같은 내용의 훈령을 하세가와 요시미치長谷川好道 조선 총독에게 보낸다.

"이번 조선 소요건은 내외에 대하여 표면상으로는 극히 경미한 문제로 간주함이 필요함. 그러나 실제에 있어서는 엄중한 조치를 취하여 장래 재발하지 않도록 하라."

일본은 1910년 한일강제병합 이후에 국제사회를 상대로 조선과의 합병은 조선인의 자발적인 의사를 반영한 것으로 강제로 이루어진 것이 아니라고 지속적으로 선전하고 있었다. 또 합병 이후 일제의 통치로 인해 조선이 근대화되고 있으며, 일제의 통치에 조선인들이 순응하고 있다고 주장했다. 그런데 조선 전역에서 반일 독립만세운동이 벌어지고 이 운동이 수그러들기는커녕 오히려 시간이 갈수록 격렬해지면서 참가자 수가 늘어나 자신들의 선전이 거짓이라는 사실이 드러나는 것에 크게 당황하고 있었다. 이 때문에 국제사회에 만세시위가 사소한 것으로 보이게 하되, 내부적으로는 강경하게 진압해서 다시는 이와 비슷한 일이 벌어지지 않도록 하라고 지침을 내린 것이다.

일본 도쿄에서 전달된 하라 총리의 '엄중한 조치'라는 표현은 식민지 전북 이리의 시위 진압 현장에서 무자비한 진압과 인명 살상이라는 형태로 구체화되었다. 일제 총독부 자료에 따르면 당시 이리시위 진압에는 헌병과 소방조消防組가 나선 것으로 되어 있다. 여기서 주목할 부분은 소방조가 시위 진압에 투입되었다는 점이다. 앞서 언급한 미국 선교사의 기록에도 소방조원들이 군중들 속으로 뛰어 들어가며 닥치는 대로 곤봉과 손도끼 등을 휘둘러 많은 부상자를 냈다고 되어 있다. 일제 헌병들이 시위대에 총격을 가해 시위대열을 무너뜨린 뒤에 소방조가 곤봉과 손도끼, 소방용 갈고리 등을 들고 혼란에 빠진 시위대에 대한 검거작전을 펼친 것이다. 헌병들의 총과 칼이 가장 공포스러웠지만 인정사정없이 휘두르는 소방조의 손도끼와 곤봉, 갈고리도 이에 못지않은 흉기였다. 당시 일제 헌병대는 공포 사격 후에 시위 주동자들을 조준 사격한 것으로 보인다. 조준 사격이 아닌 무차별 사격이 있었다면 인명 피해가 훨씬 컸을 것이다. 이에 비해 소방조는 손도끼, 곤봉, 갈고리를 무자비하게 휘둘러 이로 인한 사상자가 총격에 의한 사상자 못지않게 많이 발생했다.

이리시위 피해자 규모와 관련해 총독부의 기록은 사망자 2명이라고 되어 있지만, 국사편찬위원회 등 3·1운동 관련 기록은 당시 사망자가 문용기, 장경춘 등 남전교회 신도 4명과 박영문, 박도현 등 중동학교 학생 2명으로 모두 6명이라고 적고 있다. 일제의 기록이 국사편찬위원회 기록 등과 차이가 있는 것은 일제가 의도적으로 당시 피해 사실을 축소했을 수도 있고, 아니면 현장 사망자가 2명이라는 의미일 수도 있다. 소방조가 무차별적으로 손도끼와 곤봉 등을 휘둘러서 다수의 부상자가 발생했고, 부상자 가운데 치료 과정에서 숨진 참가자도 있을 것이다. 어쨌든 다수의 부상자는 물론 사망자까지 나올 정도로 1919년 4월 4일 전북 이리에서는 격렬한 반일시위와 무자비한 유혈 진압이 이루어졌고, 이 진압을 주도한 한 축이 소방조였다.

소방조는 원래 화재가 잦은 일본에서 동네 사람들이 자율적으로 운용하던 소방조직이다. 조선으로 이주해 온 일본인들은 자기들끼리 공동체를 이루면서 일본에서 하던 대로 자연스럽게 소방조를 만들었다. 조선에 와서는 화재 진압 같은 본래의 기능보다는 조선인의 위협이나 의병들의 습격에 대비한 자위조직의 성격을 띠게 되었다. 자체 방어기구 성격을 갖게 되면서 소방조는 식민지 조선에서 군·경찰과 더욱 밀접한 관계를 맺게 되었는데, 조직의 책임자인 조두組頭나 부조두副組頭는 자체적으로 선발하는 것이 아니라 각 도의 경찰 또는 헌병 책임자가 임명했다. 의병을 비롯한 조선인들로부터 언제라도 습격을 받을 수 있다는 위협이 강조되면서 조선에서 소방조는 자위기구, 치안 보조기구라는 특성이 강해졌다.

3·1운동은 식민지 거주 일본인에게는 자신들의 생명과 재산이 실질적이고 구체적으로 위협받는 비상상황이었다. 만세시위는 처음에는 비교적 평화롭게 진행되었지만 시위가 격렬해지고 전국적으로 확산되면서 경찰주재소나 면사무소 같은 관공서가 습격을 받고 일본인 경찰이나 헌병, 심지어는 일본 민간인이 공격받았다는 기사가 연이어 보도되는

상황이었다. 당시 총독부의 직접 통제하에 있던 『매일신보』 등 조선 언론은 물론 일본 국내 언론들이 시위대의 폭력성과 과격함에 초점을 맞춰 과장 보도하기도 했지만, 3·1만세시위가 지방으로 갈수록 격렬해지고 공격적으로 변한 측면도 있었다.

경찰이나 헌병만으로는 치안 유지가 어려워지자 조선 거류 일본인들은 자위수단을 강구하기 시작했다. 전국적으로 소방조를 중심으로 자위단을 조직한 것이다. 스스로 자기를 지킨다는 취지의 자위단은 1906년 이후 조선 전국에서 의병운동이 거세게 벌어졌을 때 일본인들이 처음 조직했던 민간 무장조직이다. 전국에서 다발적으로 연일 계속되는 시위에 경찰과 헌병만으로는 대응에 한계를 느끼고 있던 일제 총독부도 일본 민간인들의 이런 조치를 적극 지원하고 있었다. 만세시위와 관련한 총독부 관계대책회의에서 전북 지역 헌병책임자가 보고한 내용을 살펴보자.

"재향군인회, 소방조 등으로 구성된 자위단에게 헌병, 경찰의 감독 아래 야간 경계를 맡기고 (치안) 보조기관으로 활동시켰다."(이양희, 2016)

만세시위가 거세게 진행되면서 소방조는 전국 곳곳에서 경계는 물론 때로는 시위 진압에도 투입되었다. 소방조는 경찰이나 군에 비해 시위 진압 능력이 떨어지기 때문에 시위 진압에 동원되는 경우는 많지 않았고 경계와 야간 순찰 같은 보조업무를 맡았다. 그러나 드물게는 이리 4·4시위 때처럼 소방조가 진압에 투입되기도 했다. 1919년 4월 4일 전북 이리 상황으로 돌아가 보자.

총독부는 그날 수백 명의 '일본인 농장원'들이 만세시위 진압에 동원됐다고 기록하고 있다. 일본인 농장 고용원은 물론 인근 지역 일본인이 이날 시위에 대비해 총동원된 것이다. 수백 명의 농장원들이 대기하고 있었던 것을 보면 시위와 관련된 정보가 사전에 유출된 것으로 보인다. 호소카와 농장을 비롯한 이리 인근 다른 대형 농장들의 일본인 소작인들도 동원되었다. 대장촌은 다른 마을에 비해 일본인들의 장악력이 높았던 점에 주목하면, 이리와 인접한 이 동네의 소방조가 이리시위를 예상하고 동원됐을 가능성이 크다. 윌리엄 불 선교사가 보고서에 적은 것처럼 시위대 속으로 뛰어든 사람들은 곤봉과 손도끼로 무장하고 있던 소방조였다.

초기에는 소방조에 일본인만이 가입할 수 있었지만 공동체를 재난 상황에서 지킨다는 취지에 따라 조선 사람들도 가입이 허용됐다. 소방조 사무실이 경찰주재소 옆에 있었다는 대장촌 출신 김준태 옹의 증언을 보면, 대장촌에도 소방조가 조직되어 있었음을 알 수 있다. 그러면 조선인도 가입하고 있던 대장촌의 소방조가 이리 만세시위대 진압에 나서지 않았겠느냐는 추론이 가능해진다. 조선인이 포함된 소방조가 조선인 시위대를 진압하는 상황이 과연 있었을까?

이리는 인구 구성에서 일본 사람이 조선 사람보다 2배나 많은 대표적인 일본인 밀집 거주지역이었다. 호남선 철도 개통과 함께 급격히 성장해 군산, 목포와 더불어 호남에서 손꼽히는 일본인의 근거지이자 식민도시였다. 대장촌은 이리와 인접해 있는 지리적 특성에 일본인이 개척한 마을이라는 공통점까지 갖고 있어 이리와 한 묶음으로 여겨지던 마을이었다. 이날 만세시위에 대해 일제는 호남의 다른 지역에서는 유례를 찾아보기 힘든 유혈 진압을 펼쳤다. 그것은 일본인들의 도시에서 벌어진 반일시위였기에 더욱 가혹한 조치를 취한 것이라고도 해석할 수 있다. "감히 우리 동네에서 만세운동을 해? 여기가 어디라고 독립만세야? 아주 뿌리를 뽑아 놓겠어!"

뼛속까지 친일파, 자성회

여기에 또 한 가지 언급하지 않으면 안 될 것이 당시 전북 지역의 분위기다. 만세시위가 다소 소강상태로 접어든 1919년 4월 21일 전주에서 자성회自省會라는 단체가 만들어진다. 모임을 주도한 이는 전북의 대표적인 친일파였던 박기순이었다. 전북 익산 태생인 박기순은 1910년에 세워진 전익수리조합 이사로 삼례와 익산, 전주, 옥구 일대에 986정보의 광대한 농지를 보유하고 있었다. 그는 대장역 앞을 비롯해 대장촌 지역 곳곳에 땅을 갖고 있던 대장촌의 지주이기도 했다.

그가 주도한 자성회의 설립목적은 독립만세시위를 막는 것이었는데, 일본인들을 배제하고 조선인들만이 참여하는 모임이었다는 것이 자성회의 특징이다. 이들은 독립만세시위를 망동이라고 규정하고 이런 어리석은 일을 저지른 것을 같은 조선인의 한 사람으로 부끄럽게 여긴다고 공개적으로 밝혔다. 나아가 이 시위가 더 확산되지 않도록 시위대를 설득해 집으로 돌려보내고, 시위와 관련된 정보가 있으면 당국에 신고해서 하루빨리 질서를 회복하자고 주장했다. 이 모임의 참가자들은 친일파 중의 친일파였고 뼛속까지 친일파였다.

이들은 말에 그치지 않고 행동으로 나섰다. 자신들의 소작인이나 머슴을 이 모임에 가입시켰고, 반강제로 자성회에 가입한 소작인들은 시위대의 동향 파악, 귀가 설득, 때로는 시위대 해산에 나섰다.

전주에서 조직된 자성회와 비슷한 활동을 한 대구 지역 자제단自制團의 규약을 보면 이 모임의 성격을 보다 확실히 알 수 있다. 이들은 "경거망동으로 인하여 국민의 품위를 손상케 하는 일이 없도록 상호 자제하는 것을 목적으로 하고", "만세에 부화뇌동하지 말고 부민府民을 굳게 타이르며 만일 불온한 행위를 감행하는 자를 발견하였을 때는 당장 경찰에 보고하여야 한다."라고 규약에 명기하고 있다.

자성회는 실제로 독립만세시위를 저지하는 데는 큰 역할을 하지 못했고 일제에 대한 친일파들의 충성을 과시하는 것에 그쳤다. 그런데 중요한 것은 자성회가 출범하고 공개적인 활동까지 할 수 있는 사회적 분위기가 전북 지역에 형성되어 있었다는 점이다. 반일 독립만세 함성이 절정에 이르렀던 시점에 친일을 내세우고 만세는 망동이라고 공개적으로 주장하는 세력이 존재할 수 있는 분위기가 조성되어 있었다는 점은 주목할 만하다.

전국적인 만세시위에도 불구하고 전북 지역에서 친일파 세력이 위축되지 않았다고 볼 수 있는 근거로 제시되는 것이 전북 지역의 시위 참가율과 시위 횟수다. 총독부 자료에는 전북 지역의 시위 참가인원이 1만여 명에 불과한 것으로 나와 있다. 사망자나 구속자 수도 다른 지역에 비하면 상대적으로 적다. 시위 참가인원에 대해서는 일제의 자료가 사실을 축소·왜곡하고 있다는 주장도 있지만, 굳이 일제가 전북을 비롯한 호남 지역의 통계만 축소할 이유가 없다는 반론도 만만치 않다.

당시 전북의 분위기에 주목하는 이유는 이리시위에 조선인 소방조의 투입 가능성, 특히 대장촌 조선 농민들이 이리시위 진압에 동원되었는지를 확인하기 위해서다. 조선인들의 독립만세시위를 조선인들이 진압하고 나섰다면 그것은 참으로 안타깝고 비극적인 일이라고 하지 않을 수 없다. 그러나 역사는 현재에 사는 사람들의 소원과 기대에 따라 재구성되거나 만들어지는 소설이나 연극이 아니다. 바꾸고 싶다고 바꾸고, 부정하고 싶다고 해서 사라지는 것도 아니라는 점을 상기하며 여기서 우선 해야 할 일은 그때 거기에서 실제로 무슨 일이 일어났는지를 따져 보는 것이다.

대장촌은 이리 인근에 있던 대표적인 일본인 이민자 집단 거주지역으로 일본인들의 장악력이 높았던 마을이다. 일본인의 주도권이 강하게 형성된 마을답게 소방조가 존재하고 있었다. 대장촌을 비롯한 전북 서부 지역에는 박기순 등을 중심으로 자성회가 조직될 만큼 친일세력의 뿌리가 확고하게 자리 잡고 있었던 것이 현실이었다. 논란이 있으나 전북이 상대적으로 만세운동 참여도가 낮았다는 기록이 있는 점 등으로 미루어 볼 때, 조선 사람을 만세운동 진압에 동원할 수 있는 분위기는 형성되어 있었던 것이다.

결론부터 말하면 이리 4·4시위를 진압하는 데 대장촌의 소방조가 동원되었을 가능성은 높지 않다. 지금까지 3·1운동에서 조선 사람이 시위 진압에 동원된 것이 공식적으로 확인된 것은 한 군데다. 다른 지역에서도 일제가 조선 사람을 동원해 만세운동을 진압했을 것으로 추정되는 사례가 몇 군데 있긴 하다. 이리시위에도 조선인을 시위 진압에 동원했을 것이라는 추론 자체가 불가능한 것은 아니다.

그러나 시위가 격렬한 상황에서 일제가 조선 사람들을 시위 진압에 동원하기는 부담스러웠을 것이다. 만에 하나라도 시위 진압에 동원된 조선 사람들이 시위대에 가세하는 상황을 경계하지 않을 수 없었다. 굳이 조선 사람을 시위 진압에 동원해야 할 만큼 시위 진압 병력이 부족한 것도 아니었다. 당시 이리는 헌병 1개 중대가 증파되어 있었고 기존 경찰 병력도 상당했다. 이리는 일본인 거주자가 조선인보다 2배 정도 많던 일본인 이민자들의 도시였다. 시위 진압에 민간인까지 동원해야 하는 상황이었다면 일본인을 동원하는 것으로도 충분했다. 굳이 조선 사람을 시위 진압에 동원할 이유는 없었다. 총독부의 기록도 동원된 사람들이 일본인 농장원이라고 명기하고 있다. 서양 선교사들의 기록이나 일제 관헌들의 상황보고서, 남전교회 구술 기록 등에서도 대장촌을 비롯한 조선 농민들의 시위 진압 동원의 흔적은 찾아볼 수가 없다. 따라서 이리 4·4유혈시위에서 진압의 악역을 맡은 조선인은 없었을 것이라는 추론이 더 합리적이고 당시 상황에 부합하는 것이라고 봐야 할 것이다.

잇따르는 시위, 대장촌의 침묵

일제 총독부는 유언비어의 확산을 막는다는 이유 등으로 3·1운동 관련 보도를 철저히 통제했다. 당시 총독부 기관지로 유일한 조선어 신문인 『매일신보』는 고종의 장례 소식만을 전했을 뿐 3월 6일까지는 만세 시위에 대해 철저히 침묵했다. 이 신문의 만세시위 관련 첫 보도는 3월 7

일에야 나왔다. 이 때문에 만세시위 발생 이후 6일 동안은 소문만이 무성했을 뿐 정확한 내용은 민중들에게 전달되지 않고 있었다.

대장촌 사람들도 정확한 내용을 모르기는 마찬가지였다. 대장촌에 3·1운동 소식이 언제 전해졌는지는 불분명하지만, 당시 서울의 만세 소식은 철도를 통해 전국 방방곡곡에 전해진 만큼 대장역이 있던 대장촌에도 3월 1일 밤, 늦어도 3월 2일에는 이 소식이 전해졌을 것이다. 3월 2일이 일요일이었기 때문에 대장교회 주일예배에 모인 사람들을 중심으로 만세 소식은 더욱 빠르게 퍼져 갔을 것이다. 당시 대장역에는 전주와 이리 사이를 오가는 기차가 하루에 아홉 차례 섰다. 기차가 정거장에 서고 사람들이 기차에서 내릴 때마다 수많은 만세시위 관련 풍문도 따라 내렸을 테지만 정확한 내용은 알기 어려웠고 소문만 무성했다.

총독부에 의한 조선 국내의 보도 통제에도 불구하고 서울과 평양 등 7개 도시에서 벌어진 만세시위 소식은 조선에 주재하는 아사히신문 등 일본 특파원들을 통해 3월 3일부터 일본 국내에 대대적으로 보도되었다. 이 소식이 역으로 조선에 전해지면서 조선에 살고 있던 일본인들은 시위 상황을 초기부터 비교적 구체적으로 파악할 수 있었다.

대장촌에 살던 일본인들도 일본과 서울에 있는 친지들을 통해 이 비상사태를 전해 들었을 것이다. 대장촌에는 1908년에 이미 우편소가 설립됐기 때문에 이를 통해 외부 소식이 빠르게 유입될 수 있었다. 대장촌에 있던 경찰주재소는 시위 상황을 거의 실시간으로 전달받고 있었다. 대장촌을 비롯한 춘포 일대에는 당시 70여 가구 200명이 넘는 일본인이 살고 있었던 만큼 경찰로서는 이 지역 일본인의 생명과 재산이 위협받는 상황을 막는 것이 최우선 과제였다.

이 지역의 일본인 농장주들은 경찰은 물론 일본 본사나 일본 국내 지인을 통해 정보를 파악하고 있었고, 이 정보는 이 지역 일본인 농업이민자들에게도 알려지지 않을 수 없었다. 일본 언론들이 '조선인 폭동'으로 이름 붙인 만세시위에 대해 일본인 공동체 차원의 대응이 논의되어야 했기 때문이다. 당시 대장촌에 살던 일본인 농업이민자들은 소작농이나 자소작농으로, 경제적인 형편으로만 말하자면 조선 농민들보다 못하지는 않았지만 그렇다고 크게 나을 것도 없는 처지였다. 그러나 조선인들의 독립만세시위가 발생한 상황에서는 경제적 지위에 따른 구분이 아니라 조선인이냐, 일본인이냐, 즉 민족에 따른 구분이 우선할 수밖에 없었다. 일본 농민이나 농장주들이 급박한 시위 관련 정보를 조선인들과 공유하지도 않았고 알려 줄 이유도 없었다.

조선 농민들은 정확한 내용은 모르지만 뭔가 큰일이 벌어졌다는 것을 풍설을 통해 들었고, 일본인들의 심상치 않은 움직임을 보고 그런 풍설이 사실이라고 단정했다. 경찰은 물론 우편소, 면사무소가 비상근무에 들어갔고 호소카와 농장과 이마무라, 다사카 농장의 일본인 직원들도 비상상황에 대비하고 있었다. 누가 말해 주지 않아도, 누가 알려 주지 않아도 큰일이 터졌다는 것은 누구나 알 수 있는 상황이었다. 대장촌도 술렁거리기 시작했다. 그렇게 사흘이 흘러가고 3월 5일 아침이 밝았다.

서울에서는 3월 1일 첫 시위 이후 산발적으로 만세운동이 벌어지긴 했지만 대규모 시위로 발전되지는 않았다. 서울이 전열을 가다듬고 있는 사이 초기 만세시위를 이끌어 간 지역은 기독교와 천도교의 세가 강한 한반도 북부 지역이었다. 반면에 한강 이남 지역은 3월 1일 거사 이후에도 한동안 침묵을 지켰다. 이 침묵을 남한 지역에서 처음으로 깬 곳이 전북 군산이었다.

군산시위에서 도화선 역할을 한 사람은 세브란스의전 학생 김병수였다. 김병수는 만경강을 사이에 두고 대장촌과 마주하고 있는 전북 김제군 백구면 유강리 출신으로 군산 영명학교를 나온 뒤 세브란스의전에 재학 중이었다. 김병수는 3·1운동 준비 과정에서 세브란스병원에 근무하고 있던 민족대표 33인 중 한 명인 이갑성과 연결되었다. 김병수는 서울에서 만세시위가 시작되기 사흘 전인 1919년 2월 26일 이갑성으로부터 독립선언서 200매를 전달받아 군산으로 내려와 모교인 영명학교 은사 박연세 등에게 서울의 준비 상황을 전달하고, 군산을 비롯한 전북 지역의 만세시위를 논의했다. 이런 김병수의 1919년 3·1운동을 전후한 행보는 서울에서 만세시위가 벌어지기 이전에 이미 전국적인 차원에서 조직적으로 반일시위 방안이 구상되고 실행에 옮겨지고 있었음을 보여 주는 중요한 증거라고 할 수 있다.

당시 영명학교는 미국 선교사들이 설립해 운영하는 기독교 계통 학교라서 일제의 감시를 피하기가 상대적으로 쉬웠고, 이 지역 3·1운동을 주도한 구암교회와도 맥이 닿아 있었다. 박연세 등 영명학교 교사와 학생들은 독립선언서 3,500매를 자체 제작하고 3월 6일 장날을 이용해 군산 시내에서 만세시위를 벌이기로 준비하고 있었는데, 이 정보가 사전에 일본 경찰에 새어 나갔다. 정보를 입수한 일본 경찰이 시위 예정 하루 전인 3월 5일 아침 영명학교를 급습해 교무실 등에서 독립선언서와 태극기를 압수하고 박연세 교사 등 시위 준비자들을 체포하면서 시위는 무산되는 듯했다. 그러나 극적으로 체포를 면한 이 학교 교사들과 김연실 등 멜볼딘여학교 교사들이 학생들을 이끌고 시위에 나서면서 군산

시내에서 조선 독립 만세 소리가 울려 퍼졌다.

처음 계획보다 하루가 앞당겨지고 시위 주모자들이 사전에 일제에 붙잡혔지만, 군산 만세시위는 1,000명에 육박하는 시민들이 가세하면서 대규모 거리행진으로 이어졌다. 이 시위는 한강 이남에서 벌어진 최초의 만세운동이었다. 조선 사람들의 독립요구 시위가 한반도 북부는 물론 남부 지방으로도 확산되고 있음을 보여 주는 사건이었다. 이날 시위 상황은 일본 경찰과 헌병들의 진압으로 강제해산되었지만, 군산에서 대규모 시위가 있었다는 소식은 인근 지역으로 급속히 퍼져 나갔다. 군산에서 수백 명이 모여 조선 독립 만세를 부르고 일본 경찰들과 충돌이 있었다는 소식은 대장촌에 거의 실시간으로 전달되었다.

실체가 분명하지 않던 만세시위는 3월 5일 터진 군산시위로 대장촌 사람들에게도 구체적인 현실로 다가왔다. 독립이라는 말은 한일강제병합 이후 10년 동안 조선인들에게는 금기 중의 금기였다. 누구도 입에 담아서는 안 되는 말이었고 감히 그 말을 입에 담는 이도 없었다. 그런데 군산에 있는 기독교인들과 학생들의 입에서 "조선 독립 만세"라는 외침이 터져 나왔다. 그것도 한두 사람이 숨어서 소곤거린 것도 아니었다. 모든 사람들이 들으라고, 조선의 모든 사람이 듣고, 일본 순사들이 듣고, 총독이 듣고, 일본 천황이 듣고, 세계 모든 이들이 들으라고 목청껏 조선 독립 만세를 외치면서 태극기를 들고 거리를 내달렸다.

상상할 수도 없던 일이 대장촌에서 불과 100리 떨어진 군산에서 벌어진 것이다. 군산과 대장촌은 기차를 통해 바로 연결되었고, 만경강 수로를 통해 군산에서 대장촌 앞까지 배가 오가던 시절이었다. 군산시위 소식은 소문으로만 듣던, 먼 동네 이야기였던 서울의 만세시위와는 전혀 다른 무게와 느낌으로 대장촌 사람들에게 다가왔다. 군산 만세시위 이야기는 남의 일이 아니라 바로 자신들의 이야기였다. 입에 담는 것은 물론이고 생각조차 할 수 없었던 독립요구가 실제로 벌어지고 있다는 것은 충격이자 경악이었다.

"조선 독립 만세"를 외쳤다는 말을 듣는 순간 속이 뻥 뚫리는 후련함을 느끼기도 했지만, 한편으로는 이런 일이 정말 벌어져도 되는 것인가, 우리가 뒷감당을 할 수 있는 일인가 하는 당혹스러움과 함께 걱정을 하는 이들도 없지는 않았다. 정말 독립이 되는 것인가, 이번 일로 왜놈 종살이하는 우리 처지가 확 달라지는 것인가, 어차피 내 세상 아닌 이놈의 세상 확 뒤집히면 좋겠다는 기대도 생겼지만 만세만 부른다고 독립이 되는 것이냐, 일본놈들이 가만히 있겠느냐는 걱정과 불안을 숨기지도 못했다. 경악과 흥분, 기대와 불안을 담은 눈빛들을 주고받고 조심스럽게 수군거리기도 했지만 이런 이야기들을 입에 올려 소리 높이 말하였다는 기록은 없다.

대장촌의 조선 농민들 옆에는 일본인들이 살고 있었다. 서울만이 아니라 이제 군산에서까지 조선 독립 만세를 외치는 상황에서 대장촌 사람들에게는 헌병과 순사보다도 더 조심스럽고 무서운 사람들이 바로 옆집에 사는 일본인들이었다. 이웃이 하루아침에 감시자가 되고 적이 된 느낌은 불편함과 낯섦을 넘어 두려움과 무서움으로 다가왔다. 민족이 다르고 말이 달랐지만 길게는 10년 이상을 같은 마을에서 살면서 이웃사촌 간의 정이라는 것이 생기지 않을 수 없었다. 그런데 만세운동 소식이 전해지면서 일본인들을 바라보기가 불편하고 서먹해졌다. 본격적인 농사철이 시작되면서 일본 농민들과 들판에서 마주칠 일이 많아졌지만 예전처럼 눈인사를 주고받거나 가벼운 안부인사를 건네기도 어색했고 괜히 서로의 눈치를 살펴야 했다. 대장촌 사람들에게 3·1만세운동은 그런 일상의 불편함과 함께 다가왔다. 대장촌이 일본인들과 울타리를 두고 섞여 사는 동네였기에 겪어야 하는 일이었다. 3·1운동은 이웃이 우리의 적이요 지배자요 감시자라는 차가운 현실을 새삼 깨닫게 하는 계기였다.

만세운동이 현실로 다가오면서 대장촌 농민들에게는 동학농민전쟁의 기억이 자연스럽게 떠올랐을 것이다. 1894년 온 동네가 너 나 할 것 없이 죽창을 들고 떨쳐 일어서 일본군에 맞서 싸웠던 기억, 극히 짧았던 승리와 환희의 순간, 그리고 참담한 패배. 그 패배 이후 10년 이상 의병 소탕이라는 이름으로 자행된 일본군의 보복은 두 번 생각하기도 싫은 끔찍한 기억이었다. 단 한 명의 가담자, 단 한 명의 동조자도 남겨둘 수 없다며 일제는 철저하게 조선인들의 저항의 씨를 말리려 들었다. 나라가 일본에 넘어간 것도 그때 그 전쟁에서 이기지 못한 결과였다. 끔찍하고 참담했던 패배와 고통의 기억은 그 마을 곳곳에 배어 있었다. 불과 20여 년 전의 기억인지라 그 일을 자신의 일로 기억하는 사람들이 많았다. 나이 젊은 이들은 할아버지, 아버지를 통해 갑오년 이야기를 생생하게 전해 들었다. 아버지는 아들에게 숨죽이며 그때 일을 이야기했다. "일본놈들이 얼마나 독한 종자들인지 알아? 상종을 못할 놈들이야."라며 일본과 일본인에 대한 씻지 못할 적대감을 심어 주면서도, 마지막은 "그래도 함부로 나서지 말어. 니 신세 망치고 집안 망치고 싶지 않으면."이라는 말로 끝냈다.

호남 지방, 특히 전북 서부 평야 지방은 동학전쟁의 패배와 그 이후 이른바 의병 토벌전쟁으로 저항의 주축 세력이었던 천도교 세력이 크게 위축되었다. 전북 지역의 저조한 3·1운동 참여가 이와 무관치 않다는 분석도 있다. 그런 기억 때문에 대장촌 사람들은 만세 소식을 듣고 마음으로 크게 환호하면서도 한편으로는 불안한 기색을 숨길 수 없었다. 독립에 대한 기대와 희망은 눈빛으로만 주고받았다. 그럼에도 불구하고 대장촌의 조선 농민들은 무슨 일이 벌어져야 한다, 무슨 일이든 크게 한 번 벌어져 이놈의 세상이 뒤집혔으면 좋겠다는 기대와 흥분으로 1919년 초봄을 맞았고, 대장촌의 공기는 한껏 불순하게 달아올랐다.

이에 비해 대장촌의 일본인은 불안하고 초조했다. 순하고 늘 굽실거리기만 하는 줄 알았던 조선인들이 만세운동이라니 기가 막힐 일이었다. 이러다가 대장촌에서도 만세운동이 벌어지는 것 아니냐, 조선 사람들이 대장역에서 만경강 쪽으로 쭉 뻗은 큰길을 가득 메우며 일본인 농장으로 쳐들어오는 것 아니냐는 불안감으로 발을 뻗고 편한 잠을 잘 수가 없었다. 불안과 초조감은 일본인 농장주들이나 소작인 신세에서 벗어나지 못했던 대다수 일본인 농민들이나 크게 다르지 않았다. 조선에 온 지 10여 년 만에 이런 공포와 두려움은 처음 경험하는 일이었다. 더군다나 3월에 시작된 만세운동은 진정되기는커녕 시간이 갈수록 전국으로 번져가고 있었다. 상상조차 하지 않은 일들이 벌어지고 있는 것이었다. 처음으로 이웃에 사는 조선 농민들의 집을 기웃거리며 동정을 살폈고 울타리 너머 이웃 조선 사람들의 움직임을 곁눈질했다. 그러지 않을래야 않을 수 없는 초긴장 상황이었다. 봄을 맞아 농사일 준비로 조금씩 분주해질 때였고, 조선 농민이나 일본 농민이나 애써 태연함을 가장하며 농사 준비에 몰두하는 듯했지만 그 어느 쪽도 태연할 수가 없었다. 1919년 3월 기대와 불안, 흥분과 초조, 이웃에 대한 경계와 의심이 대장촌을 뒤덮고 있었다.

불안과 초조, 기대와 긴장은 기차를 통해서, 이제는 신문을 통해서 끊임없이 밀려오는 만세시위 소식으로 날이 갈수록 고조되고 있었다. 5년 전 문을 연 대장역을 통해서, 대장역에서 내리는 사람 수만큼 많은 정보들이 밀려 들어왔다. 이 정보는 거의 실시간으로 대장촌 사람들에게 전파됐다. 같은 익산군 지역인 여산에서 3월 10일 200여 명이 모인 야간시위가 있었다. 전주 13일, 고창 15일, 정읍 16일 등 시위는 곳곳으로 번져가고 있었다. 대장촌과 지척인 금마에서는 3월 18일에 이어 28일에도 시위가 벌어졌다. 시위가 빈발하고 일제의 진압이 강화되면서 예전에는 들을 수 없는 이야기가 들려왔다. 만세시위대가 관공서를 습격하고 불을 지른다는 말까지 나왔다. 이런 소식에 적지 않은 사람들이 소리 없는 환호성을 올렸겠지만, 어떤 이들은 되지도 않을 짓을 한다고, 일부 불온한 놈들의 선동에 놀아나고 있다고, 결국은 또 일본놈들에게 당하기만 할 것이라며 애써 거리를 두려고 했다. 그러는 가운데 3월 24일 삼례장 날이 다가왔다.

삼례 만세시위

삼례는 대장촌에서 불과 4km 떨어진 곳으로 대장촌 사람들은 이리장보다 삼례장을 더 자주 이용했다. 거리로 보면 이리나 삼례나 큰 차이가 없었지만, 이리는 일본인들의 동네라는 이미지가 강한 반면에 삼례는 조선의 정서가 강한 곳이었기에 이리보다는 훨씬 친근하고 익숙했다.

대장촌에 사는 일본인들은 장을 볼 일이 있으면 이리로 가 일본 상점을 주로 이용했지만, 조선 사람들은 주로 삼례장날을 이용했다.

3월 24일 삼례장터에서 만세시위가 벌어졌다. 공개적으로 이날 시위가 벌어질 것이라고 말하는 사람은 없었지만, 이날 삼례장터에서 '일'이 벌어질 것이라는 것은 누구나 알고 있었다. 삼례에서는 처음 열린 독립만세시위였지만 이미 전주와 봉동, 초포 등 인근 동네에서는 산발적인 만세시위가 있었다. 일본 군경의 경계가 삼엄했을 테지만 삼례의 만세시위는 마치 예정된 행사이기라도 한 듯이 벌어졌다. 수백 명이 일제히 "조선 독립 만세"를 외쳤고 거리를 행진했다. 일본 경찰이 "해산! 해산"을 외치며 호루라기를 거칠게 불어댔지만 그 소리는 곧 만세 소리에 묻혔다. 시위대는 삼례역으로 진출해 철도 역사를 점거하려고 시도했고 이 과정에서 물리적 충돌이 벌어졌다. 일본 군경의 발포와 같은 무력진압이 있었는지는 확실치 않다. 다만 인명피해나 검거 기록이 남아 있지 않은 것을 보면 기차역 점거 시도라는 시위대의 행동에 비해 격렬한 진압은 없었던 것으로 보인다.

삼례는 대장촌에서 가장 가까운 장이 서는 동네였고, 대장촌 사람들이 가장 많이 이용하는 장이었다. 따라서 삼례장날에 열린 만세시위에 대장촌 사람들이 몇 명 정도 참여했는지는 확실하지 않지만 분명히 만세 군중 안에 있었다고 봐야 한다. 그 전날 대장교회 주일예배에 참가한 사람들끼리 목소리 낮추어 가며 내일 삼례에 갈 것이냐는 말이 오갔을 것이다. 삼례 만세시위는 이 운동이 이제 대장촌 사람들에게까지 번졌다는 의미였다. 장에 다녀온 조선 이웃들을 일본 사람들은 폭동 가담자, 배신자 바라보듯 했다. 그러나 삼례장에 다녀온 조선 사람들은 미루고 미룬 조상묘 벌초라도 한 것처럼 나라 잃은 지 10년 만에야 제 할 일 다했다는 뿌듯함을 느꼈을 것이다. 그러나 내 할 일 내가 하고 왔다는 마음이면서도 일본인들의 눈길을 제대로 바라보기는 어려웠으리라. 떳떳하지 못해서가 아니라 두려웠기 때문이었다. 일본인이 주인이었고 조선인은 종이었다.

한동네에서 이웃으로 10년 이상을 살아온 사람들이었지만 조선인과 일본인 사이에는 메울 수 없는 깊은 간극이 있다는 것을 3·1만세운동은 상기시켜 주었다. 삼례시위 이후 대장촌 사람들의 동요와 갈등, 기대와 불안은 더욱 깊어졌다. 조선 사람과 일본 사람의 갈등이 밖으로 드러나는 갈등이었다면, 장에 다녀온 사람과 다녀오지 않은 조선 사람들 사이에도 눈에 보이지 않지만 뚜렷이 느껴지는 미묘한 감정의 대립이 있었다. 삼례장날에 다녀온 사람들 사이에서도 '삼례가 만세를 부르고 금마가 만세를 부르고 여산도 만세시위를 했는데 우리는 뭐 하나?'라는 질문이 자연스럽게 제기되었다. 무언가를 하지 않으면 안 된다는 생각이 대장촌 사람들을 짓눌렀고 결단을 요구하는 시간이 다가오고 있었다.

당시 대장촌의 일상은 다소 기묘한 풍경이었다. 2,000명 남짓한 조선인과 200여 명의 일본인들이 섞여 살았다. 조선인과 일본인의 혼거는 이 마을의 실질적인 지배자 호소카와 농장주의 뜻에 따른 일이었다. 일본 농민들이 조선말을 하는 경우는 거의 없었고 조선말을 구사할 줄 아는 일본인들도 많지 않았다. 마을의 공용어는 일본어였다. 조선 사람들 가운데 일본어를 할 수 있는 사람은 1910년대 초반 통계로 100명에 한 명이 될까 말까 하던 시절이었다. 그러니 서로가 눈짓 발짓으로 의사소통을 해야 했다. 일본 농장주들은 조선 사람들에게 모범이 되어야 한다며 일본 농민에게 앞장서서 일찍 일어나서 마을 청소하기, 우물 정비, 화장실 개량 등을 요구했다. 일본인 거주자들에게 마치 우리의 1970년대 새마을운동 지도자 같은 역할을 요구했고, 조선 사람들은 지주 눈치 보며 일본 농민들을 따라 하는 시늉이라도 하지 않을 수 없었다.

두 민족이 섞여 살았지만 마을의 주인은 일본인이었다. 인구수로는 조선인들이 압도적으로 많았지만, 일본 사람들은 일상에서부터 대장촌을 장악하고 있었다. 그 장악력은 본질적으로는 그들이 식민지 지배자라는 위치에서 나온 것이지만 일상에서의 이니셔티브―솔선수범, 근면, 정직 같은 도덕적이고 윤리적인 가치와 위생, 청결 같은 실생활 측면에서 모범 보이기―를 장악하는 것에서 더 확실하게 드러나고 있었다. 우리는 당신들을 돕기 위해 노력하고 있다, 당신들에게 근대 문명을 알려 주려고 이렇게 노력하고 있다, 그래서 우리는 이렇게 솔선수범하고 있다! 그러니 우리를 따르라. 우리를 따르고 우리를 배우면 너희도 우리처럼 될 수 있다! 단순한 지배자가 아니라 도덕적 리더십까지도 확보하고 있는 일본인의 존재, 선한 지배자라는 외양을 하고 그들은 조선의 농촌마을을 틀어쥐었다.

문화적으로, 종교적으로도 대장촌은 일본인이 장악한 마을이었다. 3·1운동이 일어나기 4년 전 이 마을이 총독부로부터 모범마을로 선정되어 표창을 받은 것은 이런 장악력―마을의 일본화―을 인정받았기 때문이었다. 일본화의 정도는 조선 사람들의 순응의 정도에 비례했다. 일본인들의 기술과 힘, 일본인들의 선의를 어디까지 인정하고 받아들이느냐가 일본화의 정도를 가늠하는 기준이었다. 대장촌의 일본인들은 자신들이 이 마을을 완벽하게 장악했다고 자부하고 있었다.

그런 일본인들에게 3·1만세운동의 발발과 확산은 참으로 불안하고 소름 끼치는 사건이었다. 대장촌의 조선 사람들이 만세운동에 가담하는지, 그리고 대장촌에서 만세운동이 벌어지는지의 여부는 대단히 민감한 문제였다. 그런데 일본의 통치를 마음속으로부터 받아들이고 일본인의 통치와 교육을 통해 일본처럼 되려고 노력하는 것처럼 보였던 조선인들의 눈빛이 달라졌다! 저항은 아예 포기하고 오직 순응과 협조의 자세를 보이는 듯했던 조선 농민들이 3·1운동 소식을 듣고 난 이후에 달라지고 있었다. 일본인의 불안은 외부에서 시위가 폭력화되고 과격해지고 있다는 소식이 잇따라 들리면서 더욱 커져 갔다.

저 조선 농민들이 감히 그럴 수 있겠는가라고 애써 불안을 달래 보기도 했지만 조선 사람들, 특히 조선 농민들의 속은 알 수가 없었다. 어떤 때는 한없이 굴종적이고 아무런 생각이 없는 듯 보이기도 하지만, 어느 순간에 보면 영악하고 의뭉스럽기 그지없었고 끈질기기가 쇠심줄 같았다. 속으로 무슨 생각을 하는지 짐작하기 어려웠고, 거칠게 밀어붙이는 추진력은 일본 농민이 흉내내기도 어려웠다. 그런 조선 농민들이 무슨 일을 벌일지는 아무도 몰랐다. 저 무지렁이 같은 조선 농민들이 죽창을 들고 봉기한 전설 같은 동학전쟁 이야기가 불과 20여 년 전의 일이다. 그런 일이 얼마든지 벌어질 수 있는 분위기가 형성되면서 대장촌에도 일본인 자위단이 등장했다.

대장촌의 자위단은 재향군인회를 중심으로 구성됐다. 대장촌에 거주하는 일본인의 대다수는 호소카와 농장이 구마모토를 비롯한 일본 간사이 지방에서 모집한 농업이민자라는 것, 농업이민자의 가장 중요한 자격요건이 군대를 다녀와야 했다는 것을 상기할 필요가 있다. 대장촌에 사는 대부분의 일본인은 재향군인회 가입 대상이었고 실제로 재향군인 회원이었다. 격화되는 시위 상황을 맞아 조선 거주 일본인들이 경찰과 군의 도움으로 자위단을 조직하고 나섰고, 이것은 전북도 예외가 아니었다. 재향군인회원들과 소방조가 중심이 된 자위단이 총, 칼, 소방용 갈고리, 몽둥이 등으로 무장하고 야간순찰을 돌면서 농장 사무실, 수리조합 사무실, 우편소 등에 대한 자체 경비에 나섰다. 이런 자체 경비는 주로 면 단위로 진행되었다.

대장촌에서도 일본인들로 구성된 자위단이 야간경계와 주요 시설에 대한 경비에 나섰다. 일본인 자위단원의 활동은 같은 마을에 사는 조선인들에 대한 불신과 적대감을 전제로 한 행동이었다. 너희 조선인들이 언제든지 폭도가 될 수 있으니 우리는 대비하지 않을 수 없다는 논리를 대고 있었지만, 호소카와 농장을 비롯한 일본인 대농장이 대장촌에 들어선 지 15년에 걸쳐 이룩했다고 자부한 '모범촌'이 허상에 불과하다는 것을 보여 주는 일이었다. 3·1운동은 일본인의 선한 계몽자라는 가면을 벗긴 사건이었다.

대장촌 역사와 관련해 이 동네 촌로들의 구술 기록을 10여 년 이상 수집해 온 이상렬 전 익산시 의원은 일제강점기에 호소카와 농장이 사병私兵을 육성했다는 증언이 있다고 말한다. 대장촌에 사무실을 두고 있던 호소카와 농장에 경찰과는 별도로 자체 무장병력을 유지하고 있었다는 것이다. 호소카와 농장에 실제로 사병이 있었는지, 사병이 있었다면 언제까지 있었는지, 3·1운동 무렵에 사병이 있었는지 등은 좀 더 확인이 필요한 부분이다.

호소카와 농장의 자체 경비와 관련해 1927년 8월 15일자 『동아일보』

는 흥미로운 기사를 싣고 있다. 전남 담양에서 일어난 조선인과 일본인의 폭행사건에서 기요타 가오리라는 일본인이 조선 사람을 권총으로 쐈는데, 이 권총이 전남 담양에 있는 호소카와 농장의 숙직용이라는 것이었다. 호소카와 농장은 전남과 전북에 각각 대농장을 두고 있었는데 근무방식은 두 곳이 비슷했다. 따라서 대장촌에 있던 전북 호소카와 농장도 권총으로 무장한 야간 경비원 내지 숙직자가 있었을 것으로 보인다. 권총 등으로 무장하고 이미 자체 경비체제를 갖추고 있던 호소카와 농장을 비롯한 일본인 대지주들은 3·1운동 시기에 자위단을 조직해 자체 경비를 강화하고 있었다. 이런 상황에서 대장촌 사람들에게 다시 한 번 어느 쪽인가 선택을 해야 하는 시간이 찾아온다. 4월 4일 이리시위가 바로 그 선택의 시간이었다.

선택을 강요받는 상황이 이어졌지만 대장촌에서 만세를 부르는 선택은 없었다. 3월 첫 봉기 이후 소강상태를 보이는 듯했던 서울에서는 3월 26일 다시 한 번 격렬한 만세시위가 벌어졌다. 다른 지역에서도 만세시위가 절정을 향해 치닫고 있었고, 일제 무력진압에 대한 시위대의 저항도 폭력적인 양상을 보이고 있었다. 평화적 독립요구로 시작됐던 시위는 시간이 지나면서 일부 지역에서는 무장궐기 수준으로 발전하고 있었다. 이런 상황에서 대장촌 조선 사람들의 고민은 깊어져 갔다. 자신이 살기 위해, 보다 더 잘 살기 위해 무엇을 할 것인가에 대한 고민이었다. 한일강제병합 이후 대장촌 사람들은 나라에 대한 희망이나 기대는 포기했다. 주어진 조건대로, 남들이 요구하는 대로, 어떤 면에서는 일본 지배자들이 요구하는 대로 살았다. 주체성이 거세된 삶이었다.

전국이 독립 만세 소리로 들썩거렸다. 그러나 이 만세 소리가 눈에 보이고 손에 잡히는 성과로 이어질 것인지에 대한 구체적인 전망은 나오지 않았다. 이제는 거의 실시간으로 전해지는 전국 각지의 격렬한 시위 소식을 들으면서 대장촌의 위기감과 긴장은 더욱 고조됐다. 군복 차림에 각반까지 찬 재향군인회원과 소방조원들이 연일 순찰을 도는 모습은 조선 농민들에 대한 사실상의 협박이었다.

시위 횟수가 크게 늘어나고 시위의 강도가 격렬해지고 있다는 소식이 들려올 때마다 대장촌의 일본인 지주들과 관리, 그리고 일본 농민들의 눈초리는 더욱 사나워졌다. 조선 사람들은 조선 사람들대로 분노가 커졌다. 우리도 뭔가 해야 하는 것 아닌가, 우리도 들고 일어설 때가 된 것 아닌가 하는 생각들을 이심전심으로 주고받았을 터이다. 팽팽한 긴장감, 불안, 야릇한 기대감이 교차하는 가운데 4월 4일 이리시위 날 아침이 밝았다.

그러나 이리시위와 관련해 대장촌을 언급하고 있는 기록은 없다. 대장촌 사람들이 시위에 적극 참가했는지, 아니면 이날 시위 진압에 동원되어 일본인들과 한편에 섰는지 그 어떤 기록도 확인이 어렵다. 3·1만세운동과 관련해 집단적으로 행동한 기억이 있다면 그런 것들이 마을 사람들에게 자랑으로 구전되었을 법도 하지만, 대장촌 촌로들의 일제강점기 구술 증언 가운데 1919년의 시위에 대한 증언은 없다. 당시 대장촌의 유일한 개신교회였던 대장교회 역사에서도 1919년 만세시위 관련 기록은 보이지 않는다. 3·1운동이 개신교 세력을 중심으로 기획되고 지방에 전파된 것을 상기하여, 대장교회가 이 운동과 연관이 없었다고 하면—기록이 없다고 반드시 행동도 없었다고 단정할 수는 없지만—대장촌에서 적극적이고 조직적인 시위 움직임은 없었다고 봐야 할 것이다.

대장촌 사람들에게 3·1운동은 승리와 희열의 기억보다는 좌절과 패배의 기억으로 남았을 가능성이 더 크다. 온 민족이 다 들고일어났을 때, 서울에서 전주에서 삼례에서 군산에서 그리고 이리에서 "조선 독립 만세"를 외치며 궐기했을 때 우리는 그러지 못했다는 자괴감이 크지 않았을까? 삼례, 이리, 전주에서 장이 열리고 그곳에서 만세시위가 벌어졌을 때 개별적으로 참가해 만세를 부른 사람들이 분명 있었을 것이다. 우리도 일어나 만세를 부르자고 목소리를 낮춰 논의한 사람들이 있었을 수도 있지만 대장촌에서 만세의 함성은 터져 나오지 않았다.

독자적으로 만세운동을 하기에는 너무 작은 농촌마을이었고, 만세의 무대로 활용되던 장이 서는 동네도 아니었으며―실제 만세시위 1,215회 가운데 900회 이상이 장터에서 벌어졌다―만세시위를 벌이기에는 지켜보는 일본인들이 너무 가까이 있었고, 이 마을이 사실상의 일본인 마을이었다고 해도 아쉬움은 남는다. 만세운동이 일어나기 힘들었던 이런 많은 이유에도 불구하고 대장촌 사람들은 자기들이 뭔가 해야 할 일을 하지 못했다는 생각을 지우지 못했을 것이다.

대장촌은 삼례나 이리에 뒤지지 않는다는 자부심에 찬 동네였다. 이 마을이 일본인 동네 같다는 말은 칭찬인 동시에 야유라는 것을 대장촌 사람들도 알고 있었다. 그것은 왜놈 마을이라는 욕이기도 했다. 그런 말을 듣고 있었기 때문에 그 어떤 마을보다 먼저 일어나 "우리 마을은 왜놈 마을이 아니다, 우리는 왜놈에 빌붙어 먹고사는 사람들이 아니다."라고 외치고 싶었을 것이다. '일본인 마을'이기에 누리는 것도 많았지만 그에 못지않게 일본 사람들에게 받는 경멸과 차별도 컸다. 그랬기에 대장촌 사람들은 누구보다 "조선 독립 만세"를 외치고 싶었을 테지만 그 욕망이 함성이 되어 대장촌 하늘에 울려 퍼지지는 못했다.

이 만세시위에 적게 잡아도 50만, 많게 잡으면 200만 민족이 나섰다. 모든 정치결사가 금지되고 최소한의 집회의 자유조차 허용되지 않는 극도의 억압 속에서 일본의 순사나 헌병을 호랑이보다 무섭게 생각하던 사람들이 어떻게 들고 일어섰는지 생각할수록 기적 같은 일이고 자랑스러운 일이었다. 특히 1919년 3월 26일부터 4월 5일까지 열하루 동안 전국에서 하루 평균 60여 건의 시위가 동시다발적으로 벌어졌으니 한반도가 "조선 독립 만세"라는 함성에 뒤덮였다. 3·1운동과 관련해 박은식 선생이 쓴 『한국독립운동지혈사韓國獨立運動之血史』는 사망자만 7,500명, 부상자가 2만 명에 달한다고 적고 있다. 일제 총독부가 공식적으로 밝힌 사망자도 500명이 넘는 것을 보면 3·1운동은 대단히 격렬한 사실상의 내전 같은 상황이었다. 이런 상황에서 대장촌은 일제에게 뒷덜미를 붙잡힌 채 침묵하고 있었다. 대장촌 사람들에게 1919년 봄은 그 어느 해보다 잔인한 봄이었다.

제4장

일제와의 전쟁, 물과의 전쟁

"비상! 농민 5,000명이 전주로 몰려오고 있다"

1921년 9월 20일, 전주경찰서 이시카와石川 서장에게 급보가 전해졌다. 조선 농민 5,000명이 들판을 새하얗게 메우며 전주로 몰려들고 있다는 것이었다. 급보는 전주경찰서 산하 조촌면에 있는 삼포주재소에서 날아들었다. 이시카와 서장은 아연 긴장하지 않을 수 없었다. 5,000명이나 되는 조선 사람들이 전주로 몰려들고 있다니 이게 웬 날벼락인가 싶었다. 어디서 이렇게 많은 조선인들이 모였고 이들이 왜 전주로 오고 있는지, 어떻게 대응해야 하는 것인지 한순간 머릿속이 아득해졌다. 5,000명이라니, 2년 전에 벌어졌던 3·1운동 당시에도 전라도에서 이렇게 많은 시위대가 모인 적은 없었다. 대규모 시위대가 전주로 몰려오는데 어떻게 사전에 그런 기미를 전혀 알아채지 못한 것인지 자책하지 않을 수 없었고, 반일 독립요구 시위는 아닌지 크게 당황했다. 서장은 뭐 하고 있었느냐는 상부의 질책이 두렵기는 했지만 그에 대한 대응방안은 나중에 생각할 일이었다. 지금 중요한 것은 정확한 상황을 파악하는 것이었고, 전주로 몰려들고 있는 농민들의 행진을 막는 것이었다.

이시카와 서장은 즉각 전 경찰서 병력에 비상을 걸고 출동 태세를 갖추도록 지시했다. 헌병대에도 비상상황을 통보했다. 이시카와 서장은 먼저 고토後藤 부장에게 선발대를 이끌고 조촌면 방면으로 긴급 출동하도록 지시했다. 고토 부장은 13명의 무장병력을 자동차에 태우고 급히 조촌면 방향으로 향했다. 이시카와 서장은 본대 병력이 출동 준비를 갖추는 동안 상황 파악에 분주했다. 시위대 숫자는 5,000여 명이라는 것이 거듭 확인된 가운데 시위대가 처음 출발한 곳이 익산군 춘포면 대장촌이라는 것, 시위대 주력이 익산과 김제의 농민들이라는 점과 농민들의 행진목표가 전북도청이라는 정보가 추가로 들어왔다. 그나마 다행이라면 농민시위대가 무장을 하고 있지 않다는 점과 기세가 사납기는 하지만 폭도로 보이지는 않는다는 것, 그리고 나름대로 질서를 유지하면서 전주 방면으로 행진하고 있다는 점이었다.

농민들이 전북도청으로 몰려드는 이유가 대간선大幹線 수로, 즉 물 문제 때문이라는 것도 파악되었다. 농민들의 요구사항이 정치적인 것이 아니라는 점, 이들이 무장을 하지도 않았고 폭력을 휘두르는 것은 아니라는 점에 일단 한숨을 돌릴 수 있었지만 수백 명도 아니고 무려 5,000명의 농민들이 전주로 몰려든다는 것은 심각한 일이 아닐 수 없었다. 만약 이들이 전주성 안으로 들어온다면 무슨 일이 벌어질지 모르는 것은 물론 사태가 걷잡을 수 없이 악화될 가능성이 컸다. 농민들의 전주 입성을 막는 것이 급선무였다. 이시카와 서장은 본대 병력의 출동 준비가 끝나자 무장을 갖추고 곧바로 집무실을 나섰다. 자신이 직접 나서지 않으면 안 되는 심각한 상황임을 본능적으로 알아차린 것이다. 상황의 심각성은 전주 주재 헌병대도 이미 알고 있었다. 헌병대는 통역인 야스하라安原까지 불러 이미 조촌면으로 출동했다.

전북 치안 책임자들을 한순간에 경악과 충격에 빠뜨린 사람들은 전북 익산과 김제의 농민들이었다. 농민들의 봉기는 그달 초에 있었던 홍수가 직접적인 계기가 되었다. 농민들이 시위에 나서기 여드레 전인 9월 12일 『동아일보』는 이 지방의 홍수 소식을 이렇게 전하고 있다.

"…군산 방면으로부터 익산, 김제, 전주, 정읍 지방에 우량雨量이 다

多하여 평전의 침수 면적이 약 4천 정보라 하며 특히 저지低地인 익산 군 대장촌 방면은 일면一面이 호수 상태로 인하여 삼일 간에 걸쳐 감 수減水치 아니 하야 벼의 결실기를 맞이하여 피해가 우심하여 전 침 수지를 통하여 약 3할의 감수減收를 예상한다더라."

추석을 불과 나흘 앞둔 상황이 이러했으니 명절 분위기가 제대로 났을 리 없었다. 황금물결을 이루어야 할 벌판은 여전히 물바다였고 고개 숙 인 벼는 물속에서 썩어 들어갔다. 논은 말할 것도 없고 마을 전체가 호수 로 변한 대장촌은 침울함을 넘어 참담한 분위기였다. 농민들은 이 참상 을 보면서 애간장을 태웠고 한숨은 깊어만 갔다. 아무리 가난하고 힘든 시절이라 해도 추석만큼은 풍요로웠는데 그해 추석은 동네에서 웃음소 리를 듣기 힘들었다. 그해 벼 수확량이 30%나 줄어들 것으로 예상될 만 큼 수확기를 앞둔 시기에 난 홍수는 타격이 컸다.

대장촌은 그 전해인 1920년에도 물난리를 겪어 집이 물에 잠긴 이재 민이 400명을 넘었다. 홍수로 보금자리를 잃은 이재민은 열흘이 넘도록 호소카와 농장에서 피난민 생활을 해야 했다. 그해 전국을 휩쓴 천연두 와 콜레라 때문에 이들의 집단 피난민 생활은 위태롭고 불안하기 짝이 없었다. 대장촌 일대의 들판이 누런 물바다로 변했고, 모든 교통이 끊겨 목선木船을 이용해 호소카와 농장으로 긴급 대피한 이재민들에게 식료품 을 전달해야 했다. 6년 전에 개통된 철도 선로까지도 붕괴될 위험에 처 했다.

대장촌 사람들은 해마다 계속되는 물난리가 꼭 하늘 탓만은 아니라는 것을 알고 있었다. 하늘에서 비가 쏟아지는 것이야 어찌할 도리가 없었지만, 사흘이 넘도록 논에서 물이 빠지지 않는 이유는 분명히 있었다. 그 이유는 바로 익옥수리조합益沃水利組合이 만들고 있는 대간선 수로 때문이었다.

"물난리는 일본 지주들의 욕심 때문이여"

익옥수리조합은 1919년 임익남부수리조합과 임옥수리조합의 합병으로 탄생했다. 만경강 하류 지역인 군산과 옥구 일대의 총 8,000여 정보의 개간지에 농업용수를 공급하는 것이 이 수리조합의 설립목적이었다. 이 조합은 전북 완주군 동상면 일대에 총 1억 톤의 물을 저장할 수 있는 대아리 저수지를 만들어 수원지를 확보했다. 이 저수지 물을 옥구 저수지에 보내기 위해 완주에서 익산을 거쳐 군산으로 이어지는 대간선 수로를 만들었다.

이 사업을 주도한 사람은 익옥수리조합 초대 조합장이자 군산 지역의 대표적 일본인 지주였던 후지이 간타로藤井寬太郞였다. 후지이 간타로는 만경강 하류 지역의 간척을 통해 2,000정보가 넘는 간척지를 확보한 데 이어 대아리 저수지 공사를 주도하며 조선의 수리왕으로 불리던 인물이었다.

후지이 간타로

후지이 간타로가 주도해서 완공한 총 길이 80km의 이 대간선 수로는 수심 1.5m에

대간선 수로공사 현장 모습

최대 폭 15m로 전북 서부 지역의 평야를 가로지르며 도도하게 흘러 일
부 지주들의 간척지가 있는 군산과 옥구 일대까지 이르렀다. 이 수로를
보호하기 위해 수로 좌우측으로 최대 높이 3m의 제방을 쌓았다. 문제는
바로 이 수로 제방이었다. 들판 한복판을 가로지르는 이 제방으로 인해
큰비가 올 경우 배수에 문제가 생기기 시작한 것이다. 만경강이나 익산
천 같은 지류 하천으로 빗물이 빠져나가야 하는데 이 대간선 수로를 보
호하기 위한 제방 때문에 물길이 막혔고, 물길이 막히면서 저지대인 대
장촌 일대가 집중적인 피해를 입은 것이다. 더구나 이 대간선 수로는 옥
구와 군산에 있는 익옥수리조합 몽리蒙利 구역에만 농업용수를 공급하고
있었다.

　익옥수리조합 몽리 구역은 후지이 간타로를 비롯한 일본인 지주들의
토지가 대부분이었다. 대장촌 일대로 대간선 수로가 지나가기는 하지만

대간선 수로 현재 모습

대장촌 들녘이 아무리 가뭄이 들어도 물 한 방울 보태 주지 않았다. 대장촌 사람들에게 이 대간선 수로는 홍수 때는 배수만 막아 피해를 키우고 가뭄 때는 물 한 방울 나눠 주지 않는 존재였으니, 어느 때고 눈곱만큼도 도움이 되지 않는 시설이었다. 오직 후지이 간타로를 비롯한 군산과 옥구 쪽 일본인 지주만을 위한 시설로 보일 수밖에 없었던 것이다. 우리 동네에는 도움이라고는 조금도 되지 않고 오직 일본인 지주, 그것도 여기에서 한참 떨어진 군산과 옥구에 있는 일본인 지주를 위한 시설인 데다 비만 오면 물난리를 일으키는 대간선 수로, 이런 수로는 없어져야 했다.

저 수로 제방을 때려 부수지 않으면 비가 내릴 때마다 대장촌 들판은 물바다가 될 것이 뻔했다. 대장촌 농민들은 두 해 연속이나 대장촌이 물바다로 변한 것은 익옥수리조합의 수로 제방 때문이라고 단정했다. 썰렁하고 우울한 추석을 보낸 농민들은 분에 가득 차 있었다. 논에서 겨우

물이 빠지긴 했지만 수확기를 앞둔 벼는 쓰러진 채 그대로였고, 홍수가 휩쓸고 간 들판은 아직도 곳곳이 흙탕물에 뻘밭이었다. 신작로 곳곳이 패었고 물이 채 마르지 않은 진창이 곳곳에 널려 있었다.

문제를 근본적으로 해결하지 않으면 이 같은 일은 매해 반복될 것이 너무도 분명했다. 근본적인 문제 해결은 대간선 수로를 해체하는 것이었는데, 대간선 수로를 없애기 위해서는 면사무소나 수리조합, 군청을 찾아가는 것으로는 해결될 사안이 아니었다. 면사무소와 수리조합을 찾은 것이 한두 번이 아니었지만 제대로 된 답을 듣지도 못했다. 다른 문제는 몰라도 이 대간선 수로 문제는 적어도 전북 도지사는 돼야 근본적인 답을 줄 수 있다고 농민들은 판단했다. 도청으로 항의 방문을 해도 한두 사람이 가서는 도지사는커녕 경비원도 못 만날 것이 분명했다. 최대한 많은 사람이 가야만 도청에서도 자신들의 요구를 무게 있게 받아들일 것이었다.

농민들은 추석 기간 중에 도청 진격 시위를 치밀하게 준비했다. 대간선 수로가 지나거나 이 수로 때문에 피해를 입은 9개 면의 대표자들을 뽑아서 이들을 중심으로 논의를 진행했다. 농민 대표들은 몇 차례에 걸쳐 대장촌에서 모임을 갖고 추석 명절이 지난 직후에 전북도청으로 가서 자신들의 요구를 전달하기로 했다. 시위대 규모를 최대한 늘리기 위해 한 집에 한 명씩 행진에 참여하기로 결정했다. 또 도청 당국자의 책임 있는 답변을 들을 때까지 도청에서 연좌 농성을 계속하기로 했다. 도청 진격 시위를 흐지부지하게 끝내서는 안 된다는 결의 아래 시위 참가자는 이삼 일 치 식량을 각자 준비해서 가져오기로 했다. 연좌 농성이 길어질 것을 대비한 것이었다. 거사시기는 추석을 보내고 나흘 뒤인 9월 20

일 오전으로 정했다.

거사일인 9월 20일 약 1,000여 명의 농민들이 대장촌에 모여 결의를 다지고 곧장 전주로 향했다. 이 전주시위에는 김제군 백학면·백구면·공덕면·용지면·백산면과 익산군 팔봉면·춘포면, 완주군 삼례면·조촌면 등 9개 면 주민이 가세했다. 이 9개 면은 익옥수리조합의 수로가 지나거나 큰 홍수피해를 입은 마을이라는 공통점이 있었다. 일제의 수리정책에 대한 뿌리 깊은 반감이 시위대의 규모를 더욱 키웠다. 대장촌에서 팔봉면과 춘포면 농민들이 중심이 되어 본대를 형성해 출발했다. 시위대가 만경강을 건너 조촌면으로 향하면서 그 규모는 구름처럼 불어났다. 김제군 백학면, 백구면, 공덕면, 용지면 농민들이 중간에 시위대에 합류하면서 더욱 기세를 올렸다. 전주부 입구인 조촌면 부근에 이르렀을 때 시위대 규모가 5,000명으로 늘어 시위대 행렬은 자못 장관을 이루었다. 동학혁명 이후 가장 많은 농민들이 모인 상황이었으니 경찰은 물론 헌병대까지 비상이 걸릴 법도 했다.

이시카와 서장의 긴급 지시를 받고 출동한 고토 부장의 전주경찰서 선발대가 시위대와 마주친 곳은 전주 입구인 조촌면에서였다. 고토 부장이 시위대를 가로막고 나섰다. 고토 부장 뒤에는 전주경찰서에서 출동한 13명의 무장경찰이 늘어섰다. 시위대의 동태를 파악하기 위해 시위대를 따라온 각 지역 주재소 병력도 전주경찰서 병력에 합세했다. 전주에서 출동한 헌병대 병력까지 합치면 약 30~40명이 5,000여 명의 시위대를 가로막아 선 것이다. 시위대는 비무장이었다. 삽이나 괭이처럼 여차하면 무기로 사용할 만한 농구도 휴대하지 않았다. 각자 먹을 식량을 갖고 있었을 뿐 대부분은 맨손 맨주먹이었다. 고토 부장은 시위대에 즉

각 해산할 것을 명령했다. 그러나 시위대는 이 명령을 무시했다! 그리고 행진을 계속했다. 이 상황을 당시 신문은 이렇게 기록하고 있다.

"…전라북도 익산군 대장촌을 중심으로 삼아 춘포면 등 아홉 면의 면민 5,000명이 수해문제에 대하여 도청에 몰려간다는 급고急告가 조촌면에 있는 삼포주재소로부터 전주경찰서에 달하매 동서에서는 고토後藤 부장의 지휘하에 경관 13명이 자동차로 선발하였으며 그다음 이시카와石川 서장이 친히 경관 20명을 데리고 자동차와 자전거로 출동하였으며 헌병대에서는 야스하라安原 통역을 데리고 현장에 급행하였는바 면민 5,000명은 조촌 주재소 앞을 지날 때에 고토 부장의 선발대는 그곳에 당도하여 여러 가지로 설유하였으나 마침내 듣지 아니하고 여전히 진행하였는데…."(『동아일보』1921년 9월 24일자)

총검으로 무장한 일제 경찰과 헌병대의 해산 명령이 절대로 가볍게 들릴 수 없었다. 불과 2년 전 3·1운동 당시 일제가 어떻게 시위를 진압했는지 농민들은 잘 알고 있었다. 조선 사람들에게 일제 경찰과 헌병은 호랑이보다 무서운 존재였다. 그럼에도 불구하고 시위대는 경찰의 경고를 "듣지 아니하고 여전히 진행하였다". 해산 명령을 무시한 농민시위대에 고토 부장이 이끄는 전주경찰서 선발대와 헌병대가 어떤 조치를 취했는지에 대해서는 기록이 없다. 분명한 것은 이들이 시위대에게 순순히 길을 내줬을 리는 없다는 것이다. 이들은 길을 막아섰을 테고, 시위대는 경찰과 헌병의 저지를 물리적으로 돌파하거나 아니면 이들을 우회해서 행진을 계속했을 것이다.

일제강점기에 농민들의 이런 대규모 시위가 있었다는 것은 놀라운 일이다. 5,000명이나 되는 대규모 시위대가 벼가 누렇게 익어 가는 대장촌의 벌판을 지나 삼례를 거쳐 전주로 행진하는 모습을 상상해 보자. 침묵속에 행진했을 리는 없다. 곳곳에서 구호가 터져 나왔을 것이다. 행렬의 꼬리가 잘 보이지 않을 만큼 길게 이어진 장관을 구경하기 위해 마을마다 구경꾼들이 나와 응원의 박수를 보냈을 것이다. 물리적인 충돌이 벌어질 수 있는 상황이었고, 충돌이 벌어지면 그 파장은 예측하기 어려웠다. 대장촌 농민을 비롯한 5,000명의 시위대는 그런 충돌도 불사하겠다는 의지로 행진을 계속한 것이다.

무기력한 회군? 강제해산?

농민시위대 5,000여 명이 전주성으로 들어가 전주 시내를 누비는 일은 벌어지지 않았다. 본대 병력을 이끌고 시위현장으로 출동한 이시카와 서장의 설득으로 농민들은 중도에 해산했고, 대표 14명이 도청으로 가 농민들의 요구사항을 전달하기로 했다고 당시 신문은 전하고 있다. 그 기사가 사실이라면 농민들의 전북도청 진격 시위의 끝은 다소 허무했던 셈이다. 문제가 해결될 때까지 집에 돌아가지 않겠다는 각오로 며칠 먹을 식량까지 챙겨 나올 만큼 격분해 있던 농민들이 대표자 14명의 도청 면담 조건으로 자진 해산했다는 것은 납득하기 어렵다. 더구나 경찰의 1차 저지선을 돌파하던 기세는 어디로 갔다는 말인가? 이 시위는 우발적인 시위가 아니라 9개 면 대표자들이 사전에 치밀하게 논의해 준비한 시위였다는 점에서 농민시위대의 자진 회군은 더더욱 이해하기 어렵다.

당시 농민들의 시위와 이에 대한 경찰의 진압은 대장촌에서는 전설처럼 구전되어 내려오고 있다. 『대장교회 100년사』에는 이 사건과 관련해 일제강점기에 대장촌 이장을 지낸 송인섭 씨의 증언이 담겨 있는데, 송씨는 해산 과정에 대해 이렇게 말하고 있다.

"추석 다음 날 한국인들이 데모를 하여 삼례 가도를 따라 하얀 옷을 입고 전주도청까지 행군하였으며, 이 소식을 듣고 일본 수비대가 큰 칼을 빼고서 진압하니 농민들이 인근 야산으로 뿔뿔이 흩어진 일이 있었다."

송인섭 씨의 이 증언은 농민시위대가 이시카와 서장의 설득으로 자진 해산했다는 『동아일보』 기사와는 달리 강제해산됐음을 말해 주고 있다. 여러 정황으로 볼 때 농민들이 자진 회군했다는 신문기사보다는 강제해산당했다는 송인섭 씨의 증언이 사실에 부합하는 것으로 보인다. 경찰의 1차 저지선을 뚫고 행진을 계속하던 농민시위대는 칼을 뽑아 든 이시카와 서장이 지휘하는 전주경찰서 본대 병력과 마주쳤다. 이시카와 경찰서장은 농민들에게 해산하라고 '권유'했다. 서장의 권유는 설득이 아니라 협박이었다.

『대장교회 100년사』에서의 대장촌 주민의 증언처럼 정복 차림의 경찰서장이 긴 칼을 뽑아 들고 "여기에서 행진을 중단하고 해산하라. 해산 명령에 따르지 않으면 엄벌에 처할 것이다."라고 말하며 위협했다. 경찰서장 뒤에는 50여 명의 병력이 총검으로 무장하고 대기하고 있었다. 시위대는 그런 경찰들에게 대들지 못한 것이다. 눈을 부라리며 호통을 치는 경찰서장 앞에서 시위대는 일단 기세가 꺾였고, 일제 경찰과 헌병이 칼을 휘두르며 달려들자 순식간에 대오가 무너지며 산으로 들판으로 흩어졌다. 대표자 14명을 도청에 보내기로 타협했다는 것은 강제해산 이후 농민들의 분노를 달래려는 일본 경찰의 당근 같은 것이었다.

농민들의 전주 행진을 막아 낸 전주경찰서장 이시카와는 자신의 호통으로 5,000여 명의 시위대를 해산시켰다고 자랑하지 않았을까? "조선놈들 아무것도 아니야. 내가 칼 뽑아 들고 소리 한번 지르니까 그냥 흩어지더라고." 그 일본인 서장은 그렇게 자랑했을 것이고 상부에도 그렇게 보고했을 것이다.

농민들의 입장에서 보면 지배자는 언제나 무서운 존재였다. 쉽게 대들 수 있는 상대가 아니었다. 관존민비 인식은 조선시대를 포함한 긴 역사를 통해 형성된 것이었고 일제강점기에 들어서면서 더더욱 강고해졌다. 경찰이 저지할 경우 어떻게 할 것이라는 사전 계획이 없지는 않았을 테고, 경찰 선발대의 1차 저지선도 무너뜨린 직후였으니 농민들의 기세도 한껏 올랐을 수도 있다. 그러나 총검으로 무장한 경찰의 저지를 돌파한다는 것은 맨주먹의 농민들에게는 현실적으로 불가능한 일이었다.

경찰 저지선을 넘어선 5,000여 명의 시위대가 전주 시내를 누비면서 거센 함성을 내지르고 도청 앞에서 몇 날 며칠이고 농성을 벌였다면 우리의 일제 저항사에 참으로 빛나는 한 페이지를 장식했을 것이다. 그러나 현재의 희망을 담아 과거를 재구성하는 것이 역사는 아니다. 대장촌을 비롯한 익산군과 김제군의 9개 면 농민 5,000여 명이 연이은 홍수 피해의 근본적인 원인을 해결해 달라며 도청으로 몰려갔지만 중간에 경찰의 저지에 막혀 돌아왔다는 것이 객관적인 사실이다. 전주까지 밀고 가지 못한 것, 길을 막아선 경찰의 저지선을 넘어서지 못한 것은 아쉬운 대목이지만, 엄혹한 일제의 압제와 감시 속에서 무려 5,000명이나 되는 농민들이 들고 일어서서 대규모 행진을 벌인 것만으로도 자랑스럽게 생각할 역사다. 농민들의 이 거사는 생존권 확보를 위한 처절한 몸부림이었다. 집회와 시위의 자유가 사실상 원천 봉쇄되고 정당한 집단행동에 나선 것만으로도 가혹한 형사 처벌을 받을 수 있었던 시절에 5,000 농민들의 봉기는 높이 평가받아 마땅하다.

당시 언론도 이 사건에 큰 관심을 보였다. 3·1운동 이후 이런 대규모 시위는 처음이라는 점에서 주목했던 것이다. 이 내용을 9월 22일자 사회면 1단 기사로 보도한 『동아일보』는 이틀 후에 시위 내용을 추가로 취재해 대대적으로 보도했다. 처음에는 농민들의 단순 집단행동으로 보고 가볍게 취급했다가 좀 더 취재를 해 보니 그 의미가 상당하다고 판단해 같은 내용의 기사를 상세히 보도한 것이다. 왜 더 격렬하고 대담하게 투쟁하지 못했느냐고, 그렇게 무기력하게 돌아설 것이었으면 왜 들고일어났느냐고 힐난하듯 묻는 것은 현재의 논리로 과거를 재단하는 것일 뿐, 그 시대를 살았던 사람들의 절실함을 이해하려는 자세는 아닐 것이다.

일제 경찰이 농민들을 해산시키는 것으로 이 사건을 마무리 지은 것은 아니었다. 경찰 입장에서 보면 3개군 9개 면의 연합시위라는 것은 결코 대수롭지 않게 보아 넘길 일이 아니었다. 9개 면민이 한꺼번에 몰려나왔다는 것은 사전에 면밀한 준비작업이 있었다는 뜻이었다. 사람들을 모으는 일에서부터 언제 시위를 벌이며, 시위대의 주장을 어떻게 전파하고, 당일 현장에서 시위는 누가 주도할 것이며, 시위 이후 상황에 어떻게 대응할 것인가 등등 사전에 논의할 사항은 한두 가지가 아니었다. 또 이런 논의 내용이 사전에 새어 나갈 경우에 시위 자체가 불가능해지는 만큼 보안 유지가 필수적이었다. 몇백 명도 아닌 몇천 명이 움직이는 일이었던 만큼 몇 사람이 한두 번 만나 논의하는 것으로 준비가 끝날 일이 아니었다. 3·1운동 이후 일제는 헌병경찰제를 폐지하는 대신 경찰병력을 크게 늘려 조선 사람들의 저항운동에 대한 감시망을 확충하고 있었다. 이런 시점에서 5,000명이나 참석한 대규모 시위가 벌어지자 일제 경찰은 눈에 보이지 않는 비밀조직이 가동되고 있다고 판단했고, 어떤 조직이 배후에 있는지를 집중적으로 조사했다.

당시 일제가 배후조직으로 의심한 것은 조선노동공제회였다. 3·1운동 이후 만들어진 조선노동공제회는 민족 차별 철폐, 식민지 교육 지양, 상호 부조 등을 내세우며 급속히 세력을 확장하고 있었다. 출범 1년 만에 회원수가 17,000여 명으로 늘었고, 기관지인 『공제共濟』는 발행부수가 16,000여 부나 되었다. 이 조직은 농민들의 소작쟁의에도 적극 관여하고 있었다. 전북 지역에도 군산과 정읍에 지부를 두고 있었기 때문에 일제 경찰은 9월 20일 농민시위의 배후에 이 조직이 있는 것이 아닌지 의심한 것이다.

결론적으로 말하면 이 조직이 전주 진격 시위에 관련되었다는 증거는 나온 것이 없다. 다른 외부 조직이나 인물이 전주 진격 시위에 개입한 흔적도 보이지 않는다. 대장촌 사람들이 시위를 기획하고 실천에 옮긴 핵심인 것은 분명하다. 그러나 이 가운데서도 주동인물이 누구인지는 드러나지 않았다. 경찰 기록이나 당시 기사에서도 동학혁명 이후 가장 많은 사람들이 참여한 시위의 주도자가 누구인지 알기 어렵다. 이 시위를 주도한 사람은 제2의 녹두장군 같은 사람이었다. 5,000 농민들의 시위가 제대로 주목받지 못한 것도 아쉽고, 제2의 녹두장군이라고 부를 수 있을 농민 시위 주도자는 대장촌의 어느 농민이었을 가능성이 크지만 그가 누구인지 확인되지 않은 것은 대장촌 역사에서는 안타까운 대목이다.

만경강 갑문을 파괴하라

1924년 10월 22일, 대장촌 농민 600여 명이 춘포공립보통학교 앞 광장에 집결했다. 이번에는 맨손이 아니었다. 농민들의 손에는 삽과 괭이가 들려 있었고 걸리는 것은 뭐라도 때려 부술 듯 사나운 표정이었다. 농민들은 함성을 지르며 대장촌에서 4km 떨어진 익옥수리조합의 만경강 갑문으로 향했다. 익옥수리조합은 삼례 비비정飛飛亭 근처에 취수구를 만들어 만경강 물을 끌어들인 뒤 전용 수로를 통해 군산 부근에 있는 간척지로 공급하고 있었다. 그러니까 만경강과 대아리 저수지를 수원지로 삼아 농업용수를 간척지로 보내고 있었던 것이다. 익옥수리조합이 삼례 비비정 근처에 설치한 갑문이 하류로 흘러내리는 만경강 물을 인위적으로 막는 바람에 갑문 바로 아랫동네인 대장촌 사람들은 물 부족에 시달리고 있었다.

1924년은 남한 일대가 기록적인 가뭄에 시달렸던 해로, 만경강도 물줄기가 말라붙었다. 만경강 물을 농업용수는 물론이고 음용수로도 사용

삼례 비비정 수도

하던 대장촌 사람들은 익옥수리조합의 이 갑문에 대해 불만이 쌓일 대로 쌓인 상태였다. 당시 정황을 신문기사는 이렇게 전하고 있다.

"…익옥수리조합이 대정大正 12년에 만경강 상류인 삼례에다 수로의 갑문을 만들기 위하여 '콩크레트'로 강물을 끊기 때문에 그 하류인 춘포, 백구, 공덕면 동 연안 주민 3천 여 호에 음료수가 결핍할 뿐더러 더러운 물을 사용할 수밖에 없음으로 병자가 속출하고 심지어 사망자가 빈번함으로 수차 조합 측에 교섭하였으나 먼저 약속하였든 우물 48개 소를 다 파주지 않고 25개를 파주었을 뿐이오. 그중에서도 겨우 6개를 사용할 수 있음으로 조합 측의 무성의에 격분한 주민들은 최후 수단으로 이날 오전 9시를 예약하여 취입구를 근본적으로 파괴하려고 하였던 것인 바…."(『동아일보』 1924년 10월 25일자)

수리조합이 강물을 막는 대신 마을에 우물을 파 주기로 약속하였는데 그 약속을 제대로 지키지 않자 농민들이 취입구를 파괴하기 위해 나섰다는 것이다. 대장촌은 원래부터 수질이 좋지 않았다. 만경강을 거슬러 서해 바닷물이 마을 앞까지 올라오던 동네여서 그런지 우물물에도 짠기가 돌았다. 이 동네는 상수도가 보급되기 전인 지금으로부터 20년 전까지도 집집마다 우물물을 받아 두는 큰 독이 두어 개씩 있었다. 이 독에는 숯을 넣어 물을 정수해 마셨다. 그만큼 수질이 좋지 않았다. 해방 이후까지도 물 사정이 좋지 않았는데, 1924년에는 만경강 물길이 수리조합 갑문으로 끊긴 데다 가뭄까지 들어 물 사정이 최악이었다. 정수되지 않은 물을 먹고 환자가 속출한 데다 수인성 전염병이 돌아 사망자까지 나왔다.

식수를 포함한 동네의 물 문제에 대해 대장촌 사람들은 전북도청에 거듭 민원을 제기했다. 그러나 물 문제는 좀처럼 해결의 실마리를 찾지 못했다. 9월에 전주를 순시 방문한 시모오카下岡 정무총감을 찾아가 호소하자는 말까지 나올 만큼 물 문제는 더욱 심각해졌다. 갖은 진정과 호소, 애원에도 불구하고 아무런 대책이 나오지 않자 농민들은 자구책을 강구한 것이다. "이제 어쩔 수 없다. 저 취수시설을 때려 부수자!"

삽과 괭이를 든 수백 명의 농민들이 만경강 취수구를 파괴하려고 몰려가고 있다는 삼례주재소의 급보가 전해지자, 이리경찰서 소속 경찰관 6명이 자동차를 타고 긴급히 현장으로 출동했다. 물길을 막는 취수구를 때려 부수자고 흥분하던 농민들은 경찰의 설득 끝에 해산했다. 1921년에 이어 다시 한 번 대장촌 농민들의 시위는 다소 허망하게 끝이 났다. 이때 출동한 경찰은 정씨 성을 가진 조선인 경찰을 포함해 모두 6명이었다. 삽과 괭이를 들고 만경강 물줄기를 막고 있는 수리시설을 때려 부수겠다고 나선 600여 명의 농민들이 6명의 경찰관에 의해 해산된 것이다. 1921년의 전북도청 행진 때는 5,000명의 시위대가 50여 명의 경찰병력 앞에서 해산하더니, 이번에는 600여 명의 농민들이 6명의 경찰에 의해 기세 좋게 쳐들었던 삽과 괭이를 내려놓았다. 농민시위대는 일제 경찰 앞에만 서면 작아졌고 무기력해졌다. 그것이 당시의 현실이었다.

일제강점기는 순사라는 말로 표현되는 공권력이 압도적인 권위를 가지고 있던 시대였다. 순사의 명령에 복종하지 않는 것은 상상하기 힘든 시대였다. 더러운 물을 마시고 사람이 병들어 죽어 나가고 그 물마저도 제대로 마실 수 없는 상황, 그래서 그 원인을 스스로 해결하고자 나섰지만 경찰이 해산하라고 하니 해산한 것이다. 1921년과 마찬가지로 경찰의 해산 명령—당시 기사는 설득이라고 되어 있지만 그것은 명령이다—에 따른 것을 두고 대장촌의 농민들이 유약하다거나 순응적이라고 말하는 것은 지금의 해석일 뿐이다. 경찰은 총독부 지배권력의 표상이었다. 지금처럼 경찰이 민중의 지팡이라는 개념도 없고 공복이라는 생각은 더더욱 없었다. 경찰에게 대들고 경찰의 명령에 불복하는 것은 일제 총독부 권력에 대한 도전과 거부, 부정이었다. 식민지 지배권력에 대한 거부와 부정은 목숨을 건 각오가 없이는 불가능한 행위였다.

경찰의 명령 앞에서 삽과 괭이를 내려놓은 대장촌의 농민들에게 왜 용기 있게 일제 경찰에 대들지 못했느냐고 말할 수는 없다. 목숨을 내놓고 일제와 일체의 타협 없이 싸운 의롭고 용기 있는 사람들이 있었다. 대장촌 사람들의 저항의 실체를 알면 알수록 자신의 목숨을 걸고 싸운 독립지사들의 애국심과 용기 그리고 단호한 결단은 더욱 빛이 난다. 그렇다고 해서 일제 경찰 앞에서 고개를 숙이고 돌아서며 삽과 괭이를 내려놓은 대장촌 농민들이 비겁하거나 용기 없다고 비판할 수는 없다. 절대권력 앞에서 초라해지고 좌절하기도 했지만 대장촌 농민들은 그런 과정을 통해 더욱 끈기 있고 강인해지고 있었다.

이 사건의 이후 정황에 대해서는 속보가 없다. 이 사건을 주도한 사람들을 경찰이 입건해서 처벌을 했는지, 아니면 불문에 부쳤는지도 분명하지 않다. 다만 경찰의 설득으로 농민들이 해산했다고 하지만 당시 경찰이 배후를 조사하지 않았을 리는 없다. 좌익이 개입하지는 않았는지, 불순한 외부 세력이 없었는지, 이 집단행위를 주도한 이는 누구였는지 아무것도 묻지 않고 넘어갔을 리는 만무하다. 기록은 없지만 말이다.

만경강 제방을 파괴하자!

대장촌의 역사는 물과의 전쟁의 역사였다. 가뭄과 홍수는 순서를 바꿔가며 가혹하고 끈질기게 조금의 자비도 두지 않고 대장촌의 농민들을 괴롭혔다. 어떤 의미에서는 일제 지배자들보다 몇 배나 무섭고 잔인하고 지긋지긋한 존재가 자연재해였다. 만경강 제방공사가 완공되기 전까지 만경강은 장마철이 되면 어김없이 주변 농지를 덮쳤다. 1914년, 1917년, 1920년, 1921년 마을이 잠기는 큰 홍수를 겪은 것을 비롯해서 거의 매년 물난리를 겪었다. 익옥수리조합이 만경강 상류에 대아리 저수지를 만들어 이 저수지 물을 군산 간척지까지 끌어가기 위해 대장촌 들판을 가로지르는 대간선 수로를 만든 이후에 대장촌의 물난리는 더욱 심해졌

만경강 취입구 터파기 공사

다. 대장촌의 배수 문제는 1924년부터 만경강 제방공사가 겹치면서 심각하게 악화됐다. 제방 때문에 배수가 더욱 나빠진다고 판단한 농민들은 수시로 제방을 파괴하려고 시도했다. 이것은 목숨을 건 저항이었다.

"연일 쏟아지는 폭우로 인하여 전북평야 일대는 수국화水國化하였고 이로 인하여 가옥과 더욱이 농작물의 피해는 혹심하여 처처處處이 사선死線에 오른 농군들은 눈이 뒤집히도록 흥분이 극도에 달하여 삽과 괭이를 무기로 하고서 배수에 장애가 되는 것이라면 법의 저촉 여하도 불구하고 닥치는 대로 무섭게 부수어대는 형세여서 지난 5, 6 양일을 연하여 수백 명 군중이 익옥수리조합의 수로 제방과 목하 개수공사 중에 있는 만경강 제방을 함부로 파괴하였다. 경찰은 험악한 형세에 감하여 다수의 경관이 출동하여 군중을 해산 또는 검속하는 등 삼엄한 경계와 소동은 문자 그대로 일대 살풍경이다.”
(『동아일보』 1931년 8월 8일자)

비가 많이 와도 걱정이었지만 비가 오지 않아도 걱정이었다. 수리시설
이 상대적으로 정비된 동네이긴 했지만 대장촌에는 하늘만 바라보는 천
수답이 많았다. 만경강 수량이 풍부하지 않아 가뭄도 연례행사였다. 여
기에 앞서 기록한 것처럼 익옥수리조합이 자신들의 농업용수를 확보하
기 위해 대장촌과 삼례 경계 부근 만경강에 별도의 취수구를 설치하고
강물을 끌어가면서 만경강의 물 부족은 한층 심각한 상황이 되었다. 대
장촌의 물 사정은 더욱 악화됐다.
　남한 지방에 50일이 넘도록 비 한 방울 내리지 않은 1924년은 물 사정
이 최악이었다. 농업용수는커녕 마실 물까지 말라붙자 농민들은 이래
죽으나 저래 죽으나 마찬가지라는 심정이 될 수밖에 없었다. 대장촌은
마실 물조차 없는데 익옥수리조합은 대아리 저수지의 물을 전용 수로를
통해 군산, 옥구 지역으로 보내고 있었다. 대장촌 농민들로서는 정말 환
장할 일이었다. 익옥수리조합은 농민들에게서 전용 수로의 물을 지키기
위해 수로 곳곳에 경비를 세웠다. 농민들과 수리조합 사이에 물 전쟁이
벌어진 것이다.

“전북 지방은 가물이 심하여 민심이 흉흉하여 익옥수리조합 수문 근
처에 사는 농민 수백 명은 흉년 들어 굶어 죽으나 감옥에 가 죽으나
죽기는 일반이란 비창한 부르짖음으로 수백만 두락의 못자리가 다
말라붙되 오직 넘치게 흐르는 수리조합 물을 볼 때는 눈이 뒤집히는

듯하여 지난 3일 새벽에 수리조합 제방을 파괴하여 인수引水를 도모하자 수문지기와 격투가 있고 급보를 들은 경찰서원들이 크게 출동을 하여 민중을 해산시키고 주모자를 인취 취조하는 등 한참 살풍경을 이루었는 바…. 지난 6일 새벽에 각각 수백 명의 농민들이 모이어 수리조합 제방을 삼사 처씩서너 군데씩 끊고 물을 끌어내림으로 순시하던 수리조합 감시와 경찰서 형사들이 현장에 가서 해산케 하였으나 군중들은 듣지 않고 도리어 험악하여 조합감시의 폭악이 심할수록 민중은 극도로 흥분하여 죽여라 밟아라 하여 형사의 생명까지 위급하다는 형세이었으므로.”(『동아일보』 1924년 7월 8일자)

일제와의 싸움인 동시에 물과의 전쟁이었다. 군산, 옥구 쪽으로 가는 물을 지키기 위해 익옥수리조합은 제방 곳곳에 감시원을 배치했고, 물한 방울이 아쉬운 대장촌 농민들은 들판을 흘러가는 물을 자신들의 논으로 끌어들이기 위해 제방을 파괴하고 나선 것이다. 수로 감시원을 폭행하는 것은 물론 하늘같이 무서워하던 경찰의 생명을 위협할 행동도 마다하지 않을 정도로 물 문제에 대해 농민들은 극히 민감하게 대응했다.

그들만을 위한 대간선 수로

대장촌 농민들의 저항은 일제가 1920년부터 강력히 추진한 이른바 산미증산계획과 밀접한 관련이 있다. 일본은 1900년대에 들어서면서 만성적인 식량 부족에 시달리고 있었다. 일제가 중국과 조선에 대한 침략을 가속화한 것은 식민지 확보를 통해 식량 문제를 근본적으로 해결하려던 것과 무관치 않다. 특히 일본의 쌀 부족 현상은 제1차 세계대전 승리 이후 쌀 가격이 폭등하면서 더욱 심각한 사회문제로 변했다. 일본은 1917년 조선 쌀 170만 석을 포함해 외국에서 650만 석의 식량을 수입했고, 다음 해에는 950만 석을 수입했지만 만성적인 쌀 부족 현상은 해결되지 않았다. 1918년에는 일본 국내에서 쌀 품귀 현상으로 인해 전국 500여 곳에서 두 달 넘게 폭동까지 벌어졌다.

쌀 폭동으로 데라우치 내각이 총사퇴하는 상황까지 벌어지자 쌀 부족 문제는 더 이상 미룰 수 없는 정권의 최대 과제가 되었다. 일본은 국내적으로는 개간촉진법을 제정해 농지 확보에 주력하는 한편, 조선과 대만 등 해외식민지에서 쌀 생산을 늘려 일본 본토의 식량 문제 해결을 추진했다. 이를 위해 조선총독부가 들고나온 정책이 산미증산계획이다. 이 계획은 1차로 1920년에 시작해 1925년까지 진행되었는데, 이 정책의 핵심 대상지는 조선에서 가장 비옥하고 넓은 평야지대인 전북 서부 지역이었다. 일제는 우수품종 보급과 농업기술 개발 등은 물론 농업용수 공급을 확대함으로써 쌀 생산량을 획기적으로 늘리려고 했다. 즉 관개 개선을 통해 서해안 지역의 간척지에 새로운 농지를 확보하기로 한 것이다. 이를 위해 일본 지배자들은 전북 동쪽 산악지대인 완주군 대아리 일대에 초대규모 댐을 만들어 수원지를 확보하고 대간선 수로를 통해 전북 서부 지역을 완전 관개하기로 한 것이다. 참으로 야심 찬 계획이었다.

이 계획은 총독부가 직접 나서지 않고 민간 수리조합에 맡기는 방식으로 추진되었는데 이 야심 찬 프로젝트를 위해 만들어진 것이 익옥수리조합이다. 익옥수리조합장 후지이 간타로의 주도로 이 조합은 전북 완

대아리 저수지

주군 대아리에 댐 높이 100척, 댐 저수 면적 170정보에 이르는 초대규모 저수지를 만들었다.

이 저수지가 만수위에 이를 때 총 저수량은 2억 톤이 넘었는데, 이는 8,000정보의 논에 농업용수를 공급할 수 있는 규모였다. 이 대아리 저수지 물을 군산, 옥구까지 보내기 위해 80km의 수로가 새로 만들어지거나 확장되었다. 이 공사의 최대 수혜자는 공사를 주도한 후지이 간타로였다. 후지이는 대규모 간척공사를 통해 2,000여 정보 규모의 불이농장不二農場을 소유하고 있었는데, 이 간척지는 농업용수 부족에 시달리고 있었다. 그런데 대아리 저수지공사와 대간선 수로공사를 통해 풍부한 농업용수를 확보했고, 이 농업용수로 인해 그의 불이농장은 비옥한 옥토로 바뀌었다.

이 공사로 누구나 이익을 본 것은 아니었다. 가장 큰 피해자는 대장촌 농민들이었다. 대간선 수로가 만들어지면서 배수로가 막혀 비만 오면 홍수 피해를 입은 것은 앞에서 지적한 대로다. 대수로 제방이 생기면 대장촌 일대에 배수 문제가 발생한다는 것은 익옥수리조합이 처음 대아리 저수지와 대간선 수로공사를 할 때부터 알고 있던 문제였다. 그럼에도 불구하고 대아리 저수지공사와 대간선 수로공사를 강행한 근본 원인은 일본의 쌀 부족 때문이었다.

일본의 쌀 폭동

일본 경제는 제1차 세계대전을 계기로 급성장했다. 제1차 세계대전 직전인 1913년 일본의 순금보유액은 4억 엔이었지만, 전쟁이 끝난 뒤인 1920년에는 22억 엔으로 5배 이상 급증했다. 제1차 세계대전 전승국으로 독일이 점령하고 있던 중국 칭다오를 넘겨받는 등 만주에서 세력을 확장하는 것은 물론 시베리아에까지 진출하고 있었다. 일본이라는 국가는 정치·경제적으로 국제적 위상이 날로 높아져 가고 있었지만 평범한 일본 국민들은 해마다 급등하는 물가에 시달리고 있었다. 그중에서도 가장 심각한 문제는 쌀값 앙등이었다. 일본은 1880년대 산업혁명이 시작된 이래로 지속적인 쌀 부족에 시달리고 있었다. 공업화로 인해 농촌인구가 지속적으로 도시로 빠져나가 농민 숫자가 줄어들고 농업생산성이 급증하는 도시 인구를 부양할 정도로 개선되지 못하면서 벌어진 현상이었다.

특히 1918년에는 연초부터 쌀값이 뛰기 시작했다. 일본이 러시아혁명을 막기 위해 시베리아에 대규모로 군대를 보낼 것이라는 전망이 나오면서 쌀 도매상과 유통 재벌들이 쌀을 매점매석했다. 이 때문에 쌀값은 더욱 가파른 상승세를 보였다. 1918년 초 1석에 15엔이던 쌀값은 7월에 30엔으로 올랐다. 불과 6개월 만에 2배나 오른 쌀값은 8월 한 달 동안에 다시 2배인 60엔까지 치솟았다. 당시 일본인 월평균 소득이 20엔 안팎이었으니 쌀값이 얼마나 살인적이었는지 알 수 있다. 문제가 더 심각한 것은 돈이 있어도 쌀을 구경할 수조차 없었다는 점이다. 일본이 러시아와의 전쟁에 돌입할 경우 쌀값이 더 오를 것이라고 보고 유통 재벌들은 쌀을 아예 시장에 내놓지 않았다. 서민들은 부글부글 끓고 있었다.

쌀 폭동의 최초 불길은 1918년 7월 23일 일본 도야마현 우오즈항에서 시작됐다. 홋카이도로 쌀을 실어 가려는 배 앞에서 어부의 부인 200여 명이 시위를 시작했다. 이 쌀이 홋카이도를 통해 러시아의 시베리아에 군량미로 간다는 소문을 듣고 부인들이 몰려온 것이다. 부인들은 쌀을 실어 가지 말라고 요구하며 시위에 들어갔고 경찰의 강제 진압으로 이날 시위는 끝났다. 도야마현은 일본에서 논의 비율이 가장 높은 곳이었지만 도매상들의 매점매석으로 쌀이 품귀 현상을 보이고 있었다. 부인들의 시위가 잠시 잠잠해지는 듯했지만, 8월 2일 이번에는 일반 시민들까지 나서서 쌀가게를 습격하고 매점매석을 중단하라는 시위에 나섰다.

도야마에서 시작된 이 시위는 순식간에 일본 전역으로 번졌다. 다음 날인 8월 3일에는 고베와 나고야로 확대됐고, 8월 13일에는 수도인 도쿄를 비롯해 전국에서 쌀 폭동이 벌어졌다. 시위대가 쌀 유통 재벌인 고베의 스즈키鈴木 본사를 습격해 방화하는 사태까지 벌어졌다. 일본 정부는 군병력을 동원해 진압에 나섰다. 9월 12일까지 약 50일 동안 일본 전역에서 쌀 폭동 시위가 벌어졌다. 곳곳에서 방화가 이어졌고 쌀 도매상에 대한 약탈도 끊이지 않았다.

데라우치 마사타케寺內正毅 일본 총리는 10만 명의 군병력을 동원해 진압에 나섰지만, 일부 군인들과 경찰까지 쌀 폭동에 가담했다. 일본 언론들도 이 상황을 대대적으로 보도하고 일본 정부의 정책 실패를 맹렬하게 규탄했다. 군대가 진압에 나선 것만 120여 차례가 넘고 쌀 폭동으로 재판에 넘겨진 사람이 7,800명이나 되었으니, 당시 쌀 폭동의 규모와 심각성을 미루어 짐작할 수 있다. 데라우치 내각은 군대를 동원한 강제 진압과 일부 언론사에 대한 발행금지 처분까지 내리는 언론 탄압을 통해 사태를 무마하려 했지만 악화된 여론에 밀려 9월 18일 총사퇴했다. 쌀 폭동으로 정권이 무너진 것이다. 1918년 일본의 쌀 폭동은 단순히 일본 내각 교체로 끝나지 않았다. 일본 서민들의 저항은 돌고 돌아 조선 남부에 있는 대장촌 농민들의 저항의 원인이 된 것이다.

고립된 섬 같은 존재, 일본인 지주들

대장촌에는 1907년 경찰주재소가 들어섰고, 1912년 이리로 이전하기 전까지는 헌병분견대도 자리 잡았던 곳이다. 경찰과 헌병이 동시에 주재했다는 것은 이 동네가 일본 침략세력의 핵심 거점인 동시에 이 지역의 반일투쟁이 그만큼 활발했다는 의미다. 의병들이 이 마을을 습격해 동네 지주 김중두에게서 재물을 빼앗아 갔다는 1907년 일본공사관의 기록도 있다. 대장촌은 일본인 대지주들이 소유한 농장이 밀집해 있던 곳이다. 400만 평의 농지를 소유한 호소카와 농장주를 비롯해 이 동네에서 대지주로 40년의 세월을 보낸 이마무라 이치지로今村一次郎와 다사카 사사부로田坂左三郎 등의 일본인 지주들이 살고 있었다. 지주와 소작인의 갈등이라는 계급적 이해관계와 식민지배 세력과 피지배자라는 민족 갈등이 겹치는 곳인 만큼 소작쟁의가 격렬하고 빈번했을 것으로 추론할 수 있는 곳이다. 실제는 어땠을까? 대장촌과 소작쟁의라는 단어로 일제강점기의 신문을 검색하면 한 건의 기사만 검색된다.

"익산군 대장촌에 있는 세천농장 토지인 전주군 삼례면 소작인들이 결속하여 불법의 소작료를 불납키로 동맹하였다는데 그 내용을 조사하건대 동 세천농장에서는 예년 5두락에 3석 5승 받던 것을 작년에 4석 7승 금년에는 6석 1두로 예년보다 배나 된 무리한 소작료와 기타 사음 등에게 불평을 품고 그와 같이 불납 동맹을 단행하였다 한다."(『동아일보』 1932년 10월 28일자)

이 기사도 자세히 보면 대장촌에 사무실을 두고 있는 호소카와 농장에 대해 삼례면 농민들이 소작쟁의를 벌였다는 것이니, 엄밀히 말하면 대장촌 농민들이 쟁의를 벌였다는 것도 아니다. 다른 자료를 봐도 대장촌은 소작쟁의가 활발한 지역은 아니었다. 2012년 원광대학교와 익산시가 공동으로 진행한 익산 구술사口述史 정리작업을 보면, 대장촌이 속해 있는 춘포면 노인들의 일제강점기 회고에는 소작쟁의에 대한 언급을 거의 찾아볼 수 없다. 이 점을 보더라도 이 동네의 일본인 지주와 소작인의 갈등이 다른 지역과 비교해 볼 때 특별히 격렬했던 것 같지는 않다. 소작쟁의가 별로 없었다면 이유는 두 가지로 추정할 수 있다. 지주에 의한 소작인의 착취행위가 그리 심하지 않았거나, 소작인들이 지주의 착취행위가 있음에도 항의하지 못했거나 둘 중의 하나일 것이다.

일본인들이 지독한 착취자였다는 기억은 1937년 중일전쟁 이후의 상황과 관련이 있다. 공출供出이라는 이름으로 식량을 빼앗긴 기억은 대장촌 노인들의 회고에서 공통적으로 확인되는 내용인데, 공출은 중일전쟁 이후 실시되었다. 대장촌 들판에서 수확한 쌀을 대장역을 통해 군산으로 실어 갔다는 내용도 수탈의 기억과 연결되어 있는 내용이다. 대장촌의 일본인 농장 소작료는 수확량의 40% 정도로 다른 지역에 비해 비교적 가벼운 편이었다는 것이, 호소카와 농장의 사무원이었고 해방 이후 이 지역에서 두 차례 국회의원에 당선된 김성철의 증언이다. 이 주장만 보면 다른 지역에 비해 일제 지주들의 수탈이 유독 혹심하였던 것은 아닌 듯하다.

일제강점기에 대한 대장촌 노인들의 회고에는 상충되는 두 가지 기억이 존재한다. 하나는 쌀을 수확해 놓으면 일본놈들이 싹 다 가져갔다는 식의 수탈의 기억과, 대장촌은 일본에서 편지를 할 때 '조선국 대장촌'이라고만 써도 배달이 될 정도로 유명하고 경제적으로 괜찮았던(1932년생 김석봉 회고) 동네였다는 기억이 엇갈린다.

대장촌 노인들의 구술 채록을 보면 일본인 지주에 대한 나쁜 기억이 많지 않다. 정확히 표현하자면 일본인 지주에 대한 언급 자체를 찾기 힘들다. 다른 지역과 마찬가지로 일제강점기에 대한 아픈 기억이 있고 농장의 중간관리인들에 대한 부정적인 진술은 있지만 정작 일본인 지주—호소카와, 이마무라, 다사카—에 대한 언급 자체가 거의 없다는 것은 특이하다. 이 동네에 전북 지역의 대표적인 일본인 대지주가 3명이나 살고 있었고, 이들이 마을 전체 토지의 80% 이상을 소유하고 있었다. 일본인 지주들은 마을 사람들과 이들의 삶에 절대적인 영향을 주는 존재였다. 일본인 지주들의 존재를 빼고는 이 동네 주민의 일제강점기 삶을 언급하는 것이 힘들 정도다. 그럼에도 불구하고 자신들의 삶을 좌우했던 일본인에 대한 기억이 없거나, 언급을 하지 않거나, 말을 하더라도 부정적인 표현이 적은 것을 어떻게 해석해야 할 것인가?

대장촌 사람들의 기억 속에 있는 일본인들, 특히 일본인 지주들은 적 또는 증오의 대상은 아닌 듯하다. 따뜻하고 인정 많고 다시 만나고 싶은 이웃이나 상전으로 기억되는 것은 아니다. 그렇게 말하는 사람은 없지만 증오와 경멸, 비난의 대상이 아닌 것도 분명하다. 이민족의 종으로 살아야 했던 시대에 대한 반감과 환멸은 분명히 있지만 일본인 지주를 일제 침략의 상징으로 보고 있지는 않다는 것이다. 이 점은 상당히 중요한 부분이다. 일제 침략에 대한 규탄과 일본에 대한 비난이 일상적으로 이루어지고 때로는 반일 캠페인이 국민을 하나로 묶는 역할까지도 하는 한국 사회에서 자신들의 삶을 일상적으로 지배했던 일본인 지주에 대한 부정적 언급이나 비난이 적다는 것은 의미심장하다. 대장촌 노인들이 거의 공통적으로 언급하고 있는 악질적인 조선인 마름의 존재는 선명한 기억으로 남아 있지만, 일본인 지주들에 대한 기억은 흐릿하다.

일본인 지주에 대한 언급이 많지 않은 이유는 두 가지로 생각할 수 있다. 첫째는, 일본인 지주들은 이 동네에서 40년의 세월을 보내긴 했지만 일상생활에서 조선 농민들과 접촉하거나 교류하는 일은 거의 없었다. 일본인 지주들은 고립된 존재들이었다. 예를 들어 1906년 이후 대장촌

회화마을에 40년 넘게 거주한 다사카 사사부로는 탱자나무 울타리가 높이 둘러싸고 있는 일본식 집에 살았다. 커다란 셰퍼드가 지키고 있는 그의 집에는 대장촌 조선 농민들은 물론이고 일본인도 거의 출입을 하지 않았다는 것이 이 동네 출신 김준태 옹의 회고다.

마을 사람들과의 교류도 거의 없었다. 일본인 지주들은 소작지 배분이나 소작료 징수 같은 일은 마름들에게 맡겨 처리했기 때문에 소작인들의 얼굴을 직접 대해야 할 일은 드물었다. 특히 호소카와 농장의 경우 주인인 호소카와 후작이 조선에 있는 농장을 방문하는 경우는 거의 없었다.

농장 업무는 농장장이라고 불리던 일본에서 파견된 농장주임이 전권을 가지고 처리했다. 대장촌 사람들로서는 농장주 얼굴은커녕 농장주임의 얼굴도 보기 힘들었고, 그러다 보니 이들과 관련된 직접적인 기억도 거의 없는 것이다. 호소카와 농장주가 어쩌다 대장촌에 올 때면 소작인들에게 찹쌀떡을 선물로 돌렸다는 이야기, 일본인 지주가 백마를 타고 들판을 돌아다녔다는 이야기가 마치 전설처럼 전해져 올 뿐이다. 40년을 같이 살았던 것치고는 일본인 지주들에 대한 기억이 너무 적다. 같은 시대, 같은 동네에 살긴 했지만 일본 지주들과 조선 농민들이 공유하고 있는 기억은 거의 없는 것이다. 마치 다른 나라, 다른 시대에 살았던 사람들처럼.

이 동네가 외지인이 많은 동네라는 특성도 고려할 필요가 있다. 특기할 만한 소작쟁의가 거의 없었고, 일본인들이 쫓겨나듯 대장촌을 떠난 뒤에도 일본인 지주들에 대한 부정적인 언급이 없다는 것은 대장촌 사람들에게 자신들이 일제의 피해자라는 의식이 상대적으로 약했다는 의미일 수도 있다. 대장촌은 일제강점기를 거치면서 일본인 지주들의 주도로 만들어진 마을이었고 토박이가 적은 곳이었다. 주민들의 상당수는 철도공사나 만경강 개수공사에 참여했다가 이 동네에 정착하거나, 들판이 넓으니 소작을 얻기 쉬울 것이라는 생각으로 이 마을에 온 외지인이 많았다. 이런 외지인 출신에게 대장촌의 일본인들은 일거리를 주거나 소작을 준 사람들이었지 자신들이 본래부터 가지고 있던 것을 빼앗아 간 사람들은 아니었다. 일본인 지주들이 수탈자로 보이지는 않았을 사람들이 적지 않은 것이다. 이런 것도 일본인 지주에 대한 부정적인 기억이 적은 한 이유가 될 것이다.

대장촌 농민들의 대규모 투쟁과 관련해서 대장촌 거주 일본 농민들은 어떤 입장이었을까? 대장촌 농민들이 주동이 된 두 차례의 대규모 시위는 일본 지배자들에게 저항하는 반일투쟁이라기보다는 생존권 투쟁이었다. 1921년 당시 대장촌 일대에는 약 270여 명의 일본인들이 살고 있었고, 이 가운데 상당수—적어도 70% 이상—는 조선 농민들과 입장이 크게 다르지 않은 자, 즉 소작농이었다. 이들 역시 익옥수리조합의 제방으로 배수가 되지 않아 자신이 경작하는 땅이 물에 잠기고 집을 잃는 피해를 입었다. 조선인과 일본인이 같은 동네에 살고 같은 벌판에서 농사를 짓고 있었기에 적어도 자연재해 앞에서 조선 농부와 일본 농부는 한 배를 탄 운명공동체였다. 그리고 자연재해가 커진 이유가 일본인 지주들의 이익 때문이라는 점에서 일본인 소작농과 조선인 소작농은 이해관계가 일치할 수밖에 없었다.

1924년 시위 때도 상황은 크게 다르지 않았다. 상류에 만들어진 콘크리트 갑문으로 인해 물줄기가 막히면서 가뭄 피해는 더욱 극심해졌다. 우물을 파 주겠다는 약속을 지키지 않는 익옥수리조합에 대한 불만은 조선 농민만이 가진 것이 아니었다. 일본 농민들의 입장도 다르지 않았다. 같은 마을에서 어울려 사는 이상 이해관계를 공유하는 상황이었다. 일본 농민들이 전북도청으로 몰려가는 행진에 동참했다고 해도 특별히 이상할 것이 없었다.

삼례 비비정 앞에 만들어진 취수구를 파괴하자고 일본 농민들이 삽과 괭이를 들고 나왔다고 해도 이상할 이유는 없었다. 동참하고 함께 행동하는 것이 오히려 자연스러워 보였을지도 모른다. 일본 농민들의 동참 여부는 기록으로 남아 있지 않아 정확한 내용은 알 수 없지만, 일본인들이 조선 농민들과 행동을 함께한 것 같지는 않다. 일본 농민들까지 동참했다면 구전으로라도 일본인까지 나섰다는 말이 전해져 나올 텐데 그런 말은 듣기 어렵다. 민족적인 이해와는 무관한 일에도 민족이 우선 작용한 것이었을까? 옹색한 이민자의 말하기 곤란한 어려움이 있었다고 이해하고 넘어가야 하는 일인가? 가난한 일본인 이민자들은 마음속으로만 조선 사람들을 응원하고 있었을지도 모르겠다.

제5장

모리와키 기요시의 귀향

가난한 일본 농업이민자의 아들

1937년 12월 9일자 『동아일보』 7면에 전북 이리발로 모리와키 기요시 소위에 대한 기사가 실렸다. 글자수 54자의 한 줄짜리 기사였다.

"익산군 대장촌 출신의 명예의 전사자 고故 모리와키 기요시森脇淸 소위는 3일 무언의 개선을 하는 바 4일 불식佛式으로 장의를 집행하 리라고 한다."

이 짧은 기사는 모리와키 기요시가 익산군 대장촌 출신이라는 것, 전쟁에서 사망했다는 것, 계급이 소위라는 것, 그리고 그의 장례 일정을 알려 주고 있지만 정작 모리와키 기요시 소위가 누구인지, 언제 어디에서 어떻게 전사했는지, 어디로 귀환하는 것인지 독자들이 관심을 가질 만한 구체적인 내용은 언급하고 있지 않다. 전사한 초급 장교의 이야기가 왜 기삿거리가 되는지를 짐작할 수 있는 내용도 없다. 더구나 12월 9일자 이 기사는 20여 일 후에나 벌어질 일을 예고하고 있다. 기사 맥락으로 보면 3일과 4일은 다음 달인 1938년 1월 3일과 4일로 보이기 때문이다.

모리와키 기요시는 누구일까? 누구이길래 그의 말 없는 귀향이 신문에 실린 것일까? 이 기사에 대한 궁금증에 답하는 것으로 이 글을 시작한다.

1937년 7월 중국과 일본이 전면전에 들어간 이후 식민지 조선도 사실상 전시체제로 돌입했다. 당시 조선 신문들은 일본 신문 못지않게 연일 전쟁 관련 기사를 대대적으로 보도했다. 전투상황이 생중계되듯 보도됐고 전쟁영웅 만들기 기사가 경쟁적으로 실렸다. 신문 1면의 눈에 가장 잘 띄는 곳은 전사자와 부상자의 명단이 차지했고, 일본군이 연전연승하고 있다는 식의 관급 기사가 헤드라인을 장식하곤 했다. 신문만 보면 중일전쟁은 남의 일이 아닌 식민지 조선과 조선인들의 일이었고 조선 전체가 전쟁의 열기에 휩싸여 있었다.

군국주의 일본이 영토 확장과 자원 확보를 위해 시작한 중국과의 전면전을 조선총독부는 내선일체라는 식민지 지배전략을 달성하는 절호의 기회로 이용하고 있었다. 이를 위해 조선총독부는 언론을 이용해 중일전쟁이 조선의 전쟁이라는 것을 적극적으로 홍보하고 있었기 때문에 한 전사 장병의 귀향을 다룬 이 기사가 크게 특이하다고 할 것은 없었다. 이런 류의 전쟁영웅 만들기 기사는 당시 신문을 들춰 보면 어디서나 쉽게 찾아볼 수 있다. 군국주의 일본의 흔해 빠진 전쟁영웅 만들기 기사지만 이 기사를 좀 더 파고 들어가 보면 식민지 시대 한 조선 농촌마을의 실상이 선명하게 떠오른다는 점에서 또 다른 가치가 있다.

모리와키 기요시는 조선에서 태어난 일본인 2세다. 조선에서 발간되는 신문에 보도되고 대장촌 출신이라고 명기된 점을 보면 그가 창씨개명創氏改名한 조선인일 가능성을 배제할 수는 없다. 그러나 꼼꼼히 살펴보면 모리와키는 일본인이 맞다. 조선총독부가 조선 사람들의 성과 이름을 강제로 일본식으로 바꾸도록 한 창씨개명 정책은 1940년 2월에 시작됐으니, 그가 무언의 귀환을 한 1937년 말에 조선 사람이 일본식 이름을 갖고 있을 때는 아니다. 무엇보다 그때는 극히 예외적인 경우가 아니면 조선 사람이 일본군 장교가 되는 것이 불가능했다. 군국주의 일본이 마치 시혜라도 베푸는 듯이 육군특별지원병제도를 통해 조선 청년들의 일본군 입대를 부분적으로 허용한 것은 1938년 4월부터였다. 1937년 말까지 조선 사람이 일본 군인이 되는 것은 제도적으로 불가능했다. 따라서 기사에 나오는 모리와키 소위는 일본인이라고 단정할 수 있다.

전북 익산군 대장촌 출신이라는 표현을 보면 모리와키는 일본이 아닌 식민지 조선에서 태어났다. 그가 죽어서 돌아온 대장촌이 그의 고향이다. 이 기사가 대장촌과 인접해 있는 이리발 기사인 점도 이 전사자의 귀환지가 고향인 대장촌이라고 판단할 수 있는 근거 중의 하나다. 조선에서 태어난 일본인은 조센코朝鮮子라고 불렸는데, 1930년 통계를 보면 조센코는 조선 거주 전체 일본인 가운데 30%를 차지했다. 이런 점을 종합해 보면 모리와키 기요시 소위는 전북 대장촌에서 태어난 일본인 2세라고 할 수 있다.

1978년 발간된 『전북농조全北農組 70년사』에는 모리와키 소위의 가계를 추정할 수 있는 실마리가 있다. 1910년 전북 익산군 대장촌에 거주하는 일본인 지주들을 중심으로 전익수리조합全益水利組合이 만들어졌다. 수리조합 설립은 일본인 지주 중심으로 이루어졌지만, 농지를 보유한 사람은 조선인이든 일본인이든 모두 조합원으로 참여할 수 있었다. 전익수리조합은 초기 조합장 등 조합원 간부 명단은 물론이고 전체 조합원의 이름과 주소, 그리고 조합원이 보유하고 있는 농지의 규모까지 기록한 상세한 회의록을 작성했다.

조합 출범 4년째인 1913년 9월 20일 조합장을 비롯해 간부를 뽑기 위한 전익수리조합 총회가 익산군 대장촌공립심상소학교 강당에서 열렸다. 총 조합원 210명 가운데 149명이 이 총회에 참석했다. 여기에서 작성된 조합원 명부에는 '전북 익산군 춘포면 사천리, 모리와키 사쿠다로森

協作太郎'라는 이름이 보인다. 모리와키 사쿠다로는 6두락의 농지를 보유한 것으로 나와 있다. 그리고 조합간부 선출을 위한 총회에 이어 조합비를 현금으로 낼 것을 의결하는 총회가 열렸다. 여기에 참석한 조합원 이름 가운데 다시 '組合員 森脇作太郎'란 기록이 나온다. 여기에서 나오는 森協作太郎와 森脇作太郎는 주소지가 같은 것으로 보아 동일 인물이다. '협협'이라는 한자를 '協'으로 오기한 것으로 추정된다.

이 모리와키 사쿠다로는 1937년 12월 『동아일보』 기사에 나오는 모리와키 기요시 소위와 어떤 관계일까? 모리와키라는 성을 같이 쓰는 이 두 사람이 혈연관계일 가능성이 높고 부자 관계라고 추정한다고 해도 무리는 아닐 것이다. 모리와키라는 성이 같고, 모리와키라는 성을 쓰는 또 다른 일본인이 이 동네에 있지도 않았기 때문이다.

1913년과 1937년이라는 시간 차이를 고려하면 모리와키 사쿠다로는 조선에 정착한 이후에 아들 기요시를 얻은 것으로 보인다. 모리와키 기요시의 정확한 생년월일은 확인되지 않지만 1937년에 육군소위였던 점과 당시의 학제, 그리고 군장교 임용제도 등으로 짐작건대 1915년을 전후해서 태어났을 것으로 보인다. 당시 학제는 일본인 아동의 경우, 8세에 6년제 소학교에 입학했다. 그리고 소학교를 졸업하면 5년제 중학교를 다녔다. 군장교가 되기 위해서는 중학교 졸업 후 사관학교에 들어가는 것이 정통 코스였다. 사관학교는 예과 2년, 본과 2년이었고, 예과와 본과 사이에 실무 현장교육 차원으로 6개월을 사병으로 근무해서 사관학교 과정을 마치는 데 총 4년 6개월이 걸렸다. 8세에 초등학교에 입학해서 장교로 임관되는 데 대략 15년 안팎의 시간이 필요했다. 이렇게 보면 소위로 임관할 때 나이는 23세 안팎이 된다.

중일전쟁 무렵 장교가 되는 방법은 사관학교에 가는 것 외에 다른 방법도 있었다. 군 복무 중인 사병이나 하사관 가운데 재능 있고 근무태도가 좋은 소수의 인원을 선발해서 장교훈련을 시킨 뒤에 초급 장교로 임관시키는 갑종장교甲種將校 제도란 것이 있었다. 갑종장교도 사병 근무기간과 훈련 과정 등을 감안하면 장교로 임관하는 나이는 사관학교 출신과 비슷하거나 한두 살 정도 많았다.

모리와키 소위가 어떤 방법으로 초급 장교가 되었는지는 확인되지 않지만, 20대 초반의 나이에 소위로 임관해 전선에 배치되었을 것이고 22~23세 안팎의 나이에 전사했다고 추정할 수 있다. 그렇다면 모리와키 소위는 1915년을 전후해 대장촌에서 태어난 것이다.

모리와키 사쿠다로는 1906년 이후 전북 대장촌으로 이민을 온 일본 농민으로 추정된다. 1904년 러일전쟁 직후부터 일본 구마모토현의 영주 출신인 호소카와 모리시게 후작은 대장촌을 비롯한 전북 익산 지역의 토지를 집중적으로 사들이기 시작해 불과 5~6년 만에 300만 평에 육박하는 논과 밭, 대지를 소유한다. 대장촌에 이 거대한 농지를 관리할 수 있는 조선사무소를 설치하고, 이 지역을 조선 진출의 핵심 기지로 삼는다. 또한 전익수리조합 설립을 주도해 1910년 이후에는 전북 일대에서 대표적인 일본인 지주로 군림한다.

호소카와 가문은 조선의 토지를 확보하는 것에 그치지 않고 이 농지를 경작하기 위한 일본 농민들의 조선 이민을 대대적으로 추진했다. 조선에서 확보한 농지를 효율적으로 경영하고 생산성을 높여 투자수익을 얻기 위해서는 '선진 농법'을 익힌 일본 농민이 필요했다. 새로운 식민지 조선에 '호소카와 영지領地'를 구축하기 위해서는 조선인을 지도·계몽할 수 있는 일본 농민들이 조선에 정착해야 한다고 판단한 것이다.

호소카와 가문은 일본 농민이 조선에 있는 자신들의 농장으로 이민을 올 경우 80~100평 정도 대지에 기본적인 거주지를 제공하는 것은 물론, 입지가 좋은 농지를 우선적으로 배분하고 소작료를 조선 농민보다 낮춰 주었다. 여기에 더해 황무지와 임야 개발 등에 대해 우선권을 주는 등 일본 이민자 유치를 위해 각종 혜택을 베풀었다. 호소카와 가문은 일본 농민들을 대장촌으로 끌어들이기 위해 철도와 도로 같은 교통시설, 경찰 주재소와 헌병대 같은 치안기관은 물론 수리조합, 학교, 신사까지 유치하거나 설립한다.

당시 일본 정부도 일본 농민들의 조선 이민정책을 적극적으로 추진하고 있었다. 일본 국내의 고질적인 농지 부족과 급증하는 인구 문제를 일거에 해결하기 위해서였다. 무엇보다 조선을 완전한 일본의 식민지로 만들기 위해서는 조선의 일본화, 즉 일본인들이 조선으로 와서 영구히 정착하는 것 이상 좋은 방법은 없다는 것이 당시 일본 조야의 공통된 의견이었다. 호소카와 가문과 일본 정부의 이해관계가 맞아떨어지면서 20세기 초반 대장촌에는 일본인들이 몰려들고 있었다. 한일강제병합을 전후해 일본인들의 조선 침략이 가속화되고 있긴 했지만 대장촌은 그 가운데서도 특별한 사례라고 할 수 있다.

1906년부터 1915년까지 10년 동안 대장촌으로 이주한 일본 농민은 총 65세대였다. 이민자의 대부분은 호소카와 농장의 주선으로 대장촌에 자리를 잡았다. 1년에 평균 6세대, 한 가족이 5명이라고 보면 매년 대략 30명씩 일본인이 대장촌으로 이주해 온 셈이다. 당시 대장촌이 본격적인 개발이 진행되지 않은 시골 농촌마을이라는 점을 감안하면, 이 지역의 일본인 이주는 괄목할 만했다. 두 달에 한 번꼴로 새로운 이민자를 환영하기 위한 잔치가 떠들썩하게 열렸고, 일본 사람이 늘어나는 속도만큼 대장촌의 일본화도 빨라졌다. 도시도 아닌 농촌마을에 65세대, 230명의 일본인이 10년 사이에 자리를 잡았으니 거의 쏟아져 들어왔다고 표현해도 과언이 아니었다. 하루가 다르게 이 마을의 풍경이 달라졌다. 조선이 일본의 식민지가 되었다는 사실은 대장촌의 늘어나는 일본인과 골목골목에서 높게 울리는 일본말에서 실감할 수 있었다.

대장촌으로 이민 온 일본 농민들은 한반도와 가까운 일본 규슈 지방 출신이 대부분이었다. 일본 이민자의 출신지 분포를 보면 구마모토, 야마구치 등 간사이 지방 8개 현에 걸쳐 있지만, 호소카와 농장 이민자 65세대 가운데 53세대가 구마모토 출신이었다. 구마모토는 호소카와 가문이 200년 이상 영주로 군림했던 지역으로 가문의 근거지였다. 모리와키 사쿠다로도 이 무렵 대장촌으로 이주해 온 일본 규슈 지방—확률적으로 보면 구마모토 출신일 가능성이 높다—의 농민이었다. 어떤 식으로든 호소카와 가문과 모리와키 가문은 뗄 수 없는 관계인 것만은 틀림없다. 사쿠다로가 구마모토 출신이라면 그 관계는 더욱 깊어지는 것이고.

사쿠다로는 가난한 농민이었다. 그가 언제 어디에서 태어나 조선에 오기 전까지 어떤 삶을 살았는지는 파악되지 않는다. 분명한 것은 그가 조선으로 이주하기 직전에는 경제적으로 어려운 형편이었다는 것이다. 먹고살 만한 사람이 정든 고향을 떠나 물설고 낯설고 말도 통하지 않는 곳으로 갈 결심을 하는 일은 쉽지 않다. 당시 조선이 일본의 식민지로 전락하기는 했지만 통치체제는 별개였기 때문에 그때에도 일본인에게 조선은 외국처럼 받아들여지던 시절이었다. 당시 일본 농민들이 마음만 먹으면 누구나 조선으로 이민을 갈 수 있었던 것은 아니었다. 이민에 따른 혜택이 적지 않았기 때문에 선택권은 이민자인 농민이 아니라 이민을 받아들이는 일본인 지주들에게 있었다.

호소카와 가문을 비롯해 조선에 진출해 있던 일본인 지주들은 나름의 엄격한 자격심사를 거쳐 농업이민자를 골랐다. 심사를 통해 이민자를 선발했다는 것은 조선 이민을 원하는 일본 농민이 많았다는 뜻이다. 심사 과정에서 일본인 지주들이 가장 중요시했던 것은 조선에 영구 정착해서 계속 농업에 종사할 의지가 있는가 여부였다. 돈을 벌어서 일본으로 되돌아가는 것이 아니라 조선에서 영구히 삶의 터전을 마련하는 것, 이것이 가장 중요한 이민요건이었다. 병역을 마쳤는지 여부도 중요했다. 군대를 다녀와야 사회적 진출의 자격을 부여하는 문화, 남자는 모름지기 군대를 다녀와야 한다는 인식은 여기에서 시작됐는지도 모른다. 또한 만 20세 이상의 신체 건강한 남자로 토착의지가 강하고 반드시 농업 경영을 할 목적 아래 가족 동반으로 이주해야 했다. 게다가 실제 농사 경험도 있어야 했다.

사쿠다로가 이 조건을 갖췄다고 보면 군대를 다녀왔고 이미 20세가 넘어 결혼을 해서 가정을 이룬 상태였을 것이다. 그리고 일본에서도 농업에 종사하고 있었다고 봐야 한다. 전익수리조합 회원명부에 따르면 그가 가진 땅은 6두락, 평수로 치면 1,200평이 전부였다. 당시 호소카와 농장이 일본에서 이민을 온 농민들에게 나눠 준 소작지 규모는 25두락에서 45두락이었다. 그 정도 규모의 농사는 지어야 생활이 가능했다는 의미일 것이다. 그런 기준으로 보면 6두락은 극히 작은 농지였고, 사쿠다로는 빈농이었다. 당시 조선 농민들이 경작하던 평균 면적이 4,500평 안

꽤이었다는 기록이 있는 것을 보아도 6두락은 극히 작은 땅이었다.

호소카와 농장은 조선으로 이민을 오는 일본 농민들에게 최소 200원을 초기 정착금으로 가져올 것을 요구했다. 지금으로 치면 약 1000만~2000만 원 정도라고 할 수 있는데, 사쿠다로가 조선으로 오면서 가져온 정착금 200원으로 구입한 대장촌 땅이 대략 6두락이 아니었을까 싶다. 당시 대장촌의 농지값은 일본 간사이 지방의 10분의 1 정도였으니 사쿠다로가 전 재산을 털어도 일본에서는 농지 100평을 살까 말까 했다. 일본에서는 제대로 된 자신의 땅을 가질 수 없는 빈농 중의 빈농이었던 셈이다. 일본에서는 미래에 대한 희망을 찾을 수 없던 그에게 조선 이민 결정은 자신과 가족에게 새로운 전기를 마련하기 위한 일종의 도박 같은 것이었다.

일본인의 모범마을, 대장촌

일본인 입장에서 보면 모리와키가 태어날 무렵인 1915년이 대장촌의 전성기였다. 하루가 다르게 일본인들이 늘어나고 이들을 위한 각종 공공기관과 시설, 사회적 인프라가 구축되고 있었다. 이미 한일강제병합으로 조선은 일본의 일부로 편입된 상태였으니, 이제 남의 나라가 아니라 제 나라였다. 일본인들이 가장 걱정하고 불안해하는 치안문제를 해결하기 위해 헌병분병대와 경찰주재소가 1908년을 전후해 대장촌에 문을 열었다. 우편소와 병원은 물론, 1914년에는 전북경편철도 개통과 함께 대장역이 영업을 시작했다. 대장촌은 만경강변의 한촌에서 기차가 서는 동네로 변했다. 교통이 획기적으로 개선된 것이다. 1910년에는 전익수리조합이 설치됐고, 1912년에는 일본 전통 종교사찰인 신사까지 대장촌에 세워졌다. 숨 막히게 빠른 속도로 변해 가는 대장촌의 발전에 당시 일본인들은 탄성을 감추지 못했다. 대장촌이 일본 언론 등을 통해 성공적인 이민자 마을로 일본 국내에 집중적으로 소개된 것도 바로 이 무렵부터다. 그 시절의 대장촌을 일본인들은 다음과 같이 평가하고 있었다.

"우편소장인 호소카와 다카스네細川隆恒와 의사인 시가타 다쓰시志方達 등 유력가가 스스로 모범을 보였고 在住者들이 원만하게 친목을 도모했으며, 관혼상제 시에는 서로 도와서 모범적 낙토를 이루었다."(山下英爾, 1915)

조선총독부는 1915년 조선 지배 5년을 자축하는 의미로 '조선물산공진회朝鮮物産共進會'를 개최했다. 1913년부터 2년 동안 준비한 대규모 행사로 겉으로 내세운 목표는 산업의 진흥과 문명개화였다. 실제로는 조선 지배 5년의 성과를 내외에 과시하고 일제 총독부 통치의 정당성을 확인하려는 자리였다. 이 행사는 조선 왕실을 상징하던 경복궁에서 열렸는데, 행사를 준비한다는 명분을 내세워 4,000여 칸의 건물을 철거했을 만큼 일제 총독부는 대대적인 준비를 했다. 1915년 9월 10일부터 10월 31일까지 50일 동안 진행된 이 행사에는 116만 명이 다녀갔으니 외형적으로는 대단한 성공이었다. 100년 전에 100만 명 이상이 참가한 행사는 지금으로 치면 1000만 명 이상이 참여한 초대형 이벤트라고 할 수 있다. 이 행사에서는 일본의 조선 통치에 기여한 사람들과 기관에 대한 표창이 있었다. 대장촌은 여기에서 모범촌으로 선정되어 총독 표창을 받고, 호소카와 농장은 일본인 농업이민 유치와 관리에 큰 성과를 냈다는 이유로 은메달을 받았다. 대장촌의 일본인 눈으로 보자면 이때가 대장촌의 전성기였다.

한 마을에 두 학교

1909년 대장촌공립심상소학교가 문을 열었다. 이 학교는 익산에서는 최초로 문을 연 일본인 학교로 일본인 아동들만 입학할 수 있는 일본인 전용 학교였다. 전북 전체로 보면 일본인 전용 학교의 개교는 군산-전주-남원에 이어 대장촌이 네 번째였다. 대장촌이 일본인들에게는 그만큼 중요한 지역이었다는 뜻이다. 이리시(현 익산시)에 일본인 학교가 문을 연 것은 대장촌 소학교가 생기고 3년 후였다. 대장촌공립심상소학교가 생길 무렵 대장촌에 사는 일본인 농업이민자는 10세대에 불과했다.

대장촌 일본 이민자는 1909년 무렵까지는 그리 많지 않다가 그 이후, 특히 한일강제병합 이후 급증했다. 1910년 전익수리조합 창립총회 조합원 명단을 보면 일본인 조합원은 22명이다. 전익수리조합 조합원 중에는 군산, 전주 등 타지 거주 일본인도 포함되어 있다. 주재소 경찰과 교

표 5.1 호소카와 농장 이주민 세대수

1906	1907	1908	1909	1910	1911	1912	1913	1914	1915
2	1	1	6	5	11	16	7	7	6

출처: 최원규(1993)에서 재인용

사 등 대장촌 주재 일본인 하급관리들과 상업종사자를 포함해도 30세대에 못 미쳤다. 겨우 이 정도 되는 일본인 자녀들을 위해 학교가 들어선 것이다.

일제에 의한 조선의 강제합병이 기정사실화되고, 일본 정부 차원에서 일본 농민들의 조선 이주가 중점적으로 추진되고 있어 앞으로 일본인들이 더 늘어날 것이 확실시된다는 점, 대장촌이 농업이민 정책의 상징적인 장소로 부각되고 있었다는 점 등을 고려해서 일제가 대장촌에 일본인 학교를 세운 것이다. 후작 가문인 호소카와 집안의 정치적 영향력도 작용했다. 호소카와 가문은 자신들이 역점을 두고 추진하고 있는 일본 이민자 유치를 위해서는 일본인 자녀의 교육문제 해결이 선결과제라고 판단하고 학교를 세우기 위해 애썼다. 앞으로 이민자가 더욱 늘어날 전망이니 반드시 일본인 학교가 필요하다고 당시 일제 통치기구인 통감부와 대한제국 정부를 설득했다. 이 설득이 주효해 대장촌공립심상소학교가 설립되었다.

대장촌공립심상소학교의 개교는 일본인들에게는 더없이 큰 경사였지만, 이를 바라보는 조선인들 입안에서는 쓴 물이 돌았고 눈에는 불꽃이 튀었다. 대장촌의 일본인 학교 설립은 눈앞으로 다가온 망국을 실감케 하는 일이었다. "그래도 아직 겉으로는 대한제국이라는 내 나라가 있는데 일본인 학교라니…, 이게 무슨 말인가?" 허공에 주먹질이라도 하고 길가의 돌멩이라도 걷어차지 않으면 분이 안 풀릴 일이었다. "아니, 여기가 일본이여, 조선이여? 조선 학교는 없는데 일본 애들 학교를 만들어?" 아이들은 아이들대로 눈 멀뚱거리며 새로 만들어진 학교 건물을 바라보고, 학교라는 데를 가는 일본 어린이들을 바라봤다. 부러움이나 시샘과는 다른 느낌, 우리는 일본인 아이들과는 다르구나 하는 생각을 갖지 않을 수 없었다. 어른, 아이 할 것 없이 조선 사람들의 분노와 좌절, 상심을 뒤로하고 대장촌공립심상소학교가 들어서면서 대장촌은 이제 누가 무어라고 해도 부정할 수 없는 일본인 마을이 되었다. 여기는 조선인 학교는 없는데 일본인 학교가 있었다. 내 나라 아이들을 위한 학교는 없고 남의 나라 아이들을 위한 학교가 세워진 것이다. 일본인 학교가 있는 그 마을은 일본인 마을이었다.

대장촌에 조선 어린이를 위한 춘포공립보통학교가 설립된 것은 1923년이었다. 일본 어린이들이 다니는 학교가 세워진 지 14년 후였다. 대장촌은 교육 열기가 높은 동네였다. 춘포공립보통학교가 세워지기 한 해 전인 1922년에는 홍종계 씨를 비롯한 이 지역 조선인 유지 14명이 중심이 되어 대장촌을 비롯한 춘포 지역에 두 곳의 사립학교를 세우기 위한 기성회 발기인 총회를 열기도 했다. 공립학교 유치가 아니라 사립학교를 만들겠다고 한 이유 등은 분명치 않지만 사립학교 설립 움직임이 구체화될 만큼 이 지역 교육열기는 뜨거웠다. 그런 교육열기에 힘입어 1923년에 춘포공립보통학교가 문을 연 것이다.

1923년 대장촌에는 두 개의 초등교육 기관이 존재했다. 인구 2,000명 안팎의 면소재지 농촌마을에 두 개의 학교가 있었다. 하나는 일본인 학교, 또 하나는 조선인 학교. 두 학교의 차이는 컸다. 교육 시설과 내용 면에서 보면 조선인 학생이 다니는 춘포공립보통학교는 일본인 학생들이 다니는 대장촌공립심상소학교를 따라가지 못했다.

1927년 자료를 보면 일본인 학교인 대장촌공립심상소학교는 2학급에 총 41명의 학생이 다니고 있었다. (이 가운데 모리와키 기요시도 있었을 것이다.) 한 학급의 학생수는 평균 20명, 연간 학교 운영경비는 4,277원이었고, 학생 1인당 비용은 104원이었다. 이에 비해 조선인 학생들이 다니는 춘포공립보통학교 학생수는 4학급에 201명으로 한 학급당 학생수는 50명이었고, 학생 1인당 경상비는 26원 남짓이었다. 학급당 학생수는 일본인 학교의 두 배인 반면, 학생 1인당 교육비는 일본인 학교의 4분의 1에 불과했다. 두 학교의 교육의 질은 비교할 수조차 없는 수준이었다.

또 한 가지 이 당시 학교 통계에서 눈길을 끄는 것은 남녀 학생의 비율이다. 일본인 심상소학교는 남학생 22명에 여학생 19명인 데 비해, 조선인 보통학교는 남학생 182명에 여학생은 19명에 불과하다. 일본인 학교의 남녀 학생 비율이 1:1에 가까운 반면, 조선인 학교는 10:1에 이를 정도로 남학생들이 압도적으로 많다. 이것은 남녀 차별과도 무관하지 않겠지만 의무교육의 적용 여부도 그 원인 가운데 하나였다.

조선인 학생들의 경우 무상 의무교육 대상이 아니었다. 남녀 차별이 심한 당시 사회적 분위기에서 아들은 어떻게든 가르쳐 보려고 애썼지만 딸까지 가르치기엔 벅찼을 것이다. 당시 보통학교 수업료 체납자는 23%에 육박했다. 춘궁기에 도시락을 싸 오지 못하는 학생이 10명 가운데 4명이 넘었다. 이런 상황이었으니 남자아이도 아닌(?) 여자아이를 학교에 보내는 것은 평범한 조선 농민들에게는 사치로 받아들여졌다. 그에 비해 일본인 학생들은 1909년부터 실시된 초등학교 의무교육 제도의 혜택을 받아 남녀 불문하고 무료로 초등학교를 다닐 수 있었고, 조선인 가정에 비하면 상대적으로 경제적 형편도 나아서 아들은 물론 딸을 가르치기에도 큰 무리가 없었다.

일본인 학교와 조선인 학교는 같은 교과서로 같은 교육을 받았지만 교육의 질에서는 현격한 차이가 났다. 대장촌이라는 같은 공간에서 같은 시대를 살고 있었지만 일본인과 조선인의 구별, 아니 차별은 일상적으로 벌어지고 있었다. 민족 차별이 제도를 통해 구체적이고 뚜렷한 형태로 나타난 곳이 바로 학교였다. 대장촌이라는 한 마을에 두 개의 학교가 있었다는 것 자체가 바로 차별이 존재하고 있음을 보여 주고 있었다. 그것이 일반 조선인과 조선의 어린이들이 일상적으로 접하는 식민지 대장촌의 일상이었다.

흙수저 일본인 2세, 장교가 되다

모리와키 기요시가 태어날 때 금수저를 물고 태어난 것은 아니었다. 아버지 사쿠다로는 자기 땅이라고는 불과 6두락뿐인 빈농의 소작인이었고, 자기의 뿌리인 일본을 포기하고 조선으로 이민을 온 처지였다. 희망을 만들어 보겠다고 현해탄 건너온 조선이었지만 빈농의 처지가 갑자기 달라질 수도 없는 상황이었다. 그런 점을 생각하면 모리와키 부자는 금수저는커녕 흙수저 중의 흙수저였다.

그러나 모리와키 부자는 이런 모든 약점을 가려 줄 수 있는 강력한 무기를 갖고 있었으니 그것은 일본인이라는 사실이었다. 그것도 식민지 조선에서 살고 있는 일본인이라는 점이었다. 이 한 가지 사실만으로도 기요시는 이미 선택된 사람이었다. 빈농에 소작인의 아들이었지만 기요시는 일본인이었기에 제대로 된 학교교육을 받을 수 있었다. 일본 정부는 1909년부터 초등학교 의무교육을 실시했다. 초등학교 의무교육 혜택은 일본 국내뿐 아니라 해외식민지에 거주하는 일본인에게도 똑같이 주어졌다. 이 제도 덕에 기요시는 6년간 초등교육을 무상으로 받을 수 있었다.

이에 비해 조선 어린이들이 다닐 수 있는 보통학교는 1923년에야 대장촌에 세워졌고 이마저도 무상 의무교육은 아니었다. 일제는 식민지 조선에서의 초등학교 의무교육은 1946년부터 실시하겠다고 밝혔지만 그전에 일본이 패망했으니 조선 어린이들이 무상교육을 받을 수 있는 기회는 없었다. 일제가 내세운 이른바 내선융화, 내선일체라는 구호가 얼마나 허구에 찬 것인지는 대장촌에서 벌어진 초등학교 교육 내용을 보면 잘 알 수 있다.

대장촌공립심상소학교는 무상교육을 실시하는 공립학교였지만 그 운용과 교육 내용을 보면 호소카와 가문과 일본인 지주들이 운영하는 일본인 사립학교라고 해도 지나치지 않았다. 실제로 이 학교의 초대 운영위원장은 호소카와 농장의 책임자인 구로다 니헤이黑田二平, 2대 운영위원장은 대장촌에서 두 번째로 큰 땅을 갖고 있던 이마무라 이치지로今村一次郞였다.

호소카와 농장은 이 학교에 대한 지원을 아끼지 않았다. 학교 교사를 짓는데 500원을 쾌척한 데 이어 매년 100원 이상의 후원금을 냈다. 500원은 지금으로 치면 3000만 원에서 5000만 원 안팎의 거금이다. 대장촌의 또 다른 일본 지주인 이마무라도 매년 정기적으로 후원금을 냈다. 이 학교의 학생 1인당 경상비는 104원이었다. 공립이었지만 고급 사립학교 못지않은 교육시설과 지원을 자랑하는 학교였다.

기요시는 조선인 틈에서 조선인 아이들과 함께 살았다. 호소카와 농장은 일본 농민들이 조선인들과 섞여 살도록 했다. 한 마을에 일본인은 평균 서너 가구였고, 많아도 10세대를 넘지 않도록 했다. 경성은 물론 이리나 군산 같은 도시만 해도 일본인 집단 거주지가 있었고, 동양척식주식회사도 일본인 농업이민자들의 별도 거주지를 마련해 준 것에 비하면 호소카와 농장의 한일 농민 혼거混居 조치는 이례적이고 특이한 경우였다. 조선에 빨리 정착하기 위해서는 조선인들과 분리되어 살아서는 안 되고 함께 살아야 한다는 판단에 따른 것이었지만, 대장촌의 주민 분포도는 독특했다.

이런 호소카와 농장주의 방침에 따라 기요시 가족은 매일처럼 조선인들의 얼굴을 보고 조선인들과 말을 섞으며 살아야 했다. 짧은 조선말로 인사를 건네기도 했지만 대개는 일본말로 의사소통을 했다. 아버지 사쿠다로는 농번기에는 같은 소작인 처지인 조선 농부들과 일손을 빌리고 빌려주는 관계였다. 영원히 적응하지 못할 것 같았던 김치 냄새, 마늘 냄새, 청국장 냄새도 익숙해졌다. 그러나 딱 거기까지였다.

조선인과 일본인은 한동네에 살면서 울타리를 사이에 둔 이웃이었지만 진정한 이웃사촌이 되지는 못했다. 담장 하나를 사이에 두고 몇십 년을 살아도 조선 사람은 조선 사람, 일본 사람은 일본 사람이었다. 무엇보다 같은 동네에 살고 있었지만 각각 다른 학교를 다니는 어린이들은 친구가 되지 못했다. 마을에서도 일본 학생과 조선 학생은 따로 놀았고 학교 간 교류도 없었다. 대장촌에서 1933년에 태어나 초·중·고등학교 시절을 보낸 김준태 옹의 회고다.

"일본 소학교 학생들과 우리들이 어울렸던 기억은 없어요. 두 학교

간 거리가 1km도 채 떨어져 있지 않았지만 두 학교 간에 교류도 전혀 없었지. 동네에서도 마찬가지고. 그래서 그런지 기억나는 내 또래 일본인 학생도 없어요."

학교는 달랐지만 국정교과서로 배우는 두 학교의 교육내용은 같았다. 그러나 소학교를 졸업한 이후 행적은 확연히 달랐다. 대장촌공립심상소학교를 졸업하고 장교로 임관하기까지 모리와키 기요시가 어떤 교육과정을 거쳤는지는 분명하지 않다. 해방 직후 대장촌공립심상소학교는 교육행정상으로는 춘포공립보통학교로 통합되었지만, 일본 학생들의 학적부를 비롯한 대장촌공립심상소학교의 각종 서류는 넘어오지 않은 채 사라졌다. 이 때문에 기요시의 소학교 졸업 이후 행적은 확인이 되지 않는다.

모리와키 기요시의 장교 임관을 가장 기뻐했을 사람은 그의 부친 사쿠다로였을 것이다. 자신은 비록 일본 규슈 지방 출신의 초라한 빈농이지만 아들은 이제 당당한 대일본제국의 장교였다. 병역을 마친 사람만 조선 이민을 올 수 있었기 때문에 사쿠다로도 군대를 다녀왔다고 봐야 한다. 그래서 군대에서 장교가 된다는 것이 어떤 의미인지 아버지 사쿠다로는 잘 알고 있었다. 더구나 그 시대 일본은 군인들이 지배하는 군인들의 나라였다. 무인 우위 전통이 확립된 일본이기도 했지만, 메이지 유신과 제국주의 발전을 거치면서 군인들의 목소리는 더욱 커져 갔다. 당시 일본은 군국주의 국가답게 군인이 통치의 주체였고, 장교는 통치계급의 핵심이었다. 군은 내각의 통제도 받지 않고 오직 천황의 명령만을 따르는 절대권력 집단이었다. 이 시기에 나온 군軍-관官-민民이라는 말은 민은 물론 관에 앞서 군이 있음을 상징적으로 보여 주는 말이다.

기요시가 일본육군사관학교를 졸업했다면 대단한 일이다. 당시 일본에서 육군사관학교는 최고 엘리트의 상징이었는데, 일본육사에 입학하기 위해서는 5년제 중학교를 졸업하고 수십 대 일의 경쟁률을 뚫어야 가능했다. 단순히 성적이 좋고 신체가 건강하다고 입학이 보장되는 것도 아니었다. 그들 표현대로라면 건전한 육체에 우수한 두뇌, 거기에 건전한 사상이 더해져야 했기에 군인이나 귀족 자녀가 우대받았다. 입학원서에 추천인을 명기해야 했는데 이는 '건전한 사상'을 확인하기 위한 절차의 일종이었다.

기요시가 일본육사 출신이라면 그의 입신양명에는 호소카와 가문이 일정한 역할을 했을 가능성이 크다. 호소카와 가문은 메이지 유신으로 구마모토 영주의 자리를 내놓긴 했지만 여전히 이 지역의 정신적 지주였고, 기요시의 일본육사 입교 과정에서 도움을 주려고 하면 얼마든지 줄 수 있는 처지였다. 더구나 호소카와 가문의 소작인 자제라고 하면 더욱 적극적으로 발 벗고 나서서 도움을 주었을 것이다. 아버지 사쿠다로가 아들 기요시의 추천서를 호소카와 농장주에게 부탁하고 호소카와 농장주는 기꺼이 이 부탁을 들어주는 그림이 꼭 상상만은 아닐 것이다.

육사 출신이 아니라고 해도 장교가 된다는 것은 그 당시 출세의 지름길이었다. 현역 사병이나 하사관 가운데 우수한 사람을 골라 별도의 교육과정을 거친 후 초급 장교로 임관시키는, 이른바 갑종장교 제도를 통하는 것도 사관학교를 나오는 것에 비할 바는 아니지만 이 역시 바늘구멍 뚫기만큼이나 치열한 경쟁이었다. 이런 경쟁을 뚫고 장교가 되었으니 얼마나 자랑스러웠겠는가? 빈농의 가정에서 태어난 조선 이민 2세가 대

일본제국 장교가 되었다는 것은 말 그대로 개천에서 용이 난 것이었다.

기요시가 소위 계급장을 달고 고향 대장촌을 방문했을 때 대일본제국 장교를 배출한 동네라는 이유로 대장촌 사람들, 특히 이 동네의 일본 사람들은 1915년 모범촌으로 선정되어 총독 표창을 받았을 때 이상으로 환호했을 것이다. 대장역에는 큼직한 플래카드가 나붙었을 것이고, 대장역 넓은 마당은 환영 나온 인파로 가득하지 않았을까? 당시에는 그러고도 남을 일이었다. 호소카와 가문은 모리와키 소위의 임관을 자신들의 조선 경영, 대장촌 경영이 성공한 증표로 삼고 싶었을 것이다.

이노우에 히로시, "제 고향은 대장촌인디요"

"이노우에 히로시井上博. 그는 한국말로 말하였다. 나는 1925년에 태어났고요, 태어난 디는 전북 익산군 춘포면 대장촌인디요, 살기는 완주군 삼례면 혜전리 451번지로 이사 가서요, 1945년 패전할 때까지 주욱 거기서 살았어요. 마을에 커다란 농장이 두 군데가 있었는디요, 하나는 호소카와細川 농장이고요, 또 하나는 이마무라今村 농장인디요, 이마무라 농장에는 신사가 있었어요. 아버지는 농사일을 했는디요, 그중의 어느 농장에서 일했는지는 잘 몰라요. 전체가 500세대라고 했어요. 그중 30세대가 일본 사람이었어요. 어느 날 친구가 말했어요. 이제 나는 창식이가 아니라 니시무라니께 그렇게 불러야 되어. 중학교를 마치고 부산의 수산전문대학에 입학했어요. 공부는 하지 않고 매일 근로 봉사를 나갔어요. 울산에서 근로 봉사를 하는

데 갑자기 만세를 부르며 좋아했어요. 나는 사람들이 왜 만세를 부르는지 몰랐어요. 해방이 뭔지, 패전이 뭔지, 그때까지 그런 거 전혀 몰랐어요."(송하춘, 2012)

소설 속의 한 장면이지만 이 내용은 전적으로 사실에 근거한 것이라고, 이 소설의 작가 송하춘 고려대학교 명예교수는 설명했다. 송 교수는 2004년 구마모토대학에서 열린 한 학회에 참석했다가 우연히 이노우에 히로시라는 사람의 이 증언을 듣게 됐다. 송 교수는 어색하지 않은 전라도 사투리로 전북 익산군 대장촌에서 보낸 어린 시절을 회고하는 이노우에 씨를 보고 이른바 식민지 귀환자, 자이니치 재패니스(재일 일본인 在日日本人)—식민지 조선에서 태어나 자라다가 패전 후 일본으로 돌아온 일본인—에 대해 관심을 갖게 되어 자신의 작품 속에 이노우에 씨를 등장시켰다.

소설 속에서 인용한 이노우에 씨의 증언 가운데 '혜전리'라는 지명은 '해전리海田里'의 오기로 보이는데, 지명에 대한 이 오류만 빼면 이노우에 씨의 증언은 일제강점기 대장촌의 모습과 완벽하게 일치한다. 이노우에 씨는 농사일을 하는 자신의 아버지가 어느 농장에서 일했는지는 잘 기억이 나지 않는다고 했는데, 전북 익산 대장촌은 물론 인접한 전북 완주군 삼례 일대에도 넓은 농지를 갖고 있었던 호소카와 농장에서 일했을 가능성이 크다. 마을이 500호 정도로 컸고 일본인이 30세대가량 살았다는 기억에 비추어 보면 이노우에 씨가 실제 살았던 마을은 해전리가 아니라 대장촌으로 추정된다. 살았던 집의 번지수까지 정확히 기억하는 것을 보면 해전리에서 태어나 대장촌리에서 성장했을 수도 있어 보인다.

일제 당시 대장촌에서 일본 어린이와 조선 어린이가 친구가 되어 어울리는 경우는 거의 없었다는 대장촌 출신 김준태 옹의 기억과 다른 점이 있다면, 이노우에 씨에게 창식이라는 친구가 있었다는 점이다. 조선인과 일본인이 섞여 살았던 당시 그 마을의 상황을 비추어 보면 비록 학교가 다르고 민족이 달랐다고 하더라도 어린이들이 동네 친구가 되는 경우가 없지는 않았을 것이다.

이노우에 씨는 1945년 일본으로 돌아간 이후에 태어나고 자란 고향 대장촌이 그리워 두어 차례 이 지역을 찾아보기도 했다. 그러나 환경이 너무 많이 달라져서 어디가 어디인지를 알 수 없었다고 한다.

이 글을 쓰는 과정에서 이노우에 씨를 접촉하려고 시도해 봤지만 이제는 90세가 넘은 그를 찾기란 쉽지 않았다. 그의 입장을 들을 수도 없었다. 나이를 고려하면 이미 이 세상 사람이 아닐 가능성도 크다. 이노우에 씨를 기억하고 있는 대장촌 사람도 없다. 그렇지만 대장촌에 이노우에 씨의 흔적이 전혀 없는 것은 아니다. 『전북농조 70년사』를 보면 이런 기록이 있다.

"1918년 4월 노지리 야스시野尻安 전익수리조합장은 해내리 거주 이노우에 헤이지로井上平次郎에게 해내리 수문 부근 만경강 제방 외측 황무지 3단보를 임대케 하기 위하여 평의원회를 열고 자문에 부쳐 평의원회의 의결을 보았다. 이것은 사용 신청인 이노우에 헤이지로가 杞柳구기자 식재를 재배하기 위함이었는데 사용료는 연간 단보당 2원에서 5원으로 하였다."

만경강 제방 부근에 있는 황무지를 이노우에#上라는 일본인 농부가 구기자 재배를 위해 수리조합으로부터 빌렸다는 기록이다. 이노우에라는 일본인 농부가 살던 동네인 해내리海內里는 1925년 시작된 만경강 직강공사로 사라졌는데, 삼례와 대장촌 사이 만경강 제방 부근에 있던 마을이다. 『전북농조 70년사』에 나오는 이노우에 헤이지로와 송하춘 교수의 작품 속 이노우에 히로시는 공교롭게도 같은 성을 갖고 있다. 두 사람은 어떤 관계일까?

전익수리조합 조합원 명단에 이노우에라는 성을 가진 일본인은 한 명밖에 없다. 이노우에 성씨가 일본인 가운데 비교적 흔하기는 하지만, 대장촌이라는 작은 농촌마을에서 같은 성을 가진 사람이 많다고 할 수는 없으니 히로시와 헤이지로는 일단 혈연관계가 있다고 추정할 수 있다.

이노우에 히로시가 패전 후 구마모토로 돌아간 것을 보면 그의 뿌리는 구마모토이다. 앞에서도 말한 것처럼 당시 대장촌 거주 일본인들은 대부분이 구마모토 출신이었다. 황무지에 구기자를 심은 이노우에 헤이지로도 구마모토 출신이었을 가능성이 높다.

이노우에 히로시가 자신이 살았다고 기억하는 해전리와 『전북농조 70년사』에 나오는 이노우에 헤이지로가 살았던 해내리는 삼례와 대장촌 사이의 만경강 인접 마을이라는 공통점이 있다. 어쩌면 같은 마을이었을 것이다. 성이 같고 살던 동네 위치가 비슷하며 일본의 출신지가 구마모토라는 점 등으로 미루어 볼 때, 이노우에 히로시의 아버지가 이노우에 헤이지로라고 봐도 큰 무리는 아니다.

이노우에 히로시 노인이 증언하고 있는 것처럼 그의 아버지는 호소카와 또는 이마무라 농장에서 일하는 소작인 농부였다. 당시 호소카와 농

장은 일본 농업이민자에 대한 특혜 중의 하나로 황무지에 대한 우선개
간권을 일본 이민자에게 주고 있었다. 형편이 조금만 넉넉했다면 농지
값이 일본 간사이 지방의 10분의 1에 불과한 조선의 농지를 사들여 자기
농사를 지었을 텐데 제방 옆 수문 부근의 황무지를 빌린 것을 보면 이노
우에 헤이지로도 썩 부유한 처지는 아니었다.

금수저의 조건, 일본인일 것

몇 가지 점에서 모리와키 기요시와 이노우에 히로시는 닮았다. 우선
두 사람 모두 일제 식민지 시대 대장촌에서 태어난 이민 2세라는 공통점
을 갖고 있다. 두 사람은 대장촌공립심상소학교 동문이다. 같은 동네, 같
은 소학교를 나온 동네 선후배, 동문이다. 10년 정도의 나이 차는 있지만
두 사람은 대장촌에 있을 때부터 알고 지냈을 것이다. 그 마을의 일본인
공동체는 1920년대에는 60~70여 세대 정도에 불과하였으니 서로의 사
정을 속속들이 알고 있었다. 누가 누구의 아들이고 딸인지, 그 집안 아이
들이 어찌 됐는지 등은 알고도 남을 관계였다. 특히 모리와키 기요시가
일본군 장교가 되었으니 대장촌에서 기요시를 모르는 사람은 없었고,
이노우에 히로시는 더더욱 기요시를 잘 알고 있었다고 봐야 한다.

모리와키는 이노우에에게 자랑스런 선배, 닮고 싶은 형이었을 것이다.
모리와키가 소위 계급장을 달고 개선장군마냥 대장촌에 왔을 때는 그에
게 박수를 보내며 열광했던 꼬마였을 테고, 한 줌의 재가 되어 무언의 귀
향을 했을 때는 대장역이나 대장신사에서 그를 위하여 울었을 것이다.

두 사람의 부모가 모두 소작농 출신이라는 것도 중요한 공통점이다. 조선 거주 일본인은 대부분이 도시에 거주했다. 모리와키 사쿠다로나 이노우에 헤이지로는 조선에 사는 일본인치고는 극히 예외적으로 농촌 거주자였다.

사쿠다로와 헤이지로는 일본 간사이 지역에서 조선의 농촌으로 이민을 온 소작인이었다. 그들은 6,000~7,000평쯤 되는 땅을 일본인 지주에게서 소작지로 받았다. 그리고 잠시 허리를 펼 틈도 없이 논을 갈고 모를 내고 비료를 주고 풀을 뽑았다. 그리고 가을이 되면 대장촌 벌판 어디쯤에서 추수의 기쁨을 맛보던 농민이었다. 일본인이었지만 소작인으로 오로지 땅만을 바라보며 살던 두 사람에게 가장 큰 기쁨은 아이들이 쑥쑥 자라나는 것이었다. 그리고 가장 큰 소망은 그들의 아이들이 자신들과는 달리 번듯한 직업을 갖거나 자기 소유의 넓은 땅을 소유하는 것이었다.

아버지가 소작인이었다는 것은 기요시와 히로시 두 사람 모두 흙수저 출신이라는 뜻이다. 조선에 거주하는 일본인 가운데 농업종사자는 37,000여 명으로 전체 조선 거주 일본인의 11.3%에 불과했다. 농촌 거주자 가운데 상당수는 지주 또는 자작농이었다. 그러나 기요시나 히로시의 아버지 같은 소작농도 없지는 않았다.

일본인 농업이민자는 이민 초기에는 대부분이 소작농이었지만 시간이 지나면서 일정한 계급분화가 이루어졌다. 소작농에서 시작해 자작농으로 신분 상승을 하는 사람들이 나왔고, 농사를 하던 사람들이 소규모 자영업자로 전환하는 경우도 생겨났다. 기요시나 히로시의 아버지들 삶이 대장촌에서 어떤 변화를 겪었는지는 알기 어렵지만, 한 가지 분명한 것은 그 자녀들은 신분 상승의 기회를 얻었다는 점이다. 흙수저로 태어났음에도 불구하고 두 사람 모두 최고 수준의 교육을 받았다. 기요시는 대일본제국의 장교로 임관했고, 이노우에는 본인의 증언대로라면 부산에 있는 수산전문학교에 진학했다. 지금으로 치면 대학에 간 것이다.

당시 전문학교에 다니는 것은 결코 쉬운 일이 아니었다. 그 당시 대학교육은 극히 제한된 사람들에게만 허용된 특권이었다. 1943년 기준으로 전문학교 이상의 고등교육을 받은 조선인은 7,200명에 불과했다. 고등교육기관이 절대적으로 적은 데다 중학교와 전문대학을 다니려면 학비 부담이 커서 일반인들은 엄두조차 내기 어려웠다.

소작인의 아들이 대학을 가고 장교가 된다는 것은 쉽지 않은 일이었다. 일제 식민지 시절 조선인 가운데 초등학교 문턱을 밟아 본 사람은 두명에 한 명도 되지 않았다. 초등학교 이상의 교육을 받기는 더더욱 어려웠다. 초등학교를 졸업하더라도 졸업 이후에는 대부분이 가사에 종사했다. 소작인이라면 학비 부담 때문에라도 중학교 이상 진학하는 것을 꿈꾸는 것은 말 그대로 꿈에 불과했다. 1931년 조선총독부의 통계를 보면 초등학교 졸업 이후 상급학교에 진학한 사람은 열 명에 한 명꼴이었다. 간단한 계산으로 중등학교 이상의 교육을 받은 사람은 5%도 안 되었던 것이다. 1940년에 작성된 춘포공립보통학교 졸업자의 학적부 진로란을 보면 전원이 가사라고 적혀 있다. 상급학교 진학이라고 기록된 사람은 단 한 명도 없다. 그것이 그 시대의 현실이었다.

그런데 같은 동네에서 태어나고 자란 빈농의 아들인 모리와키는 장교가 되었고, 소작농의 아들이었던 이노우에는 중학교를 거쳐 전문학교에 들어갔다. 패전을 맞지 않았다면 이노우에는 식민지 지배기구인 총독부 관리로서 지배계급의 일원이 되었거나 적어도 남들이 부러워하는 직장인이 되었을 것이다. 그것은 정해진 길이었다. 가난한 일본 농업이민자의 아들이 말 그대로 입신출세하는 길을 밟았을 것이다. 조선인 소작농의 아들이었다면 감히 꿈도 꿀 수 없는 일이었다. 일본인이었기에 가능한 일이었다.

그것은 개인의 능력이나 노력을 뛰어넘는 식민지 사회의 현실이었다. 일부 일본인들은 일제가 추구했던 내선일체 정책이 조선인에게 일본인이 될 수 있는 기회를 준 것이라고 지금도 주장하고 있다. 조선인에게도 일본인과 똑같은 기회를 주었다는 것이다. 그러나 기요시와 히로시의 경우만을 보더라도 일제가 내세운 내선일체론은 완전한 허구였다. 일본인 지배자들은 일본인이 아닌 조선인들에게 신분 상승의 기회를 나눠 줄 생각은 전혀 없었다.

같은 마을에서 태어난 같은 계급의 사람들의 인생항로를 보면 일본인과 조선인은 달라도 너무 달랐다. 차별이라는 단어 이외에는 설명할 길이 없는 것이다.

경려대회 1등 황봉생 이야기

그 무렵 대장촌 관련 『동아일보』 기사를 하나만 더 읽어 보자.

"전북 익산군농회와 전익수리조합이 공동 주최한 익산군 경려대회가 대장촌 역전에서 개최. 각 면의 다수 참가자와 각 농장지주 입회. 1인당 72평씩 경운耕耘을 행한 바 그 성적이 양호. 일반 참관자 경탄.

하시모토橋本 군수 일등상 춘포면 대장촌 황봉생, 춘포면 인수리 김두열…."(『동아일보』 1938년 11월 9일자)

경려라는 말은 쟁기질이란 뜻이니 경려대회는 누가누가 쟁기질을 빨리하나를 겨루는 대회다. 추수를 마치고 제법 넓은 역전 마당에 사람들이 모여든 가운데 누가 빨리 쟁기질을 하는지를 겨뤘고, 이것이 신문기사로 다뤄졌다. 그런데 여기에서 눈여겨볼 것은 수상자들의 이름이다. 1등상을 받은 대장촌의 황봉생 씨를 포함해 수상자는 전부 조선 사람이다. 일본 이름을 가진 수상자는 없다. 참가자 이름은 확인되지 않지만 수상자 가운데 일본인 이름이 없는 것을 보면 참가자는 조선 농민뿐이었을 가능성이 대단히 높다. 하시모토 익산군수를 비롯해 그 대회를 지켜본 농장 지주들은 일본인이었다. 익산군농회장도, 전익수리조합장 모두 일본인이었다. 조선 농민들은 죽어라 쟁기질을 하고 일본인들은 잘하네! 잘하네! 하며 박수를 보내는 상황이다.

이 대회에 참가한 조선 사람들의 학력은 알 수 없다. 쟁기질 1등상을 받은 황봉생이라는 사람의 주소와 이름, 그리고 쟁기질 잘하는 농민이라는 것 외에 황봉생이 어떤 학력의 소유자인지, 그의 꿈이 무엇이었는지는 알 길이 없다. 그러나 황봉생을 비롯해 쟁기질 대회에 나온 조선 사람들도 초등학교를 가고 중학교, 전문학교를 나와서 쟁기질이 아니라 펜 굴리는 직업이나 멋진 제복을 입는 직업을 갖겠다는 꿈을 가졌을 것이다. 그러나 그들은 이미 알고 있었다. 그것은 정녕 꿈일 뿐이라는 것을. 잘해 봐야 자기는 초등학교를 갈 수 있는 것이고, 초등학교를 졸업하면 다시 쇠꼴을 베고 부역을 나가고 쟁기질이나 해야 하는 운명이라는 것을. 징병으로 끌려가 일본군의 총알받이가 되거나, 징용으로 끌려가 탄광에서 죽을 수 있다는 것을 모르지 않았다. 자기의 미래는 평생 농사를 지으며 땅의 노예로 살았던 아버지의 과거를 반복하는 것임을 이들은 너무도 잘 알고 있었다.

그에 비하면 일본인 학생들의 꿈은 아버지를 이어 농부가 되는 것은 아니었다. 우리가 앞에서 확인한 것처럼 설사 흙수저로 태어났을지라도 모리와키 기요시와 이노우에 히로시처럼 장교가 되고 대학생이 되는 것이 그들은 가능했다. 같은 마을에서 태어나 같은 시대를 살았다고 해도 소처럼 쟁기질을 해야 하는 황봉생의 삶과 일본군 장교가 되는 기요시의 삶은 같을 수가 없었다.

이 지역에서 가장 명문으로 손꼽혔던 이리농림학교의 입학 정원은 120명이었다. 조선인 60명, 일본인 60명을 뽑았다. 일본 학생은 일본 학생끼리, 조선 학생은 조선 학생끼리 경쟁해서 합격자를 가렸다. 당연히 조선인 지원자가 압도적으로 많아 조선 학생들의 입시 경쟁이 훨씬 치열했다. 조선인 학생에게는 좁은 문, 일본인 학생에게는 넓은 문이었다.

이리농림학교만이 아니라 거의 모든 학교가 일본인 정원과 조선인 정원을 별도로 정해 놓았다. 경제적으로 상급학교에 가기도 어려웠지만 치열한 경쟁을 뚫지 못해 포기하는 사람도 많았다. 대장촌에 살던 일본인 학생들은 소학교를 졸업한 후 대부분이 전주나 이리에 있는 중학교에 진학했다. 일본인으로 태어나 대장촌에 사는 것, 그 자체로 이들은 입에 금수저를 물고 태어난 것이다. 아무리 소작농, 빈농의 아들이라고 하더라도 자신의 노력과 재능만 있다면 얼마든지 신분 상승의 사다리에 오를 수 있었다. 일본에서 태어났으면 이것이 가능했을까? 일본인에 대한 우대가 제도적으로 보장된 조선이 아니라 일본인들끼리의 경쟁이었다면 이런 성공은 쉽지 않았을 것이다.

일제의 식민지 통치와 함께 문을 연 근대는 차별의 시대였다. 일제가 주도한 조선의 근대는 외형적으로 계급과 신분의 차별이 철폐되었다. 그러나 능력에 따른 차별은 정당화되고, 심지어는 장려되던 시대였다. 능력의 척도는 학벌이었다. 국졸이냐, 중졸이냐, 대졸이냐에 따라 대우가 달랐고, 심지어는 같은 대졸이라도 어느 대학을 나왔느냐에 따라 가는 길이 완전히 달랐다. 예를 들어 같은 대학을 나온 사람이라도 도교제국대학이나 교토제국대학 같은 이른바 제국대학 출신들은 일반대학 졸업자보다 승진이 빨랐다. 이들에 대한 차별적인 우대가 관행에 그친 것이 아니라 제도화되고 정당화되었다. 그것이 핵심이다. 일제강점기는 학벌에 따른 차별이 능력에 합당한 대우라는 이름으로 정당화되었던 시대였다. 그런 시대에 조선의 일본인들은 제도적으로 우월한 대우를 보장받고 있었다.

대장촌의 조선 사람들에게 모리와키 기요시 소위는 분명히 선망과 동경의 대상이었다. 전문학교 사각모를 쓰고 대장촌에 나타났을 이노우에는 조선인들에게 부러움의 대상이었다. 자신은 이룰 수 없는 것을 이룬 사람, 자신은 도저히 오를 수 없는 곳에 오른 사람이기 때문이다. 그러나 한편으로는 모리와키 소위와 이노우에 히로시를 보면서 자신은 식민지 백성, 영원한 피지배자라는 쓰라린 각성을 하지 않을 수 없었다.

일본군 소위 계급장은 객관적인 능력과는 무관하게 일본인이 아니면 결코 얻을 수 없는 계급이었다. 조선 사람은 일본군 장교는커녕 군에 입대하는 것 자체가 불가능했다. 일본 제국주의자들은 1938년까지 조선인은 일본 국가와 천황에 대한 충성심이 부족하고 조선인들에게 총을 쥐여 줄 경우 무슨 짓을 할지 모른다는 이유로 군 입대를 허용하지 않았다. 중일전쟁이 격화되고 미국과의 태평양전쟁이 터진 뒤에야 조선인들의 군 입대가 허용되지만, 부족한 병력을 식민지 청년들로 채우려는 수단이었다는 것을 모르는 사람은 아무도 없었다.

일본 지배자들은 일본과 조선이 한몸이라고, 한몸이 되자고 강조하고 있었지만, 일본과 조선은 결코 하나가 될 수 없다는 것을 너무도 잘 알고 있었고 하나가 되는 것을 원하지도 않았다. 말 잘 듣는 식민지 백성이기만을 원했을 뿐이다.

나름대로 선한 의지를 갖고 있던 일본인 지주들이 개척하고 일본인과 조선인이 울타리를 사이에 두고 이웃으로 30년을 넘게 지낸 대장촌이라는 '모범 부락'에서조차 일본인과 조선인은 다니는 학교가 달랐고, 그 학교에 대한 마을 지배자의 지원금 액수도 비교가 되지 않았다.

모리와키가 자신들과 다른 동네에서 태어나고 살았다면 대장촌 조선 청년들의 좌절감은 그다지 크지 않을 수도 있었다. 그러나 모리와키는 자신들과 크게 다를 것 없는 소작농이자 빈농의 아들이었다. 친하지도 않았고 같이 어울려 놀았던 친구는 아닐지언정 늘 얼굴을 보던 옆집 아이였다. 그럼에도 불구하고 모리와키는 일본인이었기에 일본육사 또는 일본 군대에 들어갈 수 있었고 번쩍이는 장교 계급장을 어깨에 달 수 있었다. 조선인은 꿈도 꿀 수 없는 성취였다. 근본적인 차별, 두 민족 사이에는 울타리 하나 정도가 있었던 것이 아니라 절대 넘을 수 없는 높고도 높은 벽이 있었다.

1938년 1월 3일 모리와키 소위의 유해가 기차편으로 대장역에 도착했다. 신문은 20여 일 전에 모리와키 소위의 귀향 예고는 기사로 처리하면서도 정작 이 젊은 장교의 무언의 귀환과 장례 소식은 보도하지 않았다. 그러나 모리와키와 비슷한 전사자들의 귀환 모습을 보도한 다른 기사를 통해 모리와키 소위의 유해가 대장역에 도착한 상황은 충분히 유추해 볼 수 있다. 한 줌의 유골로 돌아온 모리와키는 대장역 플랫폼에서 하시모토 익산군수와 각급 기관장들의 영접을 받았을 것이다. 그리고 1월 3일, 정초였지만 이 동네 두 학교 학생들이 동원된 가운데 거창한 장례의식이 열렸을 테고, 호소카와 농장이 돈을 내 1912년에 건립한 대장신사에서 하룻밤을 보낸 뒤 만경강 너머 구담마을에 있는 일본인 묘지에 묻혔을 것이다. 일본인들은 학교만 따로 다닌 것이 아니라 죽어서 묻히는 곳도 조선인들과는 달랐다. 조선인들은 대장촌 북쪽에 있는 해발 46m 춘포산 공동묘지에 묻혔지만, 일본인들은 구담마을 부근 묘지에 묻혔다. 그렇게 조선인과 일본인은 마지막 가는 길까지 달랐다.

이노우에 히로시의 인터뷰

이 책의 집필이 마무리된 시점에 일본 구마모토현에 거주하는 이노우에 히로시 씨*의 소재를 파악하여 전화로 취재할 수 있었다.

이노우에 씨는 1925년 대장촌에서 태어나 1945년까지 대장촌에 살았다. 식민지 시절 대장촌을 가장 잘 알 수 있는 인물로, 이 책 제5장에도 이노우에 부자의 이야기가 언급되어 있다.

이노우에 씨는 태평양전쟁 패전 후 1945년 11월 대장촌을 떠나 아버지의 고향인 일본으로 돌아가 구마모토 현청의 공무원으로 근무했다. 공무원 퇴직 후에는 구마모토현 일한(日韓)친선협회 전무이사로 10년 이상 재직했다. 일본인을 상대로 한 한국어 교사 역할도 했다고 한다.

92세의 고령이지만 이노우에 씨는 대장촌에서 보낸 20년의 세월을 생생히 기억하고 있었고 한국말로도 간단한 의사소통은 가능했다.

이노우에 씨의 증언이 정확한 사실을 말하는지는 검증이 어렵다. 그 시절 대장촌에 살았던 일본인의 시각을 보여 준다는 점에서 두 차례 전화로 이루어진 인터뷰 내용을 정리하기로 한다.

● 아버지 이름이 이노우에 헤이지로(井上平次郎) 같은데 맞나?

"맞다. 그런데 친부는 아니고 양아버지다. 원래 내 성은 하타모토다. 대장촌에서 태어난 후에 이노우에 집안으로 입양됐다. 양부는 수리조합에서 일했다. 내 여동생 하타모토 노리코가 춘포보통학교 선생으로 근무했다. 우리 할아버지가 메이지 말기에 친아버지를 데리고 조선 대장촌으로 왔다고 한다."

● 양부인 이노우에 헤이지로 씨가 나중에 상당한 농지를 소유한 부농이

---

* 이노우에 히로시 소재 파악과 인터뷰에 도움을 준 민단 구마모토지방본부 최상철 부단장에게 감사드린다.

되었다고 하는데 맞나?

"그렇게 많은 농지를 가졌던 것은 아니다."

● 대장촌에 있던 일본인 학교인 대장촌공립심상소학교의 학생수는 얼마나 되었나?

"50명 정도 되었다. 우리 학교와 한국 학생들이 다니는 춘포보통학교와는 별다른 교류는 없었다. 일본인 학교 1반에 한국인 학생이 5명 정도 있었다. 그 한국인 학생들은 머리가 좋았다. 선생 가운데 몇 명은 조선 사람이었다."

● 초등학교 졸업 후 어디로 진학했나?

"전주남중을 졸업했고 그 뒤에는 부산수산대 전신인 부산수산전문학교를 다녔다."

● 대장촌에서 자랄 때 조선 어린이들과 어울려 지냈나? 학교가 달라서 전혀 교류가 없었다는 주장이 있는데?

"일본인 학교와 한국인 학교 사이에 별다른 교류는 없었지만 마을에서 친하게 지낸 조선인 친구들이 많았다. 그 친구들과 같이 어울려 자주 놀았고 축구를 많이 했다. 그때는 운동으로 축구 말고는 다른 게 별로 없었다."

● 대장촌에서 같이 자란 일본인 친구들은 나중에 어떤 직업을 가졌나?

"나는 공무원이 되었고 교사가 된 친구, 장사를 하는 친구도 있었다. 이제는 모두 죽었지만…."

● 대장촌에서의 삶을 돌아보면?

"우리는 호소카와 농장, 이마무라 농장을 중심으로 해서 지냈다. 대장촌은 정말로 살기 좋은 동네였고 평화로운 동네였다. 조선 사람들과 싸우거나 갈등을 빚은 일도 전혀 없었다. (대장촌의 일본 사람들은) 해가 지고 어두워져도 전혀 불안를 느끼지 않았다."

"우리는 전쟁이 끝나고 나서도 대장촌에 석 달 정도 더 있다가 일본으로 돌아갔다. 전쟁에 패한 뒤 한국 사람들에게 핍박을 받은 기억은 없다. 1945년 11월에 대장촌을 떠났는데 친구들과 마을 사람들이 잘 가라고 배웅을 나왔다. 마을 사람들이 그해 가을에 추수한 햅쌀로 만든 음식을 귀국길에 먹으라고 주기도 했다."

● 호소카와 농장의 농장주임인 나가하라 구니히코는 어떤 인물이었나?

"정말 좋은 인물이었다. 아주 남자다운 인물이었다. 나가하라 씨는 1945년 11월 군산에서 우리와 같은 배를 타고 일본으로 돌아갔다. 그때 조선에서 입양한 어린이를 데리고 갔다. 양아들이 조선인이라는 것은 일본에 돌아간 뒤에야 알았다. 나가하라의 양아들이 나중에 커서 공무원이 되었는데 일찍 죽었다."

"이마무라 씨도 좋은 사람이었고, 한국 사람들이 보기에 어떠했는지는 모르지만 다시카 씨도 그렇게 나쁜 사람은 아니었다. 다시카 씨 농장은 호소카와나 이마무라 농장에 비하면 규모가 작았다. 내가 아는 한 나가하라 씨나 이마무라 씨 모두 마을의 한국 사람들과 잘 어울려 지냈다. 누구인지 말할 수는 없지만 조선 사람에게 안 좋은 짓을 한 사람이 한 명 있긴 했지만 그 사람을 빼면 (모든 일본인이 한국 사람들과 관계가) 정말 좋았다. 당시 일본인들이 한국 사람들에게 돈을 빌려주었고… 나중에 돈을 못 갚자 집을 받았다는 얘기를 들은 기억은 있다."

● 대장촌에서 가장 기억에 남는 일은?

"첫사랑이 한국 사람이었기에 여자 친구와 데이트하면서 놀았던 기억이 제일 인상에 남았으며, 일본에 와서도 그 후 세 번 정도 여자 친구 소식을 듣기 위해 한국에 갔었다."

● 그 마을에 살 때 한국 사람들이 차별받는다는 생각은 하지 않았나?

"한국 사람들이 어떻게 느꼈는지는 모르지만 나는 거의 차별을 느끼지 못했다. 그리고 마을 사람들과 이야기할 때 주로 한국말로 대화했다."

● 일본으로 돌아간 뒤 대장촌에 살던 사람들끼리 모인 적이 있는지?

"세 번 정도 모인 것으로 기억하는데 모임이 지속되지는 않았다. 그리고 이제는 대부분이 죽었다."

● 농장주인 호소카와 후작이 대장촌을 직접 방문한 적이 있는가?

"호소카와 농장주가 대장촌에 왔다는 기억은 없다."

이노우에 히로시의 증언 가운데 일본인 학교에 한국 학생이 5명 정도 있었다는 이야기는 처음 나온 이야기다. 특별하고 예외적인 경우에는 한국인 학생의 일본인 학교 입학이 허용되었던 것으로 보인다.

학교 간 교류는 없었지만 마을에 조선인 친구들이 있었고 한국말로 주로 대화했다는 이노우에 노인의 증언은 이 마을 출신 김준태 옹의 경험과는 상당히 다른 부분이다. 김준태 옹은 일본 학생들과 마을에서도 거의 어울린 적이 없고 한국말을 할 줄 아는 일본인도 거의 없었다고 증언하고 있다.

일본 패전 이후 대장촌을 떠나는 일본인을 마을 사람들이 나와 배웅하고 햅쌀로 만든 떡을 주기도 했다는 증언도 관심을 끄는 내용이다. 김준태 옹은 이마무라 일가가 대장촌을 떠난 직후에 그 집에 들어가서 몽둥이로 가구 등을 때려 부수었다며 일본인에 대한 적개심이 컸다고 말한 바 있다.

제6장

만경강 개수改修공사 —

그들에 의한 그들을 위한 공사

대장촌 지주들의 총독부 방문

1923년 7월 대장촌 일본인 지주들이 서울 남산에 있는 총독부 청사를 방문했다. 나가하라 구니히코永原邦彦를 비롯한 일본인 지주들은 만경강 개수동맹 기성회 대표 자격으로 아리요시 주이치有吉忠一 정무총감과의 면담을 위해 서울에 온 것이었다. 나가하라 일행은 아리요시 정무총감에게 만경강 개수공사의 조속한 착공을 강력히 요청했다. 만경강 개수동맹기성회라는 단체가 만들어졌을 만큼 만경강 개수공사는 대장촌을 비롯한 익산 지역의 숙원사업이었다. 대표들이 일부러 서울까지 올라왔다는 것은 이 지역 주민들이 바라는 것과는 달리 이 공사가 제대로 진행되지 않고 있었다는 뜻이기도 하다.

대표단을 만난 아리요시 정무총감은 1년 전인 1922년 조선에 부임했다. 조선에 오기 전 일본에서 지바, 미야기, 가나가와현 등 세 곳의 현지사를 지냈다. 경력에서 알 수 있듯이 행정의 달인으로 불리던 엘리트 관료였고, 일본인으로서는 드물게 기독교 신자이기도 했다. 아리요시 정무총감은 나가하라를 비롯한 기성회 대표들에게 꽤 만족스러운 답을 준 듯하다. 나가하라 일행의 면담 내용을 전하고 있는 당시 『동아일보』는 당국에서 대표단의 진정을 "대개 양해"했고 대표단은 기쁜 얼굴로 돌아갔다고 기록하고 있다.

만경강은 전북 서부 지역 평야지대를 관통하는 이 지역의 젖줄이기도 했지만 상습적인 홍수의 근원지이기도 했다. 1920년과 1921년에 대홍수가 발생해 익산군 춘포면 일대 농경지는 물론 가옥까지 침수되는 큰 피해를 입었다. 이런 홍수 피해를 막기 위해서는 만경강 제방을 쌓는 것

외에 다른 방법은 없었다. 대장촌 일대 만경강은 강폭이 하류에 비해 좁은 데다 만조 시에는 서해 바닷물이 대장촌 부근까지 거슬러 올라와서 강 유역에 대한 침수가 빈번했다. 만경강 범람을 막을 수 있는 근본적인 처방이 절실했다.

특히 한일강제병합 이전부터 이 지역에 집중적으로 농지를 확보해 대규모 농장을 경영하고 있던 일본인 지주들에게 만경강 개수공사는 최우선 과제이자 사활적인 이해가 달린 문제였다. 자신들이 확보한 농지가 만경강 개수공사를 통해 홍수로부터 자유로울 수 있다면 이 토지의 가치가 급등하는 것은 물론 이 지역의 농업생산성이 획기적으로 개선될 것이 분명했기 때문이다. 대장촌을 비롯한 춘포면 농지의 60% 이상을 소유하고 있던 일본인 지주들은 만경강 공사가 빨리 시작되면 될수록 이익이었다. 이들이 만경강 개수공사를 촉구하는 단체까지 만들고 한여름 땡볕 속에서 서울까지 온 것은 이런 사정이 있었기 때문이다.

일본 지배자들은 조선을 식민지로 만든 직후부터 치산·치수 사업에 각별한 관심을 보였다. 총독부는 1914년 조선의 주요 하천에 대한 치수 종합대책이라고 할 수 있는 '하천취체규칙河川取締規則'을 만들어 발표했다. 그 내용은 조선의 하천에 대해 실태 조사를 겸한 정밀 측량을 실시한다는 것과 조사기간 중에는 민간인이 임의로 하천을 개발하는 것을 금지한다는 것이었다. 강을 포함한 주요 하천이 국가의 소유라는 것과 이에 대한 개발권리는 국가에 있음을 확인하는 조치이기도 했다.

일제는 총독부 토목과에 하천계라는 전담 조직을 두고 전국 11개 주요 하천에 대한 실태 조사와 정밀 측량에 나섰다. 이 중에는 만경강도 포함되어 있었다. 1915년 시작된 이 사업은 1928년에 완료됐다. 이것이 제

1기 치수조사사업이다. 본격적인 개발에 앞서 측량과 실태 조사에만 13년이 걸린 것을 두고 일본 식민지배자들이 치밀하고 철저하게 조선을 경영한 방증이라는 해석도 있지만, 이는 실제와는 거리가 있는 설명이다. 측량과 실태 조사에 10년이 넘는 긴 시간이 걸린 것은 이 사업에 대한 일제의 투자가 지지부진했기 때문이다.

일본 내각의 지휘를 받지 않고 천황 직속기관으로 독자적으로 조선을 통치한 조선총독부는 세입보다 세출이 훨씬 큰 만성적인 적자 예산에 시달리고 있어 조선의 사회간접자본 투자에 눈을 돌릴 여력이 없었다. 특히 1923년 관동대지진關東大地震 이후에는 초긴축정책이 시행되면서 1억 8000만 원을 투입해 대대적인 정비작업을 벌이려고 했던 한강, 낙동강, 만경강 등 주요 하천의 개수공사가 전면 중단되기도 했다. 조선총독부는 만경강 개수공사의 필요성을 알고 있었고 정확한 실태 파악과 개발계획도 갖고 있었지만 투자 순위에서 만경강은 늘 후순위로 밀렸다. 대장촌의 일본인 지주들을 중심으로 만경강 개수동맹기성회가 만들어지고 이 모임의 대표들이 한여름에 경성 총독부까지 올라간 것도 늘 후순위로 밀리는 만경강 개수공사를 조기에 착공해 줄 것을 요구하기 위한 것이었다.

만경강에 대한 실태 조사와 정밀 측량은 조사 착수 10년 만인 1924년에 마무리됐다. 아리요시 정무총감이 만경강 개수동맹기성회 대표를 만난 1923년 7월이면 만경강에 대한 실측 조사가 거의 마무리되고 만경강 개발계획의 밑그림이 확정된 시점이다. 아리요시 정무총감이 전북 익산에서 올라온 농촌 지주들에게 만족할 만한 답을 내놓을 수 있는 시점에 이들을 만난 것이다. 이런 점에서 보면 아리요시 정무총감은 역시 노련한 행정관료였다. "여러분의 말씀이 무슨 뜻인지 잘 알겠다, 곧 좋은 소식이 있을 것이다."라는 총독부 2인자의 답변을 듣고 기뻐하는 일본인 지주들에게서는 시골 사람들의 순진함마저 느껴진다.

정무총감을 만나 만경강 개수공사의 조기 착공을 언질받고 대장촌으로 돌아온 나가하라 농장장을 비롯한 기성회 대표들은 "수고하셨다, 큰일하셨다."는 주변 사람들의 인사를 받느라 8월 한 달을 더운 줄도 모르고 지냈으리라. 만경강 개수공사 조기 착공이라는 총독부 발표를 느긋하게 기다리고 있던 이들에게 가을의 첫날인 9월 1일, 말 그대로 마른 하늘의 날벼락 같은 일이 벌어졌다. 관동대지진이 일어난 것이다.

도쿄를 뒤흔든 공포의 5분

1923년 9월 1일 11시 58분. 직장인들은 점심을 먹기 위해 사무실을 나서고 가정에서는 점심 준비가 한창이던 시간, 갑자기 모든 것이 격렬하게 요동치기 시작했다. 리히터 규모 7.9의 강진이 일본의 심장부인 도쿄와 요코하마 일대를 덮친 것이다. 땅이 좌우로 갈라졌고 위아래로 흔들렸다. 사람들은 날벼락에 혼비백산한 채 쓰러졌고 일부는 건물 밖으로 방향을 잃고 뛰쳐나왔다. 건물이 무너지고 곳곳에서 불길이 일었다. 목조건물이 많은 데다 점심 준비로 불을 많이 사용하는 시간이어서 불은 빠르게 번져 갔다. 일본의 심장부는 순식간에 공황상태에 빠졌다. 땅이 흔들리다 못해 뒤집히는 것 같은 대재앙은 20초 이상 계속됐다.

20초가 두 시간보다 더 길게 느껴진 최초의 강력한 진동이 가까스로

잦아들던 12시 1분, 이번에는 규모 7.3의 2차 지진이 시작됐다. 갈라진 땅을 다시 한 번 가르는 위력의 지진이었다. 아비규환의 생지옥이 연출됐다. 가까스로 일어섰던 사람들이 다시 쓰러졌고 곳곳에서 비명이 터져 나왔다. 첫 번째 지진에 용하게 버티던 건물들도 맥없이 무너졌다. 불길은 더욱 거세게 번져 갔다. 도쿄와 요코하마의 모든 사람들이 자신의 몸으로 직접 겪고 있는 일이었지만 이것이 생시의 일이라고는 도무지 믿어지지 않았다.

재앙은 그것으로 끝이 아니었다. 두 번째 지진 발생 2분 뒤인 12시 3분에 세 번째 요동이 시작됐다. 규모 7.2의 세 번째 지진이 다시 도쿄 일대를 강타했다. 규모 7.0이 넘는 두 차례의 대지진으로 이미 혼절 상태였던 일본의 중심부는 세 번째 지진으로 완전한 폐허로 변했다. 말 그대로 폐허였다. 지진 발생 이틀 후에『동아일보』는 "진동이 강렬한 까닭으로 지진계가 결딴 나서 상세한 것을 알 수 없다."라고 보도할 정도로 강력한 지진이었다.

지진의 규모도 엄청났지만 국가의 모든 기능이 집중된 지역에서 발생했다는 점에서 관동대지진은 전 세계 지진역사에서 유례를 찾기 힘든 대재난이었다. 민간은 말할 것도 없고 정부 기능까지 순식간에 마비됐다. 게다가 지진 발생 여드레 전에 가토 도모사부로加藤友三郎 수상이 급서해 우치다 고사이內田康哉 임시총리가 내각을 이끌고 있던 상황에서 닥친 최악의 자연재난으로 일본 정부는 공황상태에 빠졌다. 일본 정부는 지진 직후 계엄령을 선포해 치안 유지와 긴급 복구작업에 나섰지만 거대 지진을 감당하기엔 역부족이었다.

정부 기능만 멈춘 것이 아니었다. 일본 신문들이 이 초대형 뉴스를 전한 것은 대지진 발생 닷새 만인 9월 5일 석간부터였다. 신문사 건물이 무너지고 인쇄시설을 비롯한 신문 제작 설비가 불타고 파괴되면서 신문 제작이 나흘 동안이나 불가능했다. 정부 기능이 마비되고 언론마저 제대로 작동할 수 없는 상황이 되면서 유언비어가 언론의 역할을 대신했다. 이 유언비어의 최대 피해자는 일본에 거주하는 조선 사람들이었다. 조선 사람들이 우물에 독을 풀었다는 말이 확산되면서 사람들의 공포심리를 자극했고, 땅이 꺼지고 하늘이 반쪽 나는 것 같은 재앙을 당한 사람들은 누군가에게 그 공포와 분노를 쏟아내야 했다. 그 대상이 당시 일본 사회의 가장 밑바닥 계층이었던 재일 조선인들이었다. 대지진으로 인한 화재와 파괴와 무질서와 혼돈과 공포의 와중에 적게는 2,000여 명에서 많게는 6,000여 명으로 추산되는 조선 사람들이 무참히 살해됐다.

도쿄 일대에서 일어난 대지진으로 인한 공식 사망자와 행방불명자는 14만 명이 넘었다. 완전히 무너진 건물이 10만 9,000여 동, 반파된 건물이 10만 2,000여 동이었다. 20만 동이 넘는 건물이 무너졌으니 일본의 심장부에 온전한 건물은 없었다. 경제적 피해는 65억 엔 규모로 1923년도 일본 정부 예산 14억 7000만 엔의 4배나 되었다. 인명 피해와 물적 피해는 한 국가가 감당하기 힘들 정도였다. 특히 경제에는 치명적인 타격을 입혔다. 관동대지진은 5분 동안 계속됐지만 그 지진이 일본 경제에 끼친 영향은 10년이 넘도록 계속됐다. 한 해 예산의 4배가 넘는 지진 피해를 복구하기 위해서는 다른 곳에 들어갈 예산을 줄이는 것 외에 다른 방법이 없었다. 지진 직후 일본 대장성은 1924년 예산 편성과 관련해 일반경비는 최대한 절약하고, 기존에 결정되었던 사업은 중단하거나 연기한다는 예산편성 원칙을 발표한다.

식민지 조선과 일본 본국의 예산은 원칙적으로 분리되어 있었지만 조선총독부도 이 영향을 받지 않을 수 없었다. 총독부는 일본 정부가 지급하는 보조금에 재정의 상당 부분을 의존하고 있었고, 일본 정부 보조금이 조선의 사회간접 시설에 대한 주요 투자재원이었기 때문이다. 그런데 일본 정부가 초긴축방침을 정하면서 조선에 대한 보조금 지급도 당연히 줄어들 수밖에 없었다. 만경강 개수공사를 비롯한 6개 하천정비사업이 중단되는 등 총독부가 추진하던 대규모 토목사업도 제동이 걸릴 수밖에 없었다.

사흘간의 잔치… 얼마나 좋았으면

관동대지진으로 중단될 위기에 빠지기도 했지만 만경강 개수공사는 1925년부터 예정대로 진행되었다. 일본 정부의 초긴축방침에도 만경강 공사가 시작된 것은 1924년 갑자년 가뭄의 영향이 컸다. 갑자년의 가뭄은 혹독했다. 제주도는 5월 15일부터 57일간 비 한 방울이 내리지 않아 풀 한 포기 나지 않았다. 장마철에 약간의 비가 내려 해갈의 기미가 보이는 듯했지만, 7월 28일부터 9월 6일까지 40일 넘게 전국에 다시 가뭄이 계속되어 전국의 저수지와 강이 말라붙었다. 전북 지방도 예외는 아니어서 대부분의 저수지가 한여름이 되기 전에 밑바닥을 드러냈다. 논바닥은 갈래갈래 갈라진 채 흙먼지만 일었다.

농민들은 어떻게든 제 논에 한 방울의 물이라도 대기 위해 눈에 핏발이 섰고 이웃사촌과의 물싸움이 끊이지 않았다. 부황이 든 아이들의 얼굴이 누렇게 떴고 보릿고개를 넘기지 못한 노인들의 초상이 잇따랐다. 인정이 사나워졌고 민심은 흉흉해졌다. 전국을 떠돌며 구걸로 연명하는 사람들이 급증했고 굶어 죽는 이들이 속출했다. 1924년 쌀 수확량은 전해보다 무려 237만 석이나 줄었다. 총독부는 급히 일본으로부터 127만 석의 좁쌀을 들여왔지만, 이것으로 기아에 허덕이는 사람들을 구하려는 것은 언 발에 오줌 누기였다. 사나워진 민심을 달래는 것이 최우선 과제였다.

조선총독부는 가뭄 대책비로 일본 대장성에서 400만 원을 긴급히 빌려 왔다. 그 전해에 발생한 대지진으로 일년 예산의 4배가 넘는 65억 엔의 천문학적인 경제적 피해를 당해 1원 한 푼도 아끼고 있던 일본 정부가 식민지 조선에 400만 원을 지원하지 않으면 안 될 만큼 가뭄 피해는 심각했다. 만경강 일대 주민들의 상황도 그 어느 곳 못지않게 참혹했다.

조선총독부가 급히 마련한 대책은 대규모 수리사업과 토목사업을 벌여 가뭄 피해 주민들에게 일자리를 제공하는 것이었다. 일자리 창출을 통해 빈민을 구제하고 치수사업도 동시에 진행하자는 의도였다. 총독부가 우선적으로 추진한 토목공사는 만경강과 재령강 개수공사였다. 만경강 개수공사의 총 예산은 964만 엔이었다. 지금 화폐가치로 환산하면 약 1000억 원에 육박하는 돈이었다. 이 돈으로 만경강에 둑을 쌓고 강물의 흐름을 곧게 하는 것이 공사의 핵심이었다. 이 돈은 조선 사람들의 목숨이 달린 돈이기도 했다.

1924년 9월 21일자 『동아일보』는 "만경강 공사, 농민 구제 방책으로 불원간에 착수 계획"이라는 제목으로 당시 정황을 보도하고 있다. 1925년도 사업으로 460만 원을 들여 삼례로부터 이리, 목천포 사이 본공사를 즉시 실시하기로 하였고, 본공사를 급히 실시하기로 한 것은 가뭄 피해를 입은 농민들을 구제하기 위해서라는 것이다. 예산은 다음 해부터 잡혀 있었지만 공사는 1924년 하반기부터 시작하였다. 농민들의 어려운 처지가 도저히 다음 해까지 기다릴 상황이 아니어서 우선 70만 원을 들여 공사에 들어가기로 한 것이다. 농민들은 이 예산만으로는 충분치 않다는 입장이었지만 어쨌든 오랫동안 바라던 만경강 개수사업이 시작된 것을 환영하였다.

만경강 공사에 대한 주민들의 애타는 기대는 1925년 2월 21자 『동아일보』 기사에서도 거듭 확인된다. "만경강 공사 4월 1일부터 기공, 궁민구제책窮民救濟策"이라는 제목의 기사는 이렇게 되어 있다.

> "전라북도의 연래 현안 중年來縣案中이던 만경강 수축修築 공사는 작년도 한해旱害구제의 일책一策으로 급속 착수하기로 결정되었으며 수만 궁민數萬窮民은 공사 시작되기를 갈망 중渴望中이던 바 오는 4월末四月 1일부터 기공할 예정으로 목하 제반 준비에 분망 중이라고."

수만 명의 굶주린 농민들이 공사가 시작되기를 갈망하고 있다는 표현은 결코 과장된 것이 아니었다. 실제로 이 무렵 전주에서만 하루에 한 끼를 먹지 못하는 극빈자가 8,400명이 넘었으니, 이런 사람들에게 최소한의 먹을 것을 줄 수 있는 토목공사는 가뭄에 단비 같은 소식이었다. 만경강 공사는 가뭄 피해 대책의 하나로 실시된 만큼 이재민들을 우선적으로 고용하고 그다음에 현지 주민, 그리고 외지인 순서로 일자리를 주었다.

일제가 대규모 자본이 투입되는 만경강 개수공사를 실시한 보다 근본적인 이유는 조선의 쌀이 필요했기 때문이었다. 일본은 19세기 말부터 만성적인 식량 부족에 시달리고 있었다. 일본이 중국과 조선에 대한 침략을 가속화한 것도 식민지 확보를 통해 식량 문제를 근본적으로 해결하려던 것과 무관치 않다.

일본의 쌀 부족 현상은 제1차 세계대전 승리 이후 찾아온 경제호황과 함께 쌀 가격이 폭등하면서 더욱 심각한 사회문제로 변했다. 일본은 1917년 조선 쌀 170만 석을 포함해 외국에서 650만 석의 식량을 수입했고 다음 해에는 950만 석을 수입했지만 만성적인 쌀 부족 현상은 해결되지 않았다. 일본 국내에서는 1918년에는 쌀 품귀 현상으로 인해 전국 500여 곳에서 두 달 넘게 폭동이 벌어졌고, 이 때문에 데라우치 내각이 총사퇴하는 상황까지 벌어졌다. 군대를 동원해 폭동은 겨우 진압했지만, 정권 내각 총사퇴로까지 이어진 쌀 부족 문제는 일본 정부로서는 더 이상 미룰 수 없는 중요한 문제였다.

일본은 국내적으로는 개간촉진법을 제정해 농지 확대에 주력하는 한편, 조선과 대만 등 해외식민지에서 쌀 생산을 늘려 일본 본토의 식량 문제를 해결하기로 했다. 이러한 일본 내각의 방침에 따라 조선총독부가 들고나온 정책이 산미증산계획이다. 이 계획은 1차로 1920년부터 5개년 계획으로 진행되었다. 다수확 품종의 보급, 비료 사용의 확대를 통해 농업생산성을 높이고 개간과 수리시설 개선을 통해 농지를 늘리는 것이 산미증산계획의 핵심이었다.

산미증산정책의 핵심 대상지는 조선에서 가장 비옥하고 넓은 평야지대인 전북 서부 지역이었다. 전북 서부 평야는 만경강을 끼고 있는 지역으로 다른 곳에 비하면 수리시설이 비교적 잘 갖춰져 있었지만 천수답도 많았다. 20세기 초까지 만경강 중·하류 유역은 대부분이 황무지 상태였다. 만경강 개수공사는 조선총독부가 최우선적으로 추진하고 있던 산미증산계획과 딱 맞아떨어지는 사업이었다. 만경강 강폭을 확장하고 물길을 바로잡으면 지금까지 황무지에 불과하던 수백만 평의 하천부지를 농지로 활용할 수 있고, 제방공사를 통해 홍수를 근본적으로 막는다면 대장촌과 삼례, 이리 등 만경강 북쪽 전북의 곡창 지역에서 획기적인 농업생산성의 증대를 기대할 수 있었다.

만경강 개수공사 착수는 조선 거주 일본인들의 불만을 달랠 수 있다는 점에서도 적극적으로 추진할 가치가 있는 정책이었다. 조선총독부는 한일강제병합 3년 만인 1913년에 거류민단법, 거류지제도 등을 철폐했다. 이 조치의 의미는 한반도에 거주하는 사람들은 일본인이든 조선인이든 상관없이 법률적으로는 모두 똑같은 조선총독부의 통치대상이 되었다는 것이다. 조선 거주 일본인들은 이 조치를 그때까지 법률적으로는 물론 관습적으로 보장됐던 자신들에 대한 특권 내지 우월적 대우의 철폐로 받아들여 맹렬히 반대하였고, 무단통치라는 조선총독부의 강압적 통치방식에 대한 불만도 적지 않았다. 조선을 병합하는 데 기여한 바가 적지 않은 자신들이 조선인과 같은 대접을 받는 것은 부당하다는 것이었다. 실제로 조선 거주 일본인들은 조선인과 마찬가지로 참정권이나 피선거권 등을 갖지 못하고 집회와 결사의 자유도 제약을 받았다. 조선 거주 일본인은 본국 일본인에 비해 2등 국민 대우를 받고 있다는 불만이 쌓여 가고 있는 터라, 총독부로서는 이들의 불만을 달랠 수 있는 정책의 하나로 일본인 지주들의 숙원사업인 만경강 개수공사를 시행한 측면도 있었다

1925년 5월 31일 성대한 잔치가 이리에서 열렸다. 만경강 개수공사 기공식 겸 축하잔치였다. 그날은 일요일이었다. 기공식 행사가 끝난 뒤부터 이 공사의 시작을 축하하는 잔치가 열렸다. 잔치는 사흘 동안 계속되었다. 곳곳에 환영 플래카드가 나붙었고 다양한 축하공연에 장기자랑으로 만경강 주변 동네가 흥청거렸다. 얼마나 좋았으면 사흘간이나 잔치를 벌였을까? 기공식이 있기 며칠 전부터 이리, 익산은 물론 전주, 김제가 축제 분위기로 들떠 있었다. 축하잔치는 전주-이리-김제 3군 연합회가 주관했다. 세 곳은 모두 만경강을 끼고 있는 지역으로 만경강 개수공사의 직접적인 혜택이 예상되는 동네였다. 이 공사의 시작을 축하하는 뜻에서 군중들에게 신문을 무료로 배포했던 『동아일보』는 이 잔치가 공전의 대성황을 이루었다고 보도했다. 검게 그을리고 주름살 고랑이 깊게 파인 얼굴의 농민들이 모처럼 파안대소했다.

이 공사의 핵심 지역인 대장촌에서도 거창한 축하잔치가 열렸다. 조선 농민들은 말할 것도 없고 만경강 개수공사를 학수고대했던 이 마을의 일본인 지주들도 큰 경사라고 반가워했다. 마을에 경사가 있을 때나 명절이면 소작인들에게 찹쌀떡 같은 선물을 했던 나가하라와 이마무라를 비롯한 일본인 대지주들이 큰맘 먹고 돼지도 잡고 떡도 돌리지 않았을까. 해방 이전에 이 동네가 조선인, 일본인 가릴 것 없이 이렇게 모든 주민이 함께 기뻐한 적도 없었다.

사흘간 계속된 잔치로 표현되는 이 지역 사람들의 기쁨은 역설적으로 당시 농민들의 삶이 얼마나 힘들었는지를 보여 준다. 만경강 개수공사는 당초 6개년 사업으로 시작됐지만 자본 부족 등으로 공사가 늦어져 최종 완공까지는 15년이 걸렸다. 홍수와 가뭄 예방, 새로운 농지 확보가 목적이었지만 단기적으로는 굶주리는 농민들에게 일자리를 제공하는 빈민 구제의 목적도 있었다.

농민들도 이 공사를 통해 지긋지긋한 홍수와 가뭄에서 벗어날 수 있을 것이라는 기대를 하지 않은 것은 아니지만, 앞으로 몇 년 간은, 6개년 사업이니 적어도 6년은 날품을 팔 수 있는 일자리가 생겼다는 기대가 컸다. 그러니까 내 가족이 먹고살 수 있게 됐다는 안도감이 이 지역 사람들이 사흘씩이나 잔치를 벌인 진짜 이유였다. 이 사업이 계속되는 한 날품은 팔 수 있고 그러면 적어도 굶어 죽지는 않을 것이라는 생각은 당시 식민 지배하 조선 사람들의 삶이 얼마나 궁핍하고 처절했는지를 보여 주는 것이다. 사흘간의 잔치는 기쁘면서도 슬픈 그 시대의 자화상인 셈이다.

강줄기가 바뀌고 지도가 달라졌다

만경강은 전북 완주군 동상면에서 발원해 전북 서부 평야지대인 완주, 전주, 익산, 김제, 부안을 거쳐 서해로 이른다. 강의 길이는 98km로 한강이나 낙동강에 비하면 긴 것은 아니지만 한국 제1의 곡창지대인 호남평야를 관통해 흐르며 전북의 젖줄 역할을 하는 강이다.

남궁봉(1978)의 연구에 따르면, 만경강 상류 지역인 완주군 비봉면에 사람들의 취락이 형성되기 시작한 것은 약 600년 전이다. 그 이후 강물을 따라 흘러가듯 상류에서 중류로, 중류에서 하류로 취락이 확대되어 갔다. 만경강은 60여 개의 지류와 작은 천이 모여 큰 물길을 이루고 있는데, 사람들은 이 지류와 작은 천 주변에 둑을 쌓고 보를 만들어 농지를 개간하였다.

　만경강 연안 농지를 개간하고 사람이 살 수 있는 마을을 이루는 과정은 결국 강물의 범람을 막고 물길의 방향을 바로잡는 둑을 쌓고 수리시설을 마련하는 과정이었다. 약 600년 전 전북 완주 산간계곡 근처에 사람들의 취락지가 형성된 이후, 이로부터 50여km 떨어진 삼례 인근 만경강 주변에 농지를 개간하고 사람들이 자리잡은 것은 17세기 후반이다. 발원지에서 강을 따라 서쪽으로 약 100리 떨어진 삼례, 봉동까지 이르는데 300년이 넘게 걸렸다.

　19세기 들어 명성왕후의 조카로 당대 제일의 권력자였던 민영익과 양부 이호준에 이어 2대에 걸쳐 전라도 관찰사를 지내며 이 지역과 각별한 인연을 맺은 이완용 등이 삼례와 대장촌 부근 만경강에 둑을 쌓고 농지를 마련하려고 하였지만, 나는 새도 떨어뜨린다는 세도가들도 만경강을 정복하는 데는 별다른 성과를 거두지 못했다. 이들이 당대의 실력자라고는 했지만 개인 차원에서 대규모 둑을 쌓고 보를 막아 황무지를 개간하기에는 자본과 인력 동원에 한계가 있었던 것이다. 이 때문에 삼례 인근 만경강에 다다른 사람들이 강줄기를 따라 약 10리 안팎 아래쪽인 대장촌 부근에 이르기까지 100여 년의 시간이 더 필요했고, 지금 같은 모습의 대장촌 건설은 일본 식민지 지배자들의 주도하에 이루어졌다.

　만경강 개수공사는 자유곡류自由曲流천인 만경강을 직강화하고 강의 범람을 막기 위한 제방을 강 양측으로 쌓는 것이었다. 만경강은 대장촌 바로 위쪽 마을인 삼례에서부터 여러 지류가 합류해 본격적으로 중류가 시작된다. 만경강은 넓은 강 유역을 마치 뱀이 꿈틀거리듯 강물이 자유곡류하면서 크게 휘고 꺾이고 구부러지는 대표적인 사행천蛇行川이었다.

만경강 직강공사 평면도(출처: 이종진, 2016)

이런 지형에서는 강물의 수위와 유속의 변화가 심해 홍수가 잦을 뿐 아니라 체계적인 하천 관리가 어렵다. 또 하천부지의 효율적인 활용이 어려웠기 때문에 일제 당국은 대규모 굴착공사를 통해 강물의 흐름을 곧게 하는 데 만경강 개수공사의 초점을 맞췄다.

위 '만경강 직강공사 평면도'에서 휘어진 실선으로 표시된 것이 공사 이전 만경강 줄기이고, 곧은 실선으로 나타난 것은 만경강 양측에 쌓은 제방이다. 크게 굽이쳐 흐르는 만경강 물줄기를 곧게 하는 공사가 곳곳에서 실시되었는데, 가장 대규모의 직강直江공사가 실시된 지역이 춘포첩로가 있는 대장촌이었다. 대장촌이 만경강 개수공사의 핵심 지역이었다.

평면도에서 빗금으로 사선 처리된 곳이 새로 만든 첩로, 그러니까 물길이 직선으로 흐를 수 있도록 만든 새로운 강이다. 춘포첩로라고 표시된 제방의 북측 지역이 대장촌으로 지금의 익산시 춘포리다. 춘포첩로가 시작되는 부분의 실선이 만경강의 원래 물줄기인데, 앞 '공사 전 만경

현재의 만경강 모습(출처: 국토지리정보원)

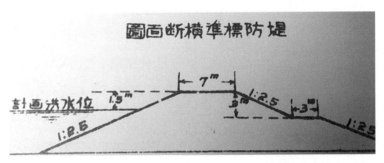

만경강 제방 단면도(출처: 조선총독부, 1928, 『조선직할하천공사연보』)

강 지도'에서 알 수 있듯이 대장촌 부근의 만경강 줄기는 북측으로 올라
가다가 남쪽으로 거의 수직으로 꺾인 후에 마치 서투르게 원을 그리는
듯한 모양으로 북쪽으로 다시 흐르고 있었다. 말 그대로 자유곡류하고

있었다. 이렇게 흐르던 강줄기를 바로잡기 위해 지금의 사천리 부근에서 신촌 부근까지 대략 3km 길이의 새로운 강을 만들어 이곳으로 강물이 흐르도록 만든 것이다. 크게 곡류하던 물줄기는 제방으로 막혀 강의 기능을 상실한 채 제방 밖으로 밀려났다. 강의 기능을 잃은 물길의 흔적은 지금도 대장촌에 그대로 남아 있다.

만경강 공사의 또 한 가지 핵심은 제방 쌓기였다. 만경강 제방은 만경강 양 측으로 각각 30km, 총 길이 60km로 세워졌다. 해발 46m의 춘포산이 우뚝 솟아 보일 만큼 평평한 벌판인 대장촌 일대에서 대보둑이라고 불리는 이 제방은 가장 눈에 띄는 인공구조물이다. 높이 6~7m의 이 제방 위에 올라 보면 동서남북 사방이 탁 트이고 만경강도 한눈에 들어온다. 이 제방을 제외하면 대장촌에는 언덕이라고 할 만한 구릉 하나 없다.

일제 총독부 토목과가 설계한 이 제방은 상부 도로 폭이 7m로 자동차 두 대가 교행할 수 있는 넓이다. 전북 익산군에 등록된 자동차가 불과 수십 대에 불과하던 시절에 폭 7m, 길이 30km의 일직선 도로가 생긴 것이니, 지금으로 치면 고속도로 정도가 아니라 활주로 같은 도로가 생긴 것이다. 이 제방의 본래 목적인 수방水防 외에도 육상교통 면에서 이 제방 도로는 전북 서부 평야 지역의 중요한 교통시설이다. 거의 100년 전에 이런 규모의 토목공사를 구상하고 구체화했다는 것은 누가 주도한 일이든 참으로 대단한 일이라고 평가할 만하다.

예전의 만경강 제방과는 높이와 길이 면에서 비교할 수도 없는 이 제방을 만들 때 누군가는 굳이 이렇게 높고 거대하게 제방을 만들 필요가 있겠느냐는 반론을 제기했을 법하건만 기록으로만 보면 그런 논란은 찾기 힘들다. 일본이 자랑하는 수리학水理學을 조선에 적용한 첫 사례라고도 할 수 있는 이 제방은 직강화된 만경강으로부터 가깝게는 650m, 먼 곳은 700m가량 떨어져 마치 강을 좌우에서 옹위하듯 30km를 뻗어 있다. 하루 200mm의 비가 일주일간 쏟아져도 만경강이 범람하지 않도록 둑을 쌓았고, 실제로 이 둑이 완성된 이후 단 한 번도 만경강 물이 이 둑을 넘은 적이 없었다. 계획홍수위計劃洪水位보다도 1.5m 높게 쌓은 이 제방 덕에 일 년에 두세 차례 물난리를 연중행사로 겪었던 대장촌은 고질적인 홍수로부터 완전히 해방되었다.

이 제방을 쌓는 데 들어간 흙의 상당 부분은 새로운 강을 만들기 위해 파낸 흙으로 충당되었다. 한쪽에서는 부지런히 흙을 파내고, 다른 한쪽에서는 이 흙을 운반해서 제방을 쌓는 것이 만경강 개수공사 현장의 모습이었다.

만경강 제방

　총 길이 60km에 평균 높이 7m의 제방을 쌓는 데 들어가는 흙의 양은 어마어마했다. 이 흙을 나르기 위해 미국 위트콤사의 가솔린 기관차나 디젤 기관차 등이 동원됐다. 기관차를 이용해 토사±沙를 실어 나르기 위해 레일을 깔았다.

　흙을 실어 나르기 위해 레일을 깔고 기관차를 동원했으니 갈대를 엮어 보를 만들고 흙과 자갈로 둑을 만들던 것과는 전혀 다른 차원의 근대적 공사였다. 당시로서는 최첨단 장비가 동원되고 흙을 나르기 위한 전용 기관차도 있었지만, 삽 한 자루에 의지하는 굴착공사와 마찬가지로 흙 운반과 제방 구축은 맨 근육을 사용한 노동자들의 몫이었다.

　일제 시절 만경강 개수공사로 지금과 같은 모습의 지형이 정착되기 이전 대장촌의 모습이 정확히 어떠했는지를 보여 주는 상세한 기록은 없다. 다소 엉성한 지도들과 일제 문헌자료들이 있긴 하지만 그것만으로

만경강 개수공사 현장—왼쪽으로 토사운반용 기관차가 보인다.

는 만경강 개수공사 이전 대장촌의 모습을 제대로 복원하기 쉽지 않다. 불과 100여 년 전의 일이고 조선총독부의 공식 기록은 물론이고 기록에 꼼꼼한 일본인들이 이미 정착해서 이러저러한 기록을 남겼음에도 불구하고 이 지역의 예전 모습을 상상하기 힘든 것은 일제강점기를 거치면서 이 동네의 지형 변화가 대단히 컸기 때문이다. 근대화 과정을 거치면서 어느 지역이나 지형의 변화는 겪는 일이지만, 이 동네의 지형 변화는 획기적이었고 급속했다. 지도를 완전히 새로 만들어야 할 정도의 상전벽해 같은 변화를 전북의 한 농촌마을은 경험했다.

만경강 개수공사를 통해 대장촌은 새로 태어났다. 변했다는 말만으로는 대장촌의 극적인 변화를 제대로 표현할 수 없다. 우선 곧게 흐르는 만경강과 거대한 제방으로 대장촌의 풍경이 완전히 달라졌다. 제방 아래쪽에는 마치 제방에 기댄 듯한 모습으로 새로운 동네가 속속 들어섰다. 그 동네 이름을 보면 새로 만들어졌다고 해서 신촌新村, 동네의 가운데에 있다고 해서 중촌中村이다. 전라선 철로가 놓이고 기차 역사가 들어서면서 그 앞에 새로 마을이 생겼는데, 이 마을 이름은 역전驛前이다. 이 세 마을이 대장촌의 중심이니, 대장촌은 지금으로부터 90여 년 전에 새로 만들어진 인공촌이라고 할 수 있다. 강줄기가 새로 생기고 마을이 새로 생기고 거대한 제방이 새로 생겼으니 지도가 바뀌어야 했다.

제방이 완공되면서 새로 생긴 신촌, 중촌, 역전 마을은 농촌이긴 하지만 계획도시 같은 구조를 하고 있다. 여느 시골 농촌마을에서나 쉽게 볼 수 있는 전설이 서린 큰 나무도 없고 열녀문이며 송덕비 같은 역사의 흔적이 없는 대신, 일제강점기에 만들어진 철도 역사와 일본식 주택이 문화재로 지정되어 있다. 이 마을이 신생촌임을 보여 주는 예라고 할 것이다. 대장촌에서 눈여겨봐야 할 것 중의 하나가 도로다. 대장촌의 도로는 직선이다. 이제는 폐역이 된 춘포역사에서 시작해 마을을 가로지르며 만경강 제방으로 이어지는 도로는 화물차 두 대가 넉넉히 다닐 수 있는 폭을 유지하고 있다. 대로에서 마을 안쪽으로 이어지는 도로들도 차 한 대는 넉넉히 다닐 수 있는데, 이런 직선의 폭넓은 도로가 해방 이후에 만들어진 것이 아니라 지금으로부터 100년 전에 만들어졌다는 것이 중요하다.

대장촌의 직선도로는 이 마을의 특산품이자 상징이기도 한 쌀과 관련지어 생각해야 한다. 대장촌 벌판에서 수확한 엄청난 규모의 쌀을 춘포역으로 실어 나르기 위해 이 넓은 도로가 필요했던 것이다.

제국의 엘리트를 투입하라

1927년 11월 26일 일본 여객화물선 가모마루甲鴨丸호가 프랑스 마르세유를 출발해 이집트 포트사이드로 향했다. 주로 이집트 관광객을 태운 이 배의 승객 가운데는 가와사와 아키마사川澤章明가 있었다. 가와사와는 조선총독부 이리토목출장소장으로 만경강 개수공사를 총괄하고 있던 인물이다. 가와사와는 포트사이드에 도착해 2주 동안 카이로와 룩소르, 아스완 등 이집트 명소를 두루 돌아보고 조선으로 돌아와 총독부에서 일본어로 발행하는 『조선』 1928년 5월호에 「이집트 여행」이란 제목의 기행문을 기고했다.

가와사와의 기행문에서는 일반적인 이집트 기행문이라면 빠뜨릴 수 없는 피라미드를 비롯한 고대 유적에 대한 언급을 거의 찾아볼 수가 없다. 대신 10쪽에 이르는 이 기행문을 나일강에 대한 이야기로 채우고 있다. 나일강의 길이와 유량, 면적 같은 기본적인 것은 말할 것도 없고, 나일강의 양수 방법과 관개법 등에 대해 구체적인 수치를 들어 설명하고 있다. 나일강의 유량을 설명하면서 1921년 한강 홍수 당시의 유량과 비

가모마루호-가와사와가 이집트 여행 시 탔던 배

교하는 등, 나일강을 조선과 일본의 하천에 비교하기도 한다. 나일강 기행기라고 할 수 있는데 여행 일정이나 현지 사람에 대한 언급, 여행객 특유의 감상적 정서는 거의 없고 구획관개법이니 연속관개법이니 하는 전문적인 용어와 다양한 수치가 잔뜩 담겨 있어 기행문이라기보다는 보고서 같은 느낌을 준다. 이집트의 햇볕이 너무 따가워서 12월인데도 색안경을 써야 했다는 것 정도가 관광객에게 있음 직한 에피소드라면 에피소드일지 모르겠다.

글만 보면 가와사와는 여행을 즐긴 것이 아니라 나일강 수리 현황을 견학하러 간 사람 같다. 이 글을 통해 확실히 알 수 있는 것은 가와사와가 여행 중에도 자신의 일에 대한 관심을 놓지 않는 실무적인 사람이라는 점이다. 가와사와는 1925년부터 만경강 개수공사를 책임지고 이리토목출장소장으로 근무 중이었다. 한창 공사가 진행 중인 상황에서 어떻게 가와사와가 한 달 이상의 시간을 냈는지는 의문이지만, 이집트 여행 중에도 그의 관심은 온통 만경강의 개발과 관리 문제에 집중되어 있었던 것은 틀림없다.

만경강 개수공사는 총독부 직할 사업이었다. 총독부는 조선 하천 개발공사의 시범적 성격을 띠고 있던 만경강 개수사업에 총력을 투입했다. 이 사업의 성패가 일제의 조선 지배에 대한 국내외 평가를 좌우하는 것은 물론 산미증산계획에도 큰 영향을 줄 것으로 판단했기 때문이다. 총독부는 내무국 토목과 산하에 이리토목출장소를 두어 만경강 공사를 총괄하도록 했다.

총독부가 직접 관장하는 사업인 만큼 최고의 엘리트가 투입되었다. 만경강 개수라는 중책을 맡은 가와사와 아키마사는 일본 고치현에서 태어나 1917년 7월 도쿄제국대학 토목공학과를 졸업했다. 대학 졸업 한 달 만에 조선총독부 토목국 기수로 특채되어 조선에서의 생활을 시작한다. 불과 27세이던 1919년 기술직 최고 직위인 기사로 초고속 승진했고, 1925년 33세의 나이에 이리토목출장소장으로 부임해 그로부터 7년 동안 만경강 개수공사를 총괄했다. 그 후 가와사와는 조선총독부 토목국의 핵심 관료로 한강 수리사업을 포함해 거의 모든 조선의 주요 하천공사를 주도했다. 조선에서 보낸 30년에 가까운 시간 가운데서도 그가 젊음을 바친 만경강에서의 7년은 그의 인생에서 가장 잊을 수 없는 시절이었을 것이다.

가와사와 이후에도 이리토목출장소장과 출장소의 2인자인 공사주임 자리는 도쿄제국대학 또는 교토제국대학 출신 엘리트 토목관료들의 차지였다. 당시 일본에서 제국대학 출신들은 특별대접을 받았다. 이들은 대학 졸업 후 3년 정도 현장근무를 하면 곧바로 기술직 최고 직위인 기사로 승진했다. 다른 대학 출신들은 기사로 승진하려면 적어도 7~8년, 고졸 출신의 경우에는 평생 근무해도 기사직에 오르기가 하늘의 별 따기였던 것과 비교하면 제국대학 출신들은 금수저 중의 금수저였고 최고의 엘리트였다. 엘리트 중의 엘리트인 제국대학 출신들이 만경강 사업의 책임자로 집중적으로 투입된 것만 보아도 일제 총독부가 이 사업에 상당한 비중을 두고 있었음을 알 수 있다.

눈물로 채운 강, 피땀으로 세운 둑

기획과 설계는 일본 지배자들이 주도했지만 실제 일은 조선 노동자들의 몫이었다. 당시 기록은 공사 내용을 직강直江공사, 첩로捷路공사, 굴착공사라는 단어로 설명하고 있다. 그러나 다소 낯선 이런 한자어로는 이 공사의 진정한 의미를 제대로 담아낼 수가 없다. 강물이 멀리 에둘러 흐르지 않고 곧장 흐르도록 하기 위해 새로운 물길을 낸다는 뜻의 첩로공사, 직강공사는 노동자의 입장에서 보면 한도 끝도 없는 무한반복의 흙 파기를 뜻하는 말이다. 길이 약 3km, 최대 폭 100m의 땅을 파서 인공 강을 만드는 공사에는 굴착기와 기관차 같은 근대적인 기계장비가 동원되기도 했지만, 기본적으로 만경강 굴착공사는 삽 한 자루를 든 사람들의 힘으로 이루어졌다.

사람의 힘으로 대장촌 부근 만경강은 만들어진 것이다. 한 삽 한 삽 흙을 파서 강을 만드는 일의 고단함을 생각해 보자. 이 장면을 머릿속으로 떠올릴 때마다 한도 끝도 없이 땅을 파내고 또 파냈을 사람들의 팔이 떨어져 나가고 허리가 끊어질 듯한 고통을 생각하지 않을 수 없다. 이렇게 파낸 흙으로 저 길고 높고 육중한 60km의 제방을 쌓았다. 육체적 고통도 고통이지만 무한반복에 가까운 삽질을 하면서 느껴야 했던 지루함과 무력감은 도대체 어느 정도였을까. 그러나 이렇게 삽질을 하지 않으면 내가, 내 가족이 먹고살 수 없다는 그 절박함 하나로 단순노동을 하루에도 수백 번 수천 번 반복했을 조선 사람들!

춘포첩로공사라는 아무런 감정의 물기도 느껴지지 않는 메마른 단어로 표현되는 일에 참여한 사람들의 상당수는 대장촌의 조선 사람들이었다. 그들에게 식민지의 고통은 삽질의 고통이었다. 이 공사를 기획하고 설계한 사람들—가와사와 같은 일제 당국자들—은 만경강을 개량하고 수선해서 농업생산성을 높이고 나아가 조선을 일본처럼 근대화하겠다는 꿈과 목표가 확실했겠지만, 무한반복의 삽질을 거듭해야 하는 조선 사람들에게 그런 이야기는 사치였다. 오직 먹고살기 위한 생존의 몸부림이 있었을 뿐이다. 수고는 조선 사람들의 몫이었고, 보람과 영광은 일본 지배자와 관료들의 차지였다.

당시 공사현장을 취재한 『동아일보』는 1929년 5월 5일자 기사에서 만경강 공사 노동현장 모습을 이렇게 전하고 있다.

"(만경강 공사 현장의) 노동의 종류는 '시바즈케'라고 하는 떼 떠다 입히는 것, '후쿠도'라고 하여 기관차로 끌고 오는 흙차의 흙을 부리는 것, '도로오시'라고 하여 흙차 미는 것과 정용定傭이라는 잡역뿐인데 가장 기술이 들지 않는 일이 흙차 미는 것과 잡역이다. 잡역부는 일급日給 70전, '도로오시'는 능률에 따라 다르나 대개가 70전을 평균이라 하면 적당하다고 할 수 있으나 힘 센 장정은 둘이서 열셋 차까지 밀 수 있으니 한 차에 9전씩 1원 17전을 버는 사람도 있지만은 보통 사람은 잘 하여야 셋이 어울려 한 차를 밀 수 있음으로 70전 내외에 불과하다. 그러나 이것도 매일은 계속할 수가 없어 이삼 일 만에 의례히 한 번은 쉰다."

그러면 평균 일당으로 받는 70전의 가치는 어느 정도일까? 이에 대해서 이 신문은 비교적 상세하게 전하고 있다.

"밥값이 하루 세 끼에 45전이다. 하루 임금 70전에서 45전을 밥값으로 제하고 나면 그 나머지가 25전인데 그 나머지를 가지고 적게 먹는대야 막걸리 한 잔에 10전이다. 그들의 수입은 밥장사와 술장사와 담배장사의 손으로 다 들어가고 고향에 돈을 부친다고는 생각도 못할 일이다."

죽어라고 일해 봐야 세 끼 먹고 막걸리 한 잔 마시면 끝이고 고향의 처자식에게 돈 부치는 것은 생각도 못한다는 이야기다. 그나마 하루 세 끼 먹을 수 있는 것이라도 감지덕지해야 했다. 만경강 개수공사 현장의 모습을 가장 사실적으로 전하는 기사는 이어지는 다음 기사다.

"동정의 눈물을 금할 수 없는 것은 채석장에서 노동하는 연약한 부

만경강 공사 채석장 모습

녀자들이다. 방금 굴러 떨어질 듯한 석산 밑에서 잔돌을 부시는 것이 일인데 왼손에 돌을 쥐고 바른손엔 쇠망치로 부수노라니 손가락은 터졌다가 아물고 아물었다가 다시 터져 문자 그대로의 완부完膚: 손상되지 않은 완전한 피부가 없다. 하루 종일 걸려야 반 마차밖에 못 부수니 수입이 겨우 20전 내지 25전이다. 늙은 할머니나 어린 손녀가 얼려서 한 마차를 부수는 사람도 있고 젖먹이 애를 등에 업고 망치질을 하는 어머니도 있다. 언젠가는 산이 무너져 부녀 세 사람이 분골쇄신하는 대참사도 있었다고 한다. 남편은 막걸리를 먹는데 이렇게까지 뼈가 갈리도록 살이 점점이 떨어지도록 몸을 부려야만 살아갈 수 있다는 사람들이 양전옥답으로 조선에서 제일이라는 만경강 연안에도 있지 않은가!"

이것이 만경강 개수공사 현장의 실제 모습이었고, 뼈가 갈리고 살점이 떨어지도록 일해야만 살아갈 수 있는 시대가 일제강점기였다.

일본인들을 위한 일본인들의 공사*

만경강 연안 황무지에 대해 일본인들은 일찍부터 눈독을 들이고 있었다. 일제의 만경강 연안 개발은 한일강제병합 이후 더욱 체계적으로 진행됐다. 앞에서 언급한 것처럼 13년에 걸친 사전 조사를 마친 뒤에 1925

---

* 만경강 개수공사에 대해서는, 허수열, 2012, "일제강점기 하천개수의 식민지적 성격: 만경강 개수를 중심으로", 『학술원논문집』 51(2)를 주로 참조했음을 밝힌다.

년부터 전국 11개 주요 하천에 대한 개수작업을 시작했다. 총독부 토목
과는 남한의 호남평야를 관통하는 만경강과 북한 지역의 대표적 곡창
지역인 재령평야를 가로지르는 재령강을 우선 사업대상으로 선정했다.
이제 만경강 개수사업에 대해 집중적으로 살펴보자.

　일제의 만경강 치수사업은 오랜 준비 기간, 막대한 예산과 장비의 투
입, 그리고 근대적 수리기술이 총동원된 것이라는 점에서 재래적 하천
개수와는 전혀 달랐다. 만경강의 상류부터 하류에 이르기까지 전 구간
을 상대로 한 것이고, 근대적인 축제築堤와 호안護岸 공법을 도입했다. 만
경강 개수공사는 원래 1925년부터 1930년까지 6개년 계획으로 시작
됐지만 실제 공사는 1939년까지 진행됐다. 15년에 걸친 대역사였다.
만경강 본류 양쪽으로 각각 30km, 만경강 지류 중의 하나인 전주천에
11km, 그리고 대장촌과 삼례의 경계를 이루는 익산천 제방 16km를 쌓
는 사업은 1925년도에 첫 삽을 떴다. 첫해에는 공사에 필요한 직원 숙소
를 짓고 토목공사 기계와 장비를 구입하는 기초사업이 진행되었다. 용
지 매수와 측량도 첫해에 이루어졌다.

　본격적인 공사는 1926년부터 시작됐다. 만경강 개수공사는 강의 범람
을 막기 위해 둑을 쌓는 것과 하천 가운데 침식이 예상되는 지점에 호안
석축을 쌓는 것, 그리고 직강화를 위한 첩로捷路, shortcut공사가 주된 내용
이었다. 제방 곳곳에 배수문과 양수장, 잠관을 설치하는 공사도 함께 진
행됐다. 배수문이나 잠관 같은 특수시설은 철근콘크리트로, 문짝은 철
제로 만들어졌다. 만경강 개수공사에는 당시로서는 첨단인 장비가 대거
동원되었지만 기본적으로 사람들의 힘을 이용한 작업이었다. 삽으로 흙
을 파내고 이것을 지게로 퍼 날랐다. 이런 재래적 방법과 함께 근대적인

건설 중장비와 기계도 동원됐다. 굴착에는 드래그라인이나 서련식 굴착기가 도입되고, 토사 운반에는 기관차도 동원되었다. 조선총독부가 발간한 『만경강 개수공사지』를 보면 대장촌에서는 첩로공사와 배수공사, 양수장공사가 진행됐다. 직강공사는 기존의 물줄기를 막고 대대적인 굴착공사를 통해 새로운 물길을 내는 일로 강을 만드는 것이었다. 강을 만드는 것은 예전에는 생각조차 할 수 없는 일이었다. 새로 만들어진 강을 대장촌 사람들은 샛강이라 불렀고, 물줄기가 막힌 예전의 강은 구강이라 불렀다.

만경강 개수공사에는 783만 원이라는 막대한 돈이 들었다. 이 가운데 토지매수에 112만 원이 들어갔다. 본공사비 가운데 가장 많은 돈이 든 것은 179만 원이 투입된 굴착공사였다. 강폭을 늘리고 새로운 물줄기를 만들기 위해 파낸 흙을 쌓아서 둑을 쌓았다. 만경강 개수공사는 주로 농한기에 이루어졌다. 주로 농민들이 공사에 동원됐다는 뜻이다. 하루 평균 1,000명 정도의 노동자가 동원되었다. 농민들이 동원된 공사의 주된 내용은 토사의 굴착과 인력에 의한 운반이다. 이 때문에 고용된 노동자들도 수적으로 보면 인부人夫가 가장 많았다.

1925년에서 1935년까지 만경강 공사에 참가한 총 인원수는 316만 명이었다. 일본인이 14만 명인 데 비해 조선인은 300만 명이 넘었다. 전체 노동자 가운데 압도적 다수인 95.5%가 조선인이고 일본인은 4.5%에 불과했다. 또 조선인 100명 가운데 98명 이상이 날품팔이 노동자였다. 이에 비해 일본인 노동자는 37%가 상시 고용 노동자였다. 상시 고용노동자는 날품팔이에 비하면 당연히 임금도 많고 고용의 안정성도 높았다. 공사현장에서도 일본인들이 지배적이고 주도적인 역할을 하고 조선인들은 수동적인 역할에 머무를 수밖에 없었다. 만경강 공사로 고용창출 효과가 있었지만 그 알맹이는 모두 일본인 차지였다.

역할의 차이는 보상의 차이로 이어졌다. 공사에 참여한 일본인 1인당 임금은 2.12엔으로 조선인 임금 0.62엔의 3.4배나 됐다. 조선인 노동자들이 대부분 단순노무직인 데 비해 일본인 노동자들은 숙련도가 높은 직종 인부였기 때문이다. 같은 인부인 경우에도 일본인 인부의 임금이 조선인보다 2.2배나 높았다. 같은 일을 하고서도 일본인들이 2배 넘게 많은 돈을 받은 것을 한 기록은 이렇게 설명하고 있다. "일본인 노동자의 대부분은 직공이고 평인부平人夫는 극히 소수이다. 그리고 그 인부 중에는 순전한 인부도 있지만 대부분은 조선인의 감독"(허수열, 2012)이라는 지적이다. 다시 말해 같은 인부라도 일본인 노동자들이 현장감독 역할을 했다는 말이다. 만경강 공사현장에도 민족 차별이 있었다.

1925년 공사가 시작될 당시 이리토목출장소 공사계에는 가와사와를 비롯해 모두 25명의 직원이 있었다. 25명의 직원이 대장촌의 지형을 바꿔 놓은 대공사를 기술적으로 책임졌고 공사 전반의 지휘를 맡았다. 그런데 공사계 직원 25명 가운데 조선인은 안용희라는 이름의 직원 단 한 명뿐이었다. 공사가 한창 진행 중이던 1935년에는 공사계 직원이 34명으로 늘었지만 그때도 조선인 직원은 한 명뿐이었다.

「조선총독부의 토목관료」라는 히로세 데이조広瀬貞三 교수의 논문은 흥미롭다. 히로세 교수의 분석에 따르면, 1911~1943년 동안 조선총독부 토목국의 부장, 국장, 사무관 가운데 조선인은 단 한 명도 없었다. 기사는 1929년이 되어서야 한 명이 나온다. 그 밑의 직급인 기수는 1939년에 전체 213명 가운데 13명에 불과했다. 조선총독부 시절 토목관료 중에서 조선인이 가장 많았던 때가 1939년인데, 이때 조선인은 23명이었다. 전체 386명 가운데 불과 6%다. 일제가 조선 사람들에게 고급기술을 전수하지 않으려 했다는 의혹을 피할 수 없는 대목이다.

만경강 공사가 일본인에 의한 일본인을 위한 공사라는 증거는 여기에서 그치지 않았다. 만경강 공사는 이리토목출장소가 직접 시행하는 직영 공사와 외부 토건업체에 의한 하청공사로 나누어져 진행됐다. 하청공사 금액은 전체 공사액의 34%에 해당하는 415만 원이었다. 그런데 1925년에서 1935년까지 만경강 공사에서 하청공사는 모두 일본인 몫이었다. 조선인 하청업자는 단 한 명도 없었다. 일제 총독부가 주관하고 공사는 일본인이 맡는, 일본인에 의한 일본인의 공사였다. 업체만이 아니었다. 기계와 장비 구입과 각종 공사 자재의 구입도 철저하게 일본인 위주로 이루어졌다. 만경강 공사에 동원된 대표적인 중장비인 미국 부사이러스Bucyrus사가 만든 드래그라인 굴착기는 미쓰이물산 경성지점, 흙을 퍼 나르는 데 사용된 미국 위트컴whitcomb사의 가솔린 기관차 9대는 일본 아사노물산이, 3대의 콘크리트 혼합기도, 9대의 발동기도 모두 일본 기업이 납품한 것이었다. 인부들이 흙을 파내는 데 사용한 32,140개의 삽까지도 일본인 업자들이 납품했다. 조선인이 공사용 장비나 자재를 납품한 것은 전주에 사는 박병귀가 소나무 판자 7,000개를 1,112원에 납품한 것이 유일하다. 1926~1935년 10년 동안 만경강 공사 자재 구입 실적은 77만 원이었는데, 이 가운데 조선인이 차지한 것은 박병귀의 송판 납품대금 1,112원이 전부였다. 조선인 납품 비율은 0.01%에 불과했다. 만경강 공사에 따른 이익은 온전히 일본인 몫이었다. 어찌 이를 일본인을 위한 공사라고 하지 않을 수 있겠는가?

그러면 만경강 공사의 수혜자는 누구였는지 따져 보자. 이미 상술한 것처럼 대장촌을 비롯한 만경강 유역은 러일전쟁 이후부터 일본인 대지주의 진출이 가장 활발하게 이루어진 곳이다. 이들은 농업생산성의 증대를 위해 일찍부터 수립조합 설립에 적극적이었다. 전북에 있는 수리조합은 대부분이 일본인 대규모 농장에 물을 대 주는 역할을 하고 있었고 그 물줄기는 만경강이었다. 만경강 개수공사로 가뭄과 홍수 피해가 획기적으로 줄었고 농업생산성도 향상되었지만 그 최대 수혜자는 만경강 유역의 토지를 거의 다 가지고 있던 일본인 지주들이었다.

제7장

노문재와 나가하라,
18년 협력과 경쟁

면장님, 면장님, 우리 면장님!

노문재盧文宰 춘포면장은 1936년 7월 하시모토橋本 익산군수에게 사의를 밝혔다. 1919년 부임한 이후 17년이나 재직한 만큼 물러날 때가 됐다는 것이 노문재 면장이 밝힌 사퇴 이유였다. 17년 면장 재직 기록은 춘포면장 중에서는 지금까지도 최장기 기록이다. 일제강점기는 물론 해방 이후에도 한 지역 면장으로 17년을 계속해서 근무한 것은 대단히 드문일이다. 내막이야 어찌 됐든 외형상으로는 본인이 자발적으로 사의를 밝힌 만큼 노 면장의 교체는 기정사실로 받아들여졌다.

그런데 예상치 못한 일이 벌어졌다. 면민들이 나서서 면장 유임운동을 벌인 것이다. 이들은 면민대회를 열어 공적이 많은 면장이 무고하게 사임하는 것은 불가하다는 의견을 모으고 주민대표 5명을 뽑아 군청에 노문재 면장을 유임시켜 달라는 진정서를 전달했다. 결국 노 면장의 사의 표시는 없던 일이 되었다. 주민들의 유임운동으로 노문재 면장은 그 후로 2년을 더 면장으로 일하고 1938년에 퇴임했다. 노문재는 춘포면장으로 19년을 근무하는 기록을 남긴 것이다.

면장의 사의에 대해 면민들이 일제히 반대하고 나선 것도 의외지만, 일제 당국이 주민들의 이런 요구를 받아들여 경질하려던 면장을 유임시킨 것도 자못 흥미로운 일이다. 주민들의 의사를 존중하는 행정이 일제강점기에도 없지는 않았던 것이다. 『동아일보』가 노문재 면장 유임운동을 기사로 다룰 만큼 이 사건은 당시에도 화제였다.

주민들이 자발적으로 유임운동을 벌인 것을 보면 노문재 면장은 주변 사람들로부터 상당한 신망을 받은 인물임에 틀림없다. 또한 19년이라는 긴 시간을 면장으로 재직한 점으로 보면 일제 지배자들의 신임도 얻고 있었다. 노 면장은 조선인들과 일본 통치자 양측에서 평가가 좋았던 셈이다.

면민들이 노문재 면장의 유임을 요청할 만큼 신망이 높았던 비결은 무엇이었을까? 그는 어떻게 조선 사람과 일본 사람들 모두에게서 인정받을 수 있었을까? 일제 지배기간의 절반이 넘는 19년 동안 면장으로 근무한 노문재가 대장촌의 역사에 미친 영향은 무엇이었을까? 노문재는 어떤 사람이었는지 좀 더 살펴보기로 하자.

노문재의 정확한 출생시기는 불명확하지만, 그가 춘포면에서 태어나 일생을 이 지역에서 보낸 것은 그 후손들의 증언으로 확인된다. 노문재는 춘포면 석탄리와 대장촌리 등에서 살았고, 그의 후손들 역시 지금도 이 지역에 연고를 두고 있다.

1919년 춘포면장으로 임명된 것을 보면 그는 한일강제병합 이전에 하급관리로 공직에 입문했을 것으로 추정된다. 공직생활 기간 중 섬기는 나라가 조선에서 일본으로 바뀌는 기가 막힌 경험을 했을 것이다. 치욕의 시대였고 망국의 상황이었지만 노문재는 일본 지배에 정면으로 도전하지는 않았다. 그랬다면 19년 최장수 춘포면장 노문재라는 기록이 남았을 리 없다. 식민지 권력 밑에서 일선 행정기관장으로 임명되고 그 자리에 19년 이상 재직한 것을 보면 노문재는 체제순응형 하급관료였고 부일협력자였다. 이례적이라 할 만큼 길었던 그의 면장 재직 기록을 보면 대단히 적극적인 부일 협력자, 지금 기준으로 보면 친일파였을 수도 있다.

그가 면장으로 근무하는 동안 춘포면은 비약적인 발전을 이루었다. 1914년 완공된 전주-이리 간 전북경편철도全北輕便鐵道가 그의 재직기간

동안 전라선 철도로 확장되었다. 노선이 전주에서 여수까지 연장되었고 협궤선로가 광궤선로로 바뀌었다. 춘포면 사람들의 생활반경도 철도를 따라 비약적으로 확대되었다. 춘포면민들의 숙원사업이었던 춘포공립 보통학교가 1923년에 문을 열었다. 만경강 개수공사는 그의 임기 내내 진행되어 퇴임 무렵인 1939년에 완공되었다. 금융조합의 유치와 변전소 가동, 상수도 보급 등도 노문재 면장 시절에 이루어진 일들이었다.

이런 일들이 모두 노문재 면장의 주도로 이루어진 것은 아니다. 앞에 열거한 사업들은 일개 면장이 결정하거나 추진할 수준을 훨씬 넘어서는 것이었다. 그렇다고 노문재 면장이 그런 일들을 자신의 치적이라고 자랑한다고 해서 누가 시비를 걸 일도 아니었다. 그가 19년이란 긴 시간 동안 면장으로 재직할 수 있었던 가장 큰 이유는 대장촌의 획기적인 발전 때문이었다.

노문재 면장은 재직 당시 여러 차례 신문기사에 언급되었다. 그런데 흥미로운 것은 그를 다룬 대부분의 신문기사들이 춘포면장이라는 일선 행정가의 모습보다는 선행에 앞장서는 독지가의 모습으로 다루고 있다는 점이다. 노문재와 관련된 당시 신문기사 제목을 먼저 살펴보도록 하자.

-노盧면장의 의거義擧(『동아일보』 1925년 2월 6일자)
-익산 노문재 씨 미거美擧(『동아일보』 1933년 6월 3일자)
-청채조합淸債組合 설립하고, 빈농 갱생 도모(『동아일보』 1933년 6월 6일자)
-익산 노문재 씨, 빈곤 학생들에 장학금 제공(『동아일보』 1934년 12월 26일자)

제목만 봐도 노문재 면장이 왜 기사의 주인공이 되었는지를 바로 알 수 있다. 1925년 2월 6일자 기사를 풀어 보면 다음과 같다. 노문재 씨는 1924년 연말에 춘포면에 거주하는 극빈자들에게 쌀 25석을 나누어 주고 자신이 빌려준 약 1,000원의 빚도 탕감해 주었다. 채무자들 앞에서 채무증서 등을 모두 불태워 버렸다는 것이 특이하다면 특이한 방법이었다. 1924년은 대가뭄으로 인해 벼 수확량이 전년에 비해 30%가량 줄어들었다. 도시는 말할 것도 없고 농촌에도 구걸하는 사람들이 넘쳐 나던 시절이었다. 노문재가 극빈자들에게 나누어 준 25석의 쌀은 사재를 턴 것이었고, 탕감해 준 1,000원 역시 개인적인 채권이었다. 면사무소 예산을 사용한 것이 아니었다.

기록으로 보면 노문재는 선한 사람이었다. 면민들의 안타까운 사연에 가슴 아파하고 어려운 사람들을 위해 자신의 재산을 내놓는 일을 아까워하지 않았다. 노문재 면장은 빈농들의 고리채 문제에 특히 관심이 많았다. 당시 농민들은 평생 빚에 시달리며 살았다. 보릿고개를 넘기기 위해 울며 겨자 먹기로 고리채를 쓰지 않을 수 없었고, 이 고리채는 평생 농민들의 족쇄가 되었다. 고리채는 조선 농촌의 오랜 적폐 중의 적폐였다. 대장촌 농민들도 거기에서 예외는 아니었다. 1933년 노문재 면장이 다시 기사에 언급되는데 이번에는 고리채와 관련된 것이다. 기사 전문을 보자.

"전북 익산군 춘포면 석탄리 제2구는 40여 호에 불과한 농촌인데 바로 만경강 연안에 있어 개수공사로 인하여 농토를 많이 잃어버린 우에 농촌 공황의 바람은 날로 심하여 동 부락민 중에서도 유리개걸의 운명에 처한 자가 적지 않았다 한다. 이 참상을 목도한 동면 면장이요 동 부락에 거주하는 노문재 씨는 동리 빈농자를 모아 농양을 무료로 배급하고 다른 물적 동정도 아끼지 않고 구제하여 생활의 안도를 도모하여 오기를 여러 해 동안이나 계속하여 오던 중 자기가 갖고 있는 3천여 원의 채권도 포기하고 일방으로 동리 박상인 씨 등 유지로부터 동민서약이라는 것을 세워 주조와 근검을 장려하며 청채조합이라는 것을 설립하여 전 동민의 채무전액약 5천 원을 총괄 청산키로 하여 각 채권자들에게 십여 차례씩 구구원정하여 원금에 약 반액씩만 보상하기로 타협하여 삼 년간 연부로 전 동민의 공동 경작한 수입으로 작년도에 이미 제1회분을 청장하였고 2회분 준비가 순순히 잘 진행되어 가는 터로 명년만 지내면 일평생을 가도 채굴에 빠져 어찌할 수 없는 그들은 갱생의 기쁨을 보게 되었다고 한다."

(『동아일보』 1933년 6월 6일자)

노 면장이 농민들의 고리채 해결을 위해 원금의 반만 갚으면 부채를 청산하는 것으로 채권자인 면내 유지들을 설득했고, 농민들은 공동경작 등의 방법으로 부채를 갚도록 했다는 것이다. 노 면장이 자신이 갖고 있던 3,000원의 채권을 솔선해서 먼저 포기했다는 내용도 이 기사에는 포함되어 있다.

한 지역 유지의 미담으로 가볍게 읽고 넘어갈 수도 있는 이 기사에서 주목할 부분은 미담기사가 보도된 시점이다. 1931년 사이토 마코토齋藤實 총독에 이어 육군대장 출신 우가키 가즈시게宇垣一成가 조선 총독으로 부임한다. 우가키 총독은 조선의 농촌진흥운동, 농민자력갱생운동에 정책의 최우선을 두었다. 1929년 미국에서 시작된 대공황은 조선 농촌에서는 쌀값 폭락이라는 형태로 나타났고, 그 결과 조선 농민의 삶은 극도로 피폐해졌다. 농민들은 고리채라도 쓰지 않을 수 없었고, 고리채의 악순환에 빠져 농촌 자작농의 몰락이 이어졌다. 조선 사회의 기반인 농촌 공동체의 붕괴 우려가 대두되었다. 이런 틈을 타 사회주의 적색농민조합이 세력을 확대하자 조선총독부가 내놓은 대책이 농촌진흥운동이었다. 농촌진흥운동의 핵심은 농민들의 근검절약과 노동 장려를 통한 농가생계 안정 확보였다. 고리채 청산은 농촌진흥운동의 가장 상징적인 캠페인이었다.

노문재 면장의 선행기사가 보도된 것은 조선총독부의 농가갱생계획이 발표된 지 석 달 후였다. 농촌의 고리채를 없애기 위해 유지들이 솔선해서 채권을 포기하고, 농민들은 마을 공동작업을 통해 빚을 갚아 고리채 문제를 해결하는 마을이 있다, 그리고 이 운동의 선두에는 선행을 일삼아 온 면장이 있다,라는 이 기사는 조선총독부의 핵심 시책에 딱 부합하는 것이었다. 무엇보다 우가키 총독이 대대적으로 고리채 청산 캠페인을 주창하고 나선 시기와 딱 맞아떨어진다는 점에서 보도시점이 참으로 절묘했다. 이 기사를 보도한 『동아일보』가 당시 대대적으로 농촌계몽운동을 주도했다는 점까지 감안하면 이 기사는 총독부와 해당 마을 주민뿐 아니라 보도한 언론사, 그리고 이 미담의 주인공인 노문재 면장까지 누구나 기뻐할 기사였다.

노문재 면장이 주도한 고리채 청산 방법도 주목할 필요가 있다. 기사대로라면 이 마을 주민 부채는 총 5,000원이다. 이 가운데 절반이 넘는 3,000원의 채권자는 노문재 면장이다. 3,000원은 포기하고 나머지 2,000원에 대해서는 절반만 보상하기로 했으니 주민들이 갚아야 할 빚은 1,000원 안팎이다. 1,000원을 3년에 나눠 갚는 것이다. 일 년에 약 300원꼴인데 40여 가구가 1년에 약 300원을 갚기 위해 공동경작을 하기로 한 것이다. 어떻게든 마을의 고리채를 해결하려는 의지를 의심할 바는 아니지만, 이를 위해 빚을 해결하기 위한 청채조합淸債組合까지 만들어 3년 계획을 세우고 공동작업을 하기로 했다는 것은 눈에 띄게 포장을 해서 누군가에게 보여 주기 위한 것이라는 느낌을 지울 수 있다. 이 미담의 핵심은 노 면장이 3,000원이라는 거액의 채권을 포기했다는 것인데, 기사 제목부터 청채조합 설립이라고 되어 있으니 본말이 바뀌었고 기사 자체가 어떤 의도를 담고 있다고 볼 수 있다.

총독부가 원하는 것은 한 독지가의 선행이 아니라 마을 주민들이 자발적으로 힘을 합쳐 계획적으로 고리채를 갚는 것이었다. 그것이 농촌진흥운동, 농가갱생계획 취지에 부합하는 것이었다. 총독부가 딱 필요로 하는 시점에 총독부의 입맛에 맞게 가공된 듯한 노문재 면장의 미담기사는 그가 왜 장수면장이 될 수 있었는지를 엿볼 수 있게 한다. 일제강점기 조선인 관료의 생존본능을 보여 주는 사례로 볼 수 있지 않을까.

노문재 면장 관련 기록은 1938년 이후로는 보이지 않는다. 1938년 이후에는 새로운 인물이 춘포면장으로 취임한 것을 보면 그는 1938년에 퇴직한 것이 확실하다. 햇수로 20년을 면장으로 지낸 뒤 정년퇴임을 한 것으로 추측된다. 노문재의 퇴임시점은 절묘했다. 1938년 퇴임은 그로서는 하늘이 내린 행운이라고 말할 수 있다.

그의 퇴임 한 해 전인 1937년 중일전쟁 발발과 함께 일본제국은 전시체제에 접어들었고 식민지 조선도 예외일 수 없었다. 1938년 3월에 일본 의회에서 국가총동원법이 제정됐고, 이 법은 그해 5월부터 조선에도 적용됐다. 중일전쟁 발발 직후인 1937년 10월부터 조선총독부는 "우리는 황국신민이다. 충성으로써 군국君國에 보답한다."로 시작되는 '황국신민서사皇國臣民誓詞'를 제정해 조선 사람들에게 이를 강요하기 시작했다. 1938년 7월에는 조선어 교육 폐지를 핵심으로 하는 제3차 조선교육령을 발표했고, 1938년 1월에는 조선인 지원병제를 실시하는 것으로 강제 징병의 길을 열었다. 1938년 7월에는 국민정신총동원연맹을 발족시켜 식민지 조선 전체를 본격적으로 전쟁에 동원하기 시작했다.

일제에 의한 식민지 민중들의 수탈이 확대·강화되면서 이에 대한 반발도 커질 수밖에 없었다. 이런 반발과 저항을 억누르며 일제 수탈정책을 최일선에서 집행하는 곳이 면사무소였다. 면사무소는 어떤 식으로든 악역을 담당하지 않을 수 없었고 원성을 사지 않을 수 없었다.

면장을 비롯한 면사무소 직원들은 압도적 다수가 조선 사람인 만큼 내면의 갈등이 깊어질 수밖에 없었지만, 말단 행정기관장이 제국 전체가 나서서 벌이는 광기 어린 전쟁놀음에 반발하는 것은 상상할 수 없는 일이었다. 만약 노문재가 면장직을 더 수행했더라면 주민들이 나서서 유임운동을 벌일 만큼 존경과 사랑을 받았던 그는 일제 수탈의 앞잡이라는 오명을 피하기 어려웠을 것이다. 이런 시점에 노문재는 사임했다. 자발적인 사임이었다면 그의 인생에서 그 선택보다도 더 현명한 것은 없다고 단언해도 될 만큼 참으로 절묘한 시점이었다.

퇴임 이후 노문제의 행적은 확인되지 않는다. 1945년 반민특위반민족행위특별조사위원회에 의한 친일파 조사에서도 그의 이름은 보이지 않는다. 해방 이전에 사망한 것으로 추정되는데, 그가 만약 1938년 이후에도 면장직을 수행했더라면 친일파로 단죄받는 것을 피하기는 어려웠을 것이다.

대장촌의 천황, 나가하라 구니히코

일제강점기 대장촌의 일본인 지주 가운데 핵심 인물은 나가하라 구니히코永原邦彦*였다. 나가하라의 공식직책은 대장촌 호소카와 농장의 농장주임이었지만 보통 농장장으로 불렸다. 그는 1919년 대장촌 호소카와 농장주임으로 부임했다. 1919년 2월에 작성된 이리농림학교 설립추진 관련 문건에 나가하라의 이름이 올라 있는 것을 보면, 그는 1919년 초에 조선에 온 것으로 추정된다.

나가하라는 시모노세키에서 관부연락선 잇키마루壹岐丸를 타고 11시간이 넘는 항해를 거쳐 현해탄을 건넜다. 잇키마루는 길이 86m, 무게 1,680톤으로 당시 조선과 일본을 잇는 핵심 교통수단이었다. 이 배의 1등실 요금은 쌀 한 가마니 값이 넘는 12엔이었다. 나가하라는 1등실 안에서 그의 새 인생이 어떻게 펼쳐질지 온갖 상상의 나래를 펴며 조선과 일본 사이의 검은 밤바다를 바라봤을 테지만, 그의 조선 대장촌에서의 삶이 18년 이상 길게 이어질 것이라고는 예상치 못했을 것이다.

1881년 구마모토에서 태어난 나가하라는 1913년 도쿄제국대학 법학과를 졸업했다. 33세의 늦은 나이에 대학을 졸업하고 마흔을 바라보는 만 38세에 조선 대장촌으로 온 그에게는 풍운아의 느낌이 있다. 나가하라는 조선에 오기 전까지 약 6년 동안 고향인 구마모토에서 변호사로 활동했다.

---

* 나가하라는 1937년까지 호소카와 농장의 농장주임으로 재직했다. 이노우에 히로시의 증언에 따르면 나가하라 구니히코는 농장장직을 물러난 이후에도 1945년 11월까지 계속 대장촌에서 살았다.

나가하라의 경력에서 가장 주목할 부분은 구마모토 출신이라는 점과 도쿄제국대학 법학과 출신 변호사라는 점이다. 자타가 공인하는 일본 최고 대학인 도쿄제국대학 출신이라는 것만으로도 출세가 보장되던 시절에 변호사 자격까지 갖추고 있었으니, 그는 일본 사회에서도 일급 엘리트였다. 당시 조선총독부에는 도쿄제대나 교토제대 같은 이른바 제대帝大 출신 젊은 엘리트 관료들이 적지 않았다. 일본의 엘리트 관료들에게 조선을 비롯한 식민지 근무경력은 한 번은 거쳐야 되는 필수 코스이기도 했다. 이런 상황이었기 때문에 나가하라가 총독부 관료로 조선에 왔다면 그의 선택은 그리 두드러져 보이지 않았을 것이다.

　그러나 나가하라처럼 화려한 경력의 소유자가 전라도의 작은 농촌마을에, 총독부 관료가 아닌 민간기업 책임자로 온 것은 파격이었고 전례 없는 일이었다. 호소카와 농장의 초대 농장장이었던 구로다는 은행원 출신, 구로다의 후임인 노지리가 기술자 출신이었던 것과 비교하더라도 도쿄제대 출신의 변호사인 나가하라는 거물급 농장장이었다. 전북 일대에 집중되어 있던 일본인 대농장의 관리책임자들의 경력을 살펴보더라도 나가하라만큼 화려한 학력과 경력을 갖고 있는 사람은 찾아보기 힘들었다.

　나가하라는 조선으로 오면서 많은 것을 포기해야 했다. 법률가로서의 경력과 안정된 미래, 도쿄제대 출신이라는 학벌, 도시생활의 편리함이 그런 것들이다. 일본에서 누렸던 투표권과 피선거권을 비롯한 정치적 권리도 조선으로 오면서 포기해야 하는 중요한 것 가운데 하나였다. 조선에 올 때 그의 나이는 38세로 새로운 인생을 설계하기에는 결코 적은 나이도 아니었다. 당사자인 나가하라는 호소카와 모리타쓰細川護立 후작의 간곡한 부탁을 뿌리칠 수 없어 조선에 왔노라고 전하고 있을 뿐 조선 이주와 관련해 상세한 경위는 밝히지 않았다.

호소카와 후작은 나가하라의 법률지식보다는 그의 학력과 경력 그 자체를 원했다. 나가하라는 대장촌 부임 이후 농장 경영과 함께 대외활동에도 주력했다. 정무총감 같은 총독부 고위관료나 도지사를 만나는 것이 그의 주요 업무 중 하나였으니, 지금으로 치면 고위 로비스트 역할이었다. 이런 활동을 할 때 그의 도쿄제대 학맥과 법조계 경력은 상당한 도움이 되었을 것임에 틀림없다. 호소카와 모리타쓰 후작이 나가하라를 영입한 것은 일본 최고의 귀족이 경영하는 농장답게 그 농장의 책임자 역시 다른 농장과는 격이 달라야 한다는 것을 과시하려는 의도도 없지 않았을 것이다. 관리자의 위상을 높임으로써 그를 고용한 자신의 위상을 더 높이려는 의도 같은 것 말이다.

나가하라가 자신의 고용주인 호소카와 가문과 어떤 인연이 있는지는 정확하지 않지만 같은 구마모토 출신이라는 공통분모가 있다. 또 변호사라는 나가하라의 경력을 감안하면 일본에 있을 때부터 호소카와 가문에 법률적 조언을 해 주는 방식으로 대장촌 농장 경영에 관여했을 수도 있다. 조선에서의 활동 내용을 보면 나가하라가 자신의 전공인 법률지식을 이용해 호소카와 농장의 문제를 해결하거나 새로운 사업을 펼친 것은 아니다. 대장촌에서의 그의 삶은 법률가의 삶과는 거리가 멀었다. 그는 대장촌에서 사업가, 농장 운영자로 변신했다.

일본 최고 명문대학 출신의 변호사라는 화려함으로만 보면 식민지 조선의 농장책임자라는 자리는 작아 보일 수 있다. 그러나 그가 책임지고 있는 농지는 전북에 1,400여 정보, 전남에 600정보로 총 2,000여 정보에 달했다. 호남에 집중되어 있던 240여 곳의 일본인 농장 가운데 농지의 크기로만 보면 세 손가락 안에 들었고, 그가 생사여탈권을 쥐고 있던 소작인이 전북에서만 1,000명이 넘었다. 호소카와 농장장은 대장촌의 천황 같은 존재였다. 대장촌을 떠나 조선 어디를 가도 일본인이 됐든 조선인이 됐든 누구에게나 깍듯하게 대우받는 존재였다. 호소카와 후작의 조선 대리인이라는 직책은 결코 가벼운 자리가 아니었다.

나가하라는 농장 사무실이 있는 대장촌 중촌마을에 살았다. 38세의 젊은 나이에 와서 노년이 멀지 않은 56세라는 나이까지 그의 인생의 황금기를 호소카와 농장의 관리책임자로서 보낸 것이다. 농장장의 일은 그리 단순하지 않았다. 나가하라가 부임할 당시 호소카와 농장에는 일본인 직원 5명을 포함해 10명 남짓한 사무원이 있었다. 마름이라고도 불렸던 농감은 모두 조선 사람들로 20명 안팎이었다. 마름은 지주와 소작인 사이에 있는 중간관리자였다. 호소카와 전북 농장의 토지는 익산군, 완주군, 김제군 등 3개 군, 13개 면에 걸쳐 있었다. 소작인과 소작지에 대한 일상적인 관리는 각 마을에 거주하는 마름의 몫이었지만 최종적인 권한은 당연히 농장장에게 있었다. 2,000정보의 농지에서 나오는 쌀의 일 년 매출액이 지금 기준으로 수백억 원을 넘었으니 재무 관리도 쉬운 일은 아니었다. 사무실과 직원 사택, 일본인 이민자들이 사는 가옥, 창고 등 수십 동의 건물에 대한 관리도 농장장의 업무였다.

호소카와 농장은 1914년에 최첨단 도정기 12대를 일본에서 도입했다. 도정기를 이용해 벼를 현미로 처리해 일본으로 수출하기 위해서였다. 12대의 도정기가 돌아갈 때 나는 굉음은 대장촌의 심장박동처럼 들렸는데, 이 심장박동 같은 소리를 유지하는 것이 그의 핵심 업무였다. 호소카와

군산항 쌀 야적장 모습

와 농장은 단순히 벼를 생산하는 농장의 기능만이 아니라 벼를 가공하는 공장시설까지 갖추고 있는 종합기업이었다. 품종과 토지 개량을 통해 생산성을 높여 미곡 생산을 늘리는 것은 농장장의 가장 중요한 책무였다. 철에 따라 비료를 구매하여 소작인에게 나누어 주고, 대장촌에서 수확한 쌀을 도정과정을 거쳐 오사카 미곡시장으로 보내 판매하는 것 역시 그의 책임하에 이루어졌다.

호소카와 농장은 농지를 소작인들에게 소작지로 분배하고 이들로부터 일 년에 한 번 소작료를 받는 방식으로 운영되었다. 소작료로 받은 쌀 가운데 80%는 도정과정을 거쳐 1907년에 완공된 전군도로全群道路와 1914년에 만들어진 전북경편철도를 통해 군산항으로 옮겨졌다. 그 쌀은 일본으로 실려 가 대부분 오사카 미곡시장에서 판매되었다.

호소카와 농장에서 수확한 쌀 가운데 대장촌을 비롯한 조선에서 판매되는 쌀의 양은 20%에 불과했고, 80%는 일본의 미곡시장에서 거래되었다. 쌀의 생산과 도정, 운반 매각이 일본과 조선 두 곳에서 이루어졌다. 농장장의 업무는 지금으로 치면 대기업의 해외법인 사장과 같았다. 일본에 있는 호소카와 후작을 비롯해 구마모토 본점에 대한 보고와 업무 협의도 중요한 일이었는데, 업무 협의는 주로 편지를 통해 이루어졌다.

나가하라의 업무는 농장 관리업무에 국한되지 않았다. 호소카와 농장장은 전북에 있는 일본인 지주들의 대표 역할도 맡았다. 일본인 지주들의 입장을 대변하고 주장을 관철하기 위해 전주에 있는 도청이나 경찰서는 물론, 때로는 경성에 있는 총독부까지 찾아갔다. 정무총감 같은 총독부 고위직 인사들에게 자신들의 요구 사항을 전달하고 설득하여야 했다. 전익수리조합장으로 만경강 수계에 있는 다른 수리조합들과 상충되는 이해관계를 조정하는 것도 그의 몫이었다. 대장촌에 조선 어린이들이 다닐 수 있는 보통학교를 유치하고 이리에는 농림고등학교를 세워 이 지역 일대를 일본인들의 모범촌으로 유지하는 것은 물론, 조선인들의 인심을 달래는 것도 호소카와 농장이 챙기지 않으면 안 되는 주요 업무였다. 호소카와 가문은 1912년 대장촌에 신사神社를 만들었는데, 일본인 이민자들의 정신적인 구심적 역할을 하고 있던 이 신사의 유지와 관리도 나가하라의 일이었다.

나가하라 구니히코가 개척자 정신을 가지고 조선의 농촌마을로 왔을 것이라는 추론은 제법 흥미롭다. 시대에 뒤떨어진 식민지 조선을 개발하고 미개한 조선인을 계몽시켜 진정한 내선일체의 이상촌을 대장촌에 구현하겠다는 사명감 때문에 일본에서 가지고 있던 기득권을 과감하게 포기하고 식민지 조선으로 왔다는 것이다. 적지 않은 일본인들이 아직도 일본의 조선 지배는 조선과 조선인을 위한 선의에서 출발한 것이라는 주장을 굽히지 않고 있는데, '선한 개척자'론論은 이런 일부 일본인들의 주장과 일맥상통하는 것이다.

호소카와 농장의 사무원 출신으로 6, 7대 재선 국회의원을 지낸 김성철은 생전에 호소카와 가문의 농장 경영이 다른 일본인 대지주들과는 상당한 차이가 있었다고 회고했다. 양질의 미곡 생산을 위해 토지를 잘 관리하고 조선의 농사 개발에 주력했을 뿐 아니라 농민들도 차별 없이 공평하게 대했다는 것이다. 이 말은 그 농장에서 입신의 기틀을 다진 사람의 주관적 회고일 가능성이 크다. 설사 그런 의식을 가진 호소카와 농장주를 비롯한 일부 일본인이 있었다고 하더라도 실제 모습은 침략과 수탈의 모양새를 벗어나지 못한 것이 현실이었다. 그렇지만 식민지 시절 일본인들은 자신들을 근대문명의 전파자로, 학정에 시달리던 조선 사람들을 구한 개척자라고 자부했다. 나가하라도 그런 개척자 정신을 가지고 조선에 왔을 것이라는 주장이다.

김성철이 이리농림학교를 졸업하고 1936년 사무원으로 호소카와 농장에서 사회의 첫발을 내디뎠을 때 나가하라가 농장장이었다. 김성철에게 나가하라는 잊을 수 없는 첫 직장 상사이자 우상 같은 존재였다. 아무리 우수한 재능을 갖고 있다 하더라도 진로가 제한될 수밖에 없었던 김성철 같은 식민지 청년에게는 식민지 본국의 도쿄제대 출신 변호사라는 경력만으로도 나가하라는 높고 우러러보이는 존재였을 것이다. 나가하라가 일본인과 조선인을 공평하게 대우하려고 노력했고, 조선인에게 무례하게 대하는 일본인을 가차 없이 채찍질했다는 김성철의 회고는 이때의 경험에서 나온 것이다. 이 회고가 사실인지 여부는 차치하고라도, 이런 것을 근거로 나가하라가 조선 대장촌 사람들에게 선한 지배자이며 고마운 계몽자였다고 말하기에는 충분치 않다. 부하 직원이나 소작인에게 매질을 하는 사람이었다면 그의 인권의식은 변호사라는 경력이 무색하게 한심한 수준이었다는 뜻일 것이다. 일본인들에게 서슴지 않고 채찍질을 했다면 조선 사람들에게는 더욱 심하게 매질을 하였다는 말의 다름 아니다.

실세 농장장에 가려진 면장의 이름

나가하라가 조선 농촌에 채 적응하기도 전에 3·1만세운동이 전국을 뒤덮었다. 대장촌에서 직접적인 만세시위가 벌어지지는 않았지만 농장장으로서 그의 첫 과제는 3·1운동에 대한 대응이었다. 그리고 이 문제를 논의하기 위해 만나지 않을 수 없었던 사람이 춘포면장 노문재였다.

두 사람의 첫 만남에 대한 기록은 남아 있지 않지만 조선인 면장과 일본인 대지주의 만남을 머릿속에 그려 보면 자못 흥미롭다. 일제강점기가 전형적으로 관이 민보다 우위인 사회였던 것을 생각하면, 농장장으로 부임한 직후 나가하라가 예를 갖춰 농장사무실 바로 지척에 있던 면사무소로 노문재 면장을 예방하였을 것이다. 농장사무실이 있던 중촌에서 당시 면사무소가 있던 신촌까지는 천천히 걸어가도 5분 거리였다. 하지만 군수나 경찰서장 정도는 우습게 알았다는 호소카와 농장장의 위세를 생각하면 두 사람의 첫 만남이 대장역 플랫폼에서 이루어졌을 수도 있다. 기차편으로 대장역에 도착하는 나가하라를 많은 일본인과 조선인들이 마중 나갔을 것이고, 그들 사이에 노문재 면장이 끼어 있었다고 해도 그리 모양이 어색하지는 않았을 듯하다. 어쨌든 두 사람은 1919년 초에 첫 만남을 가진 이후 한 사람은 춘포면장으로, 또 한 사람은 대장촌 호소카와 농장장으로 대장촌을 나란히 대표하면서 18년 동안 길고도 끈끈한 인연을 이어 갔다.

노문재 면장에게 나가하라 농장장은 상대하기 버거운 사람이었다. 도쿄제대 출신이라는 학벌과 변호사라는 경력부터 시작해 호소카와 농장장, 전익수리조합장, 만경강 개수동맹기성회 대표, 대장촌공립심상소학교 후원회장, 전북축산 감사, 익산농회 부회장, 전북경편철도 감사 등 나가하라가 지닌 직함 하나하나가 쉽게 대할 수 없는 무게를 갖고 있었다. 대부분의 직함은 호소카와 농장의 책임자이자 호소카와 후작의 조선 대리인에게 따르는 당연직이었지만, 나가하라가 맡고 있기에 무게감을 더하는 것도 사실이었다.

일제강점기에 면장이라는 자리는 결코 가벼운 자리가 아니었다. 일제는 1914년 지방 행정구역 개편을 통해 기존의 군면제郡面制를 통폐합하고 면리제面里制를 실시했다. 이 행정 개편의 핵심은 종전의 군 기능을 약화시키는 대신 면을 행정의 중심단위로 삼는 것이었다. 이 행정 개편으로 춘포면이 탄생할 때 전라감사가 있던 호남의 중심도시 전주가 전주면이 되었으니, 면이라는 행정단위가 현재의 면과는 사뭇 비중이 달랐던 것을 알 수 있다. 그랬던 만큼 노문재가 차지하고 있던 면장이라는 자리의 무게가 결코 가볍지는 않았지만, 그렇다고 같은 마을에 사는 나가하라 농장장의 위상을 압도하는 것은 아니었다. 자신은 행정의 책임자이고 나가하라는 민간인 농장의 관리책임자라는 면에서 보면, 면장은 갑이고 농장장은 을이어야 했지만 실제적인 역학관계가 꼭 그렇지는 않았다.

호소카와 농장의 힘도 컸지만 무엇보다 큰 차이는 노문재는 조선인, 나가하라는 일본인이라는 점이었다. 대장촌의 발전과 관계된 핵심적인 사업들은 춘포면의 행정책임자인 노문재의 손을 통해 처리되기보다는 대부분이 호소카와 농장을 맡고 있는 나가하라를 핵심으로 하는 일본인 지주들을 통해 추진되고 성사되었다. 노문재 면장은 정보의 공유나 주요 의사결정 과정에서 배제되기 일쑤였다.

그 대표적인 것이 대장촌의 철도노선 확대와 만경강 개수공사였다. 1914년 11월 전주—이리 간을 오가는 전북경편철도가 개통되었고 동시에 대장역이 문을 열었다. 약 25km에 이르는 이 철도가 대장촌을 관통하면서 만경강변의 작은 농촌마을은 비약적으로 발전했다. 이 철도는 총독부가 보조금을 지원하긴 했지만 지주들이 돈을 내어 만든 사철私鐵이었다. 당시로서는 거액인 51만 엔의 공사비는 호소카와 농장을 비롯한 일본인 지주들이 주로 부담했고, 박기순을 비롯한 일부 조선 지주들도 투자했다. 한국 최초의 이 사설철도는 1927년 총독부가 인수할 때까지 13년간 운행되었다. 이 철도는 대장촌, 삼례, 동산촌 등 일본인 소유의 대농장이 있는 지역을 관통하면서 전주평야의 쌀을 군산을 통해 일본으로 실어 나르는 핵심 수단이 되었다. 운행 개시 두 해 만인 1916년부터는 흑자를 기록해 주주들에게 배당할 정도로 이 철도는 성공적이었다. 그런데 이 철도는 선로 폭이 762mm인 협궤열차였다. 쌀을 비롯한 전주—이리 간 화물 수요가 폭증하자 이 협궤선로를 선로 폭 1,435mm의 광궤로 넓히자는 요구가 지주들을 중심으로 확산되었다. 이 철도로 인해 비약적인 발전을 하고 있던 춘포면으로서도 광궤 철도노선 확보는 두 손 들어 환영할 일이었다. 나가하라는 이 숙원사업을 앞장서서 추진하는 회사의 감사를 맡았다. 나가하라는 기본적으로는 일본인 지주들의 입장을 대변했지만 춘포면민들을 대표하는 입장이기도 했다. 나가하라 등이 앞장선 전북경편철도 확장공사는 1927년부터 공사에 착수해 1930년 1월에 완공되었다.

이 전라선 광궤공사 관련 기록에 나가하라 농장장의 이름은 자주 등장하지만 노문재 면장의 이름은 찾아보기 어렵다. 전라선 확장 추진과 관련해서 노문재는 면장이긴 했지만 실질적인 역할은 거의 없었던 것으로 추측된다. 이미 앞에서 살펴본 것처럼 만경강 개수공사도 나가하라 등이 앞장서서 추진했다. 나가하라는 만경강 개수동맹기성회를 만들어 대표를 맡았고, 총독부를 방문해 조속한 공사 착공을 요구하는 등 적극적인 역할을 수행했다. 만경강 개수공사에 필요한 토지의 매입이나 공사비 마련에도 나가하라를 비롯한 일본인 지주들의 역할이 컸다.

만경강 개수공사와 관련해서도 노문재 면장의 이름은 보기 어렵다. 만경강 개수사업이 총독부 직할 사업이었기 때문에 면장 이름이 자주 거론될 사업은 아니었지만, 면장이 나설 영역이 없는 것도 아니었다. 노문재가 적극적으로 챙기고 나섰다면 이름이 기록되었을 가능성은 높았지만 이 사업 관련 기록에 그의 이름은 잘 보이지 않는다.

노문재의 이름은 선행의 주체로는 종종 지면을 장식했지만 행정의 주체로는 부각되지 않았다. 어쩌면 그것은 자의 반 타의 반이었다. 노문재는 선한 목민관의 이미지 이상을 원하지 않았고 그 이상을 원하는 것은 자신의 분수를 넘어서는 것이라고 생각했을 듯하다.

나가하라가 노문재 면장을 어떻게 생각했는지는 분명하지 않다. '조선산업지침'이라는 일제강점기 기록에 따르면, 나가하라는 호방하고 작은 일에 구애되지 않는 인물이었다. 일을 처리하는 수완이 있는 인물로 전북 익산의 중진으로서 공공사업에 힘을 쏟았다는 평가를 받았다. 이런 평가는 일본인들의 시각에서 나온 것이라는 점을 감안해야 하지만, 호방한 성격이었다고 하니 조선인 면장과의 관계도 양보할 것은 양보하고 존중할 것은 존중하면서 이끌어 갔을 가능성이 높아 보인다. 공공사업에 힘을 쏟았다는 것은 춘포면과의 협조를 통해 일을 했다는 의미로도 해석되는데, 이런 맥락에서 노문재 면장과도 비교적 원만한 관계를 유지했을 가능성이 크다.

어려운 사람들에게 선행의 손길을 멈추지 않은 심성 고운 조선인 면장과 화려한 경력의 일본인 농장장의 관계가 어떠했는지는 기록으로 남아 있지 않다. 그러나 두 사람의 관계를 미루어 짐작할 수 있는 근거가 전혀 없는 것은 아니다. 두 사람은 공적으로든 사적으로든 자주 만날 수밖에 없는 사이였다. 두 사람 모두 대장촌에 살았으니 이웃사촌이었다. 춘포면사무소와 호소카와 농장은 불과 몇백m 거리였다. 두 사람은 협조할 일이 많았다. 일제강점기에 면사무소에서 하는 일 가운데 중요한 것은 농업 지도였다. 나가하라의 기본적인 업무는 농장의 관리책임자였던 만큼 그가 아무리 도쿄제대 출신의 엘리트 변호사였다고 해도 면의 지도를 받아야 하는 입장이었다.

1927년 춘포면사무소에는 모두 8명의 직원이 있었는데 면장 노문재를 포함해 전원이 조선인이었다. 춘포면에는 일본인 거주자들이 적지 않았지만 면사무소 직원으로 일하는 일본 사람은 없었다. 경찰이나 교사로 일하는 일본인은 있었지만 면사무소 직원이 없었다는 것은 무슨 뜻일까? 면 직원이라는 자리가 조선인에게는 입신출세의 의미가 있었지만 일본인에게는 그리 인기 있는 자리는 아니었던 것이다.

　면서기라고 불리던 면사무소 직원들은 당시로서는 대표적인 농촌 엘리트들이었다. 이들은 보통학교 졸업 수준이기는 했지만 근대적인 교육을 받고 공개시험을 거쳐 공직에 들어선 사람들이었다. 1930년대 읍·면사무소 직원 35,818명 가운데 99%가 넘는 35,597명이 조선인이었다. 일본인은 불과 200여 명에 불과했다. 관료기구 전체에서 보면 이들은 말단이었지만, 조선인 기준으로 보면 선택된 소수이기도 했다. 이들의 역할은 총독부의 정책을 조선인들에게 전파하는 것이었고, 이 과정은 주로 문서로 이루어졌다. 반복되는 문서 업무를 통해 이들은 근대적 행정 수행 능력을 몸에 익혔다.

　총독부의 정책과 입장을 대변하는 과정에서 조선인 관료집단이 일제의 지배논리에 동화되고 물들어 가는 것은 어쩌면 필연적인 과정이었다. 사람에 따라서는 일제의 지배이데올로기를 내면화하기도 하였다. 이들의 업무는 기본적으로 상의하달, 즉 지배자의 논리를 일방적으로 피지배자에게 전달하는 것이지 민중의 뜻을 지배자에게 전달하는 것이 아니었다. 이들은 조선 민중의 이익을 대변할 수 없는 처지였다. 대부분의 경우 조선 민중의 이익에 반하는 일을 담당할 수밖에 없었다는 점에서 일제 통치의 협력자들이었다.

　그러나 한편으로는 근대적 업무능력을 획득하고서도 통치기구의 최하위에 머물 수밖에 없었다는 점에서 일제의 민족 차별을 누구보다 강하게 느끼는 집단이었다. 일제 통치기구 안에서 조선인의 역할은 명백히 제한되었다. 극히 일부의 적극적인 친일파를 제외하고는 조선 사람이 총독부 고위직으로 진급하는 것은 불가능했다. 이런 불만에 자신들이 민족의 이익에 반하는 일을 한다는 양심의 가책이 더해지면서 면서기로 불리던 조선인 하급공직자들은 내면적으로 일제 통치에 대한 반감을 갖지 않을 수 없었다. 겉으로는 일제에 충성하고 이를 통해 자신의 사회적 신분 상승을 추구하기도 했지만, 속으로는 일제의 통치에 반감을 갖는 이중적이고 모순된 존재였다. 일신의 영달을 위해 일제 지배자를 추종하면서도 그런 자신의 모습에 굴욕감을 느끼는 처지가 하급 말단 공무원들의 상황이었다. 노문재 면장도 일제의 통치이데올로기를 추종하고 이를 내면화하면서도, 다른 한편으로는 일제의 차별에 반발하는 이중적인 정서를 갖고 있었다고 봐야 할 것이다.

면사무소가 지방 행정의 중심이었기 때문에 호소카와 농장은 면사무소의 지도를 무시할 수 없었다. 노문재와 나가하라, 춘포면사무소와 호소카와 농장은 묘한 견제와 경쟁의식을 갖지 않을 수 없었다. 지배자는 일본인이었고 호소카와 농장은 춘포면, 그중에서도 대장촌의 알파와 오메가 같은 존재였다. 그런데 춘포면의 행정 관련 권한은 조선인 면장과 조선인 면 직원들이 장악하고 있었다. 당시 면 직원들의 권한은 작지 않았다. 농업에 대한 지도, 농작물 공출 조사, 농업실태 조사, 노동력 동원이 면사무소 직원들의 주 업무였다. 이외에도 면사무소에서 지도와 조사를 명분으로 농민들의 일상에 간섭할 방법은 얼마든지 있었다. 춘포면 사무소의 지도와 조사 대상에서 호소카와 농장은 예외적인 대접을 받은 것으로 보이지만, 이 고귀한 후작의 농장도 노문재 면장을 무시할 수는 없었다.

물론 나가하라가 노문재를 견제할 수단이 없는 것은 아니었다. 일제강점기에는 각 행정단위별로 협의회 또는 면회라는 이름의 자문기관이 있었다. 춘포 면에는 모두 8명의 면협의회 의원들이 있었다. 지금으로 치면 면의원인 셈인데, 이 가운데 3명이 일본인이었다. 나가하라는 1935년에 면협의회 의원으로 당선되었다. 이 직위를 통해 나가하라는 노문재가 이끄는 면 행정업무에도 영향력을 행사할 수 있었다. 두 사람의 미묘한 견제와 협력은 나가하라가 농장장직을 그만두는 1937년까지 계속되었다. 18년간 두 사람은 때로는 협조하고 때로는 경쟁하면서 대장촌이라는 조선의 한 농촌마을에서 공존공생했다. 협조와 경쟁이라고 표현했지만 경쟁보다는 협조하는 일이 많았다. 연중행사로 벌어지는 홍수와 가뭄에도 힘을 합쳐야 했다. 총독부가 중점적으로 추진했던 농사 개량을 위한 일에서 면사무소와 호소카와 농장이 경쟁하거나 견제할 일은 없었다. 대장촌에서 가장 큰 일이었던 1921년과 1924년의 농민들의 대규모 시위사태에서도 면장과 농장장의 협조는 불가피했다. 일제 식민지배의 위협이 될 수도 있는 이런 상황이 벌어졌을 때 두 사람의 협조는 오히려 더 긴밀해졌다. 대장촌의 안정은 두 사람이 가장 기본적으로 추구해야 할 일이었고 그들의 생명과 장래가 걸린 일이기도 했다.

그렇다고 해서 두 사람이 협조로 일관한 것은 아니다. 둘 사이에는 언제나 긴장감이 흘렀다. 식민지 하급관료인 면장과 실세 일본인 농장장 사이에서 벌어질 수밖에 없는 갈등이 있었다. 그것은 늘 내재해 있었다. 물론 실제 권한이나 영향력 면에서 보면 조선인 면장이 일본 최고 귀족 가문의 대리인을 따라갈 수 없었다. 대외적으로 대장촌을 대표하는 인물은 면장인 노문재였지만 실권자는 나가하라 농장장이었다. 나가하라가 대장촌이었고 대장촌이 그였다고 할 수 있을 정도로 나가하라 농장장의 존재는 절대적이었다. 누구도 그의 권위를 부인하거나 따라갈 수 없었다. 그것은 춘포면장이었던 노문재도 인정하지 않을 수 없는 현실이었다.

그와 함께 18년을 살면서 절대적 존재로 알고 지냈던 조선 농민들의 눈에 비친 나가하라는 어떤 인물이었을까? 무려 18년 동안 대장촌의 천황 같은 존재로 군림했음에도 불구하고 나가하라에 대한 대장촌 사람들의 기억은 너무 적고 대장촌에서의 그의 흔적은 좀처럼 찾기 어렵다. 불과 80년 전의 일임에도 말이다. 2012년에 채록된 춘포면 노인들을 상대로 한 회고록에서도 나가하라의 이름은 전혀 언급되지 않는다. 대장촌의 천황이 마치 역사에서 증발되어 버린 듯 사라졌다. 낡은 신문과 일본인들이 남긴 기록에서만 나가하라는 희미하게 존재하고 있다. 나가하라는 왜 잊혀졌을까? 이 질문에 답하기 전에 대장촌에 살았던 또 한 명의 일본인 지주에 대해 알아보도록 하자.

이마무라 이치지로-대장촌의 40년 터줏대감

대장촌에는 호소카와 농장 외에 이마무라 농장과 다사카 농장이 있었다. 규모로만 보면 1,400정보가 넘는 호소카와 농장이 단연 컸지만, 이마무라 농장은 농장주가 40년 이상 대장촌에 직접 거주했다는 점에서 관심을 끈다. 이마무라 농장의 설립자이자 농장주인 이마무라 이치지로 今村一次郞는 구마모토에서 학교 교사를 하다 조선으로 건너와 대장촌에 농장을 개척한 인물이다.

이마무라는 1874년 구마모토현 아소군에서 태어났다. 1897년에 구마모토 사범학교를 졸업한 뒤 9년 동안 소학교 교사로 평탄한 삶을 살던 이마무라는 1906년 갑자기 조선으로의 이주를 결정했다. 그의 조선행 결심에는 그 시대 일본의 분위기가 큰 영향을 미쳤다. 당시 일본에서는 '가자! 조선으로'라는 분위기가 팽배해 있었다. 이마무라가 대장촌에 오기 한 해 전에 체결된 을사조약으로 조선은 사실상 일본의 식민지가 되었다. 일본인들에게 조선은 새로운 기회를 잡을 수 있는 신천지였다. 이마무라에게도 조선은 신천지였다.

이마무라는 1906년 대장촌에 50정보의 땅을 구입하면서 이 동네에 정착했다. 대장촌으로 이주한 지 2년 만에 그는 이 동네의 유지로 자리 잡았다. 점차 농장 규모를 확대해 1920년대가 되면 그의 대장촌 농장은 200정보에 이르렀다. 1933년에는 58만 원의 거액을 투자해 전남 장흥군 관산면에서 간척사업을 벌여 논 314정보를 확보하였다. 이마무라는 고희를 넘기며 40년을 대장촌에서 살았다. 그의 일생 중 가장 오래 거주한 곳은 대장촌이었다. 전라북도 도회의원, 익산군농회 부회장을 역임한 그는 대장촌의 대표적인 유지였다.

이마무라와 대장촌의 연결고리는 그가 구마모토 출신이라는 점이다. 이마무라가 대장촌에 오기 2년 전 구마모토 영주였던 호소카와 가문이 농장을 세웠다. 이마무라와 당시 농장주였던 호소카와 모리시게가 구마모토 시절부터 알고 지냈을 가능성도 있다. 이마무라 입장에서 보면 영주였던 호소카와 후작을 모를 리 없었다. 이마무라가 대장촌에 자리를 잡게 되는 과정에서 구마모토 출신이라는 인연으로 호소카와 가문의 도움을 받지 않았을까? 농지 매입 과정에서 토지 구입의 경험이 있는 구로다 농장장의 조언을 구했거나 도움도 받았을 것이다.

이마무라 농장-맨 오른쪽 인물이 농장주 이마무라 이치지로이다.

한일강제병합 이전에 조선으로 넘어온 일본인들 가운데 상당수는 일확천금을 노리는 부랑자, 낭인들이 많았다. 일본에서라면 사회적 신분 상승의 기회를 갖지 못했을 하층민 또는 사회적 낙오자들이 조선 이민 자들의 대부분인 상황에서 교사 출신의 이마무라는 특이했다. 더구나 32세의 젊은 교사 출신이 도시가 아닌 농촌에 자리 잡으려고 했다는 점, 교직이 아닌 농사에 투신한 점에서 더더욱 관심을 끌 만했다. 일제 통감 부도 이마무라를 환영하고 지원했을 것이다. 왜냐하면 통감부 역시 일 본 이민자들의 수준이 낮은 것을 공개적으로 우려하면서 양질의 일본인 이 조선으로 오도록 유도하고 있었기 때문이다. 쉽지 않은 선택이었지 만 1906년 이후 이마무라의 삶을 보면 그의 조선행은 대성공이었다.『조 선공로자명감』이라는 기록에 나와 있는 이마무라에 대한 평이다.

"전라북도에 전답 2백 정보, 전라남도에 전답 3백여 정보를 소유하고 있으며 군과 도, 각 단체로부터 받은 표창장이 산을 이룸. 인격이 고결해서 익산 지방에서 명망이 높고, 입지전적인 인물이며 후진에게는 살아 있는 모범인 사람. 취미는 국화 재배, 검도교사 자격증을 소지한 검도의 달인."

이마무라 이치지로의 삶은 누가 봐도 성공이었다. 국사편찬위원회가 정리한 일제시대 인물 자료를 보면 그에 대한 기록이 3쪽에 걸쳐 빽빽이 상술되어 있다. 이 자료는 일제강점기의 기록을 정리한 것으로 당연히 일본인들의 시각으로 본 자료이다. 그런 점을 감안하고 보더라도 이마무라는 대단히 정력적이고 창의적인 농업경영인이었다. 이마무라는 우량 벼품종의 보급에 애쓴 것은 물론 자운영 재배를 통해 녹비綠肥 생산에서 획기적인 성과를 거두었다. 자운영을 재배해 녹비로 사용하는 시도는 이마무라가 최초였다. 벼품종 시험과 비료 시험을 통해 농업생산성을 높였다는 기록이 한두 줄이 아니다. 양잠과 양계, 양봉에 솔선하고 이를 소작인들에게 지도 장려하여 이들의 소득 증대에 이바지했다. 농가 소득 증대를 위해 가마니 제조기계를 농가에 무상으로 지급하는 등 소작인들에게 덕을 쌓았다. 당시로서는 파격적으로 여성들의 노동 참여를 적극 독려했다고 하니 이 역시 선구자적인 역할이었다.

이마무라의 활약은 농업에서 그치지 않았다. 이리학교조합 관리자로 육영 사업에 힘쓰는 한편, 전주공립농업학교 학생들에게 2년간 식비를 제공하는 등 기부천사의 모습도 보였다. 이러니 그가 받은 표창장이 산을 이루었다는 평가가 크게 과장된 것만은 아니었다. 가히 살아 있는 전설이었다.

당시 대장촌은 농업기술 혁신의 최일선이었다. 우량품종의 개발과 시험, 최초의 녹비 생산, 양잠, 양봉, 양계, 양돈 등 농가소득 증대운동이 이 동네에서 벌어졌다. 창의적이고 정력적인 이마무라 농장주가 이끌긴 했지만 그 무대는 대장촌이었고, 이를 손과 발을 사용해 구현한 사람들은 대장촌 사람들이었다. 대장촌은 선진농업의 전진기지였다. 이마무라는 대장촌을 무대로 단 한 점의 아쉬움도 남기지 않고 자신이 하고 싶은 꿈을 마음껏 펼친 것이다.

이마무라는 2남 2녀를 두었다. 대장촌의 역사를 생생히 기억하고 있는 김준태 옹은 이마무라의 딸이 춘포공립보통학교 교사였다고 말한다. 경제적으로 성공한 인물이었고 주변 사람들에게 존경받았으며, 농업 분야에서는 전 조선에서 가장 높이 평가받은 혁신가였다. 거기에 어려운 소작인들의 소득 증대를 위해 아낌없이 무상으로 베푼 기부천사였고 육영사업에도 헌신적이었던 이마무라. 그는 대장촌 사람들에게 어떤 모습으로 기억되고 있을까? 앞서 나가하라가 어떻게 기억되고 있는지에 대한 대답을 미루었는데 여기에서 같이 답을 내놓도록 한다.

잊혀진 일본인 지주들

대장촌 사람들에게 이마무라와 나가하라는 기억에 남아 있지 않은 인물들이다. 이마무라는 40년을 대장촌에 살았고 그의 아들딸이 대장촌에서 태어났다. 이마무라가 살던 집이 몇 년 전까지도 대장촌에 남아 있었다. 나가하라가 18년을 근무했던 호소카와 농장은 이름만 바뀐 채 해방 이후에도 30년 이상 유지되었다. 그 농장에 근무하던 일본인들이 살던 집도 처음 모습 그대로 남아 있다.

그럼에도 불구하고 나가하라와 이마무라의 이름을 기억하는 대장촌 사람들은 없다. 기이하다고 생각될 만큼 일본인 지주들의 이름은 흔적이 없다. 호소카와 농장 주인이었던 호소카와 후작은 대장촌에 거주한 적이 없으니 그럴 수 있다 치자. 그러나 이마무라와 다사카는 대장촌에서 조선 사람들과 40년에 걸쳐 이웃으로 살았다. 18년 이상 대장촌 호소카와 농장을 총괄했던 나가하라는 긴 시절을 대장촌의 천황 같은 존재로 군림했다. 그러나 그들의 수십 년에 걸친 조선에서의 삶은 흔적조차 찾기 어렵다.

대장촌 사람들에게 한때는 이웃이고 상전이기도 했던 일본인들의 이름은 하루라도 빨리 지워 버리고 싶은 이름일지도 모른다. 이마무라를 비롯한 일본인 지주들은 기록만으로 보면 탐욕스런 약탈자들이 아니었다. 이마무라는 소작인들에게 무상으로 농기구와 신품종 볍씨를 제공했다. 앞에서 이미 언급했듯 그는 기부천사와 같은 모습을 보였다. 나가하라 역시 기부에 적극적이었고 지역 사회 개발에 앞장섰다. 그들에게 대장촌은 잠시 거쳐 지나가는 곳이 아니라 그

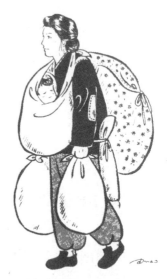

떠나는 일본인들—그들에게 허용된 것은 짐보따리 두 개뿐이었다.
(출처: 이연식, 2012, p.42)

들이 개척하고 발전시킨 그들의 마을이었고, 모리와키 기요시처럼 죽으면 돌아와서 묻히고 싶었던 그들의 제2의 고향이었다.

모든 일본인들에게 마찬가지였겠지만 특히 그들에게 일제의 패전은 악몽이었다. 패전은 자신들이 평생에 걸쳐 이룬 모든 것을 잃는 것을 의미했다. 자신의 모든 것을 내놓아야 했던 1945년 그때 이마무라는 72세의 노인이었다. 72세의 이마무라는 대장촌을 절대 떠나고 싶지 않았을 것이나 결국 그는 양손에 보따리 하나만 들고 40년을 보낸 대장촌을 떠났다.

떠나기 전 이마무라가 자신의 소작인들에게 땅을 나누어 주었다는 증언이 있는 것을 보면 야반도주하듯 대장촌을 떠난 것은 아닌 듯하다. 해방이 되었다고 해서 수십 년 계속되어 온 지주와 소작인의 관계가 하루 아침에 달라지지는 않는다고 이마무라는 생각했을지도 모른다.

대장촌 사람들도 그리 매정하게 이마무라 이치지로와 나가하라 구니히코를 비롯한 일본인들을 보낸 것은 아닌 듯하지만, 일본인 지주들의 대장촌 철수와 관련해서는 이상하다 싶을 만큼 증언이 없다. 이 동네 출신인 이노우에 히로시 노인은 8·15광복 이후에도 대장촌 사람들이 일본인들을 핍박하지 않았다고 밝혔다. 자기 가족들은 나가하라를 비롯한 일본인들과 함께 11월 '잘 가세요'라고 인사하는 대장촌 사람들의 배웅을 받으며 군산을 통해 일본으로 돌아왔다고 주장하였다. 그들이 떠날 때 동네 사람들이 새로 수확한 햅쌀로 빚은 떡을 준 것을 잊을 수 없다는 이야기도 했다. 이런 이노우에의 증언과는 달리, 같은 시기 보통학교 6학년이었던 김준태 옹은 이마무라가 대장촌을 떠난 뒤 친구들과 함께 그 집에 들어가 몽둥이로 도자기를 비롯한 집안의 가구들을 모조리 때려 부수었다고 기억한다. 어린 학생들에게조차 이마무라로 상징되는 일본인들은 몽둥이로 때려 부수고 싶은 이민족 침략자였다. 이마무라는 조선을 떠나기 전 자신의 땅을 나누어 주면서 조선과 조선 사람들에 대한 애정을 확인하고 싶었을지도 모른다. 마지막까지 선의를 가진 양심적이고 좋은 이웃으로 기억되기를 간절히 소망했을 것이다. 일본이 패망해서 쫓겨 가는 처지가 되었더라도 조선 사람들에게 자신의 선의와 노력을 인정받는다면 자신의 삶이 실패하지 않은 증거라고 스스로에게 말하고 싶었을 것이다. 자신이 대장촌과 대장촌 사람들에게 얼마나 좋은 일을 많이 했는가, 이 동네의 발전을 위해서 얼마나 노력했는지 호소하고 싶었을 것이다.

　그러나 그것은 이마무라를 비롯한 일본인들만의 생각이었다. 그들이 아무리 선의를 가지고 있었다 하더라도 남의 나라에 와서 남의 나라 사람들의 토지를 이용해 이익을 챙긴 사람들이었다. 조선 사람들의 몫이 되어야 할 것을 부당하게 차지하고 이를 위해 필요하면 폭력도 서슴지 않았던 사람들이었다. 말과는 다르게 모든 면에서 일본인과 조선인을 차별하던 사람들이었다. 그것은 개인의 품성과는 완전히 다른 차원의 문제였다. 조선 사람들, 대장촌 사람들에게 일본인은 지배자였다. 이들에게 지배당한 시절은 치욕스러운 시절이었다. 어떤 이유로도 긍정할 수 없는 수치스러운 시절이었다. 할 수만 있다면 박박 지워 버리고 싶은 시절이었다. 누구도 그들이 개인적으로 능력 있는 사람들이었고 선의를 가지고 있었으며 이 동네를 참으로 사랑했던 사람들이라고 말할 수는 없었다. 그래서 이들에 대한 기억은 아주 빠르게 지워졌다.

제8장

기차가 서지 않는 동네

대장촌의 심장-호소카와 도정공장

일제강점기 대장촌의 심장은 호소카와 농장이었다. 농장이 세워지고 10년 후인 1914년 호소카와 가문은 최신식 설비를 갖춘 도정공장을 농장 안에 만들었다. 대장벌판에서 나오는 벼를 본격적으로 일본으로 수출하기 위한 조치였다. 이 도정공장은 연면적 2,056m²로 정미기 12대가 설치되었다. 1층 건물이었지만 정미기 높이를 고려해 약 3층 높이로 설계되었다. 지붕은 붉은 함석으로 올렸다. 온도와 습도 유지를 위해 바닥과 벽면이 이중 처리된, 당시로서는 최첨단의 특대형 공장이었다. 이 도정공장은 그해 문을 연 대장역과 함께 대장촌의 번영과 발전을 상징하는 건물이었다.

이 공장은 추수가 시작되는 가을부터 초봄까지 쉼 없이 가동되었다. 일본인 기술자의 지휘로 직원 10명이 동원되어 24시간 쉬지 않고 정미기를 돌렸다. 호소카와 농장에서 생산되는 벼만이 아니라 춘포는 물론

1927년 대장촌 호소카와 농장-오른쪽 높은 지붕이 호소카와 도정공장이다.

삼례와 김제 등지에서 수확된 벼들이 이 공장에서 현미로 가공되었다. 수만 가마의 벼가 이 공장을 통해 현미로 가공된 뒤 군산으로 운반되었다. 벼를 현미로 가공하면 부피가 줄어들어 일본으로 반출하기 쉽고 운송 과정에서 관리하기도 편했다. 군산항을 통해 일본으로 반출되는 쌀의 상당량은 이 도정공장을 통해 현미로 가공된 것이다.

가을 추수기에 우마차와 트럭에 실린 벼들이 줄지어 호소카와 농장의 넓은 마당으로 들어서던 모습은 지금도 대장촌에서는 전설처럼 회자된다. 500평이 넘는 호소카와 농장 앞마당에는 도정을 기다리는 볏섬이 산처럼 쌓였고, 각 마을에서 벼를 싣고 온 농민들로 호소카와 농장은 늘 시장바닥처럼 북적였다. 도정 과정에서 나오는 왕겨는 2층 건물 높이로 쌓여 큰 언덕을 이루었다. 이 왕겨는 이 마을 농민들의 겨울 땔감과 거름 등으로 유용하게 사용되었다. 춘포 인근의 모든 벼들이 호소카와 도정공장으로 몰려들던 시절, 그때가 대장촌의 전성기였다.

12대의 정미기가 일제히 돌아갈 때 내는 요란한 굉음이야말로 오랜 기

호소카와 도정공장의 현재 모습

대장촌 들판

간 대장촌의 상징이었다. 그 굉음 소리는 번영과 활기의 상징이었다. 12 대의 정미기 돌아가는 소리는 해방 이후에도 끊이지 않고 이어졌다. 호소카와 농장이 없어진 이후에는 정부양곡 도정공장으로 문패를 바꾸어 달고 계속 가동되었다. 몇 번 주인이 바뀌고 이 공장이 최종적으로 폐쇄된 것은 1998년이었다. 무려 74년 동안 이 공장은 대장촌의 상징이었고, 문을 닫는 그 순간까지도 처음 세워질 때와 마찬가지로 이 동네에서 최대 규모의 건물이기도 했다.

이 도정공장은 1998년 폐업 처리되었다. 내부에 있던 정미기는 진작에 철거되었고 함석지붕 외관의 공장 건물만 녹슨 채 남아 있다. 근 20년 동안 방치되면서 공장은 낡을 대로 낡아 이제는 동네의 흉물이 된 지 오래다. 1970년대를 연상시키는 건물 외관 때문인지 가끔 이 호소카와 도정공장은 영화 촬영 장소—영화 '강남 1970'의 촬영지였다—로 사용되기도 하지만, 낡은 공장 건물 외관에서 과거의 영화를 찾아보긴 힘들다.

춘포역—歷史를 기억하는 驛舍

일제강점기 대장역 광장에는 군산으로 실려 나가는 쌀가마가 산처럼 쌓여 있었다. 역 바로 앞에는 일본의 대형 운수회사인 마루보시丸星 지점 사무실과 창고가 있었다. 이 회사의 최대 고객이 대장촌의 터줏대감인 호소카와 농장인 것은 말할 필요가 없는 일이었다. 가을 추수기부터 그 이듬해 3월까지는 거의 하루도 쉬지 않고 대장촌 들녘에서 수확한 쌀이 대장역을 통해 군산항으로 실려 나갔다.

현미로 도정이 된 쌀은 가마니에 담겨 호소카와 농장에서 대장역까지 'ㄱ'자로 널찍하게 닦인 신작로를 따라 약 1km 떨어진 대장역으로 운반 되었다. 주로 우마차나 손수레를 통해 옮겨졌지만 화물트럭이 동원되기 도 했다. 이 쌀가마는 대장역에서 기차에 실려 군산항까지 옮겨져 화물 선편으로 당시 동북아시아 최대 미곡시장이 있던 일본 오사카로 보내졌

폐쇄된 춘포역

다. 대장촌 호소카와 농장은 오사카 미곡시장의 큰손이었다.

호소카와 농장 안에 특대형 도정공장이 들어섰던 1914년, 마치 약속이라도 한 듯 같은 해에 대장역이 문을 열었다. 대장역이 개통될 당시 춘포면은 인구가 5,000명이 되지 않은 작은 농촌마을이었다. 그때 춘포면 중심지는 면사무소가 있던 인수리와 쌍정리였고, 대장촌은 춘포면에서도 변방이었다. 그럼에도 불구하고 대장촌에 기차역이 들어선 이유는 단 하나였다. 일본인 농장에서 쏟아져 나오는 쌀을 기차로 실어 나르기 위한 것이었다.

호소카와 농장장인 구로다 니헤이와 고다 나오유키 등 일본인 지주들은 1912년 전북철도주식회사를 세웠고, 이 회사는 전주와 이리를 오가는 전북경편철도라는 이름의 철도를 완공했다. 이 철도 노선의 5개역 가운데 한 곳이 대장역이다. 이 철도는 총독부가 만든 국철이 아니라 일본인 지주들이 만든 조선 최초의 사철私鐵이었다. 대장촌에 자리를 잡은 일본인 지주들은 이 동네를 일본인 마을, 일본인 이민자들의 모범마을로 만들려고 했는데, 이 노력의 핵심이 기차역을 유치하는 것이었다. 대장역의 개통은 호소카와 농장을 비롯한 대장촌 일본인 지주들의 노력이 성과를 본 것이었다.

대장촌은 일본인들이 전북 서부 평야 지역을 장악하기 위한 핵심 근거지였다. 대장촌을 비롯한 전북 서부 평야지대에서 수확한 쌀은 군산항을 통해 일본으로 실려 갔는데, 일 년에 수확되는 수만 가마의 쌀을 실어 나르기 위해서는 자동차만으로는 충분치 않아 철도를 만든 것이다.

쌀을 실어 나르기 위해 만들어지긴 했지만 대장역이 쌀만 실어 나른 것은 아니었다. 만경강 개수공사에 투입된 공사 자재와 장비들도 이 역을 통해 운반되었다. 사람들의 오고 감도 활발했다. 이 역을 통해 대장촌 사람들이 전주로, 서울로, 일본으로, 만주로 떠났다. 최신 패션이었던 몸뻬를 차려입고 대장촌 여인네들이 여수 오동도로 동백꽃 구경을 떠나던 곳도 대장역이었고, 이 동네의 청년들이 일제의 노무자와 총알받이로 일본 본토와 중국과 태평양 전선으로 끌려가던 곳도 대장역이었다. 부유한 일본인 지주들과 가난한 농업이민자들, 날품을 팔려는 중국 노동자 같은 이방인들이 이 역을 통해 대장촌으로 들어왔다. 일자리와 소작지를 찾아 멀리 함경도 사람과 경상도 사람들이 이 역을 통해 대장촌에 첫발을 내디뎠다. 대장촌을 자신들의 고향이자 근거지로 알고 있던 일본인들이 태평양전쟁에서 패한 뒤 피눈물을 흘리며 일본으로 물러간 곳도 바로 이곳 대장역이다. 이 역은 외부인들이 대장촌으로 들어오는 창구이자 대장촌 사람들이 밖으로 나가는 출구이기도 했다.

1934년 6월 12일자 『동아일보』를 보면 대장역이 등장하는 이런 기사가 있다.

"이리에서 동남편으로 십리 하에 있는 전주 행선로의 대장촌역이 있으니 이곳은 본시 만경강 중류의 포구로서 문자 그대로 귀범歸帆이 머물던 곳이오 명사십리의 백사장으로 익산팔경의 하나에 굴지하던 터인데 옛날부터 이 백사장에 한하여는 만병을 통치하는 모래찜이란 것이 있어 단오날이면 전라도는 물론 충청, 경상도 등에서까지 남녀노소(특히 부녀들이) 단오일전부터 운집하여 단오의 청명을 기다리며 당일에는 수만의 인어떼가 몰려들어 일대 장관을 이루는 것이 상례인데 매년 이날이면 밉살 맞은 궂은 비가 오락가락 선물하야

갖은 희비극을 연출한다 하며 이해 빠른 철도 당국에서는 매년 이때
를 기회하여 기차 왕복 할인을 행하는 터인데 금년도 각 역 2할 할
인을 단행한다고 한다."

기사로 다루어질 만큼 만경강 일대의 모래찜은 1970년대까지 명성이
자자했다. 일제강점기에는 그 명성이 더욱 높아서 철도 당국이 단오 무
렵에는 대장역까지 오는 기차 승객에 대해서 철도요금 할인을 해 주었
을 정도였다.

이 민영철도는 일본인 주주들에게 돈을 벌어다 주는 효자 노릇을 하
였다. 철도 개통 2년 만인 1916년부터는 총독부의 보조금을 받지 않아
도 독자 운영이 가능했고, 주주들에게 12% 배당을 할 만큼 경영상태가
좋아졌다. 개통 후 12년이 지난 1926년에는 개통 첫해인 1914년에 비해
수익이 6배로 늘어났을 만큼 이 노선은 괄목할 만한 성장세를 보였다.
다른 역과 마찬가지로 대장역 플랫폼도 사람과 쌀로 넘쳐 났다. 1927년
에 총독부가 이 철도를 인수해 협궤노선을 광궤노선으로 확장하고 여수
까지 노선를 연장해 전라선으로 재개통하기로 한 것은 이 노선의 중요
성을 인정한 것이라고 할 수 있다. 전라선 개통을 통해 대장역의 위상은
더욱 공고해졌다.

대장역에서 춘포역으로

1914년 문을 연 이후 줄곧 대장역으로 불리던 이 역은 1996년 춘포역

으로 이름이 바뀌었다. 대장이라는 지명이 일제강점기에 만들어진 일제의 잔재라는 것이 역명 교체의 이유였다. 그러나 앞에서 이미 살펴본 것처럼 대장촌이라는 지명은 일제의 침략 이전부터 있던 이름이었다. 다만 일본인 지주들의 농장이 여기에 자리를 잡으면서 원래 '大長村'이던 한자가 '큰 농장이 있는 동네'라는 의미의 '大場村'으로 달라졌을 뿐이다. 그러나 이 동네 이름을 일본인들이 지었다는 것으로 잘못 전해지면서 대장촌이라는 지명은 일제 잔재의 하나로 굳어졌다. 일부의 오해와 편견이 진실로 변해 버린 하나의 사례인데, 기차역 이름은 물론이고 행정지명에서도 대장촌이라는 이름은 추방되었다.

춘포역으로 이름이 바뀐 이 역의 운명은 오래가지 않았다. 개칭 이듬해인 1997년에 간이역으로 격하되었고, 2007년부터는 여객 취급이 중단되었다. 사람을 태우기 위해 열차가 서던 마지막 해인 2007년 이 역 탑승객은 132명, 하차객은 159명이었다. 1년 총 이용객이 291명으로 하

대장역 모습(1958년)-'대장'이란 역명이 보인다.

루 평균 한 명에도 못 미쳤으니 적자 운영은 불을 보듯 뻔했다. 적자는 그 이전부터 몇 년째 계속되고 있었다. 1978년 대장역 승하차 인원은 29만 9,000여 명이었을 만큼 해방 이후에도 이 역은 지역교통의 핵심이었다. 그러나 농민들의 이농으로 이 지역 인구가 급감한 데다 마을 앞을 지나는 4차선 27호 국도 신설로 도로교통이 편해지면서 철도 승객이 급속히 줄어들었다. 전라선 전철화사업 완공으로 춘포역 폐역이 결정되었지만 8·15국권수복 이후 일본인 농장에서 나오는 쌀을 군산항으로 실어 나르는 기능이 중지된 이후부터 이 역의 운명은 이미 정해져 있었던 셈이다. 역이 완전히 폐쇄된 날은 대장역이라는 이름으로 문을 연 지 97년 만인 2011년 5월 13일이다. 역 기능이 중단된 것은 물론 선로와 플랫폼도 철거되었다. 100년에서 딱 3년이 모자라는 97년 동안 이 동네는 기차가 다니는 동네였다. 그것이 이 동네의 오랜 자랑이었다. 그러나 이제 대장촌에는 기차가 서지 않는다.

더 이상 기차가 서지 않는 역이 되었지만 역사驛舍는 2005년 11월 등록문화재 210호로 등재되었다. 전국에 있는 600여 개의 철도 역사 가운데 가장 오래된 역사라는 점을 인정받았기 때문이다. 역의 기능은 잃고 과거를 기억하는 기능만 남은 이 역사는 1914년 만들어진 이후 몇 번의 수리를 거치긴 했지만 건축 당시의 모습을 그대로 유지하고 있다.

역사는 소박하다. 25평 안팎의 연면적에 지붕은 책을 펼쳐서 엎어 놓은 모양의 목조형 건축물이다. 지금 보면 소박해 보이지만 100년 전 건물이라고 생각하면 작은 규모라고 하기는 어렵다. 이 역사는 전국의 철도 역사 가운데 가장 오래된 것인 동시에 대장촌에서 가장 오래된 건물이기도 하다. 이 역사와 같은 해에 만들어진 호소카와 도정공장은 외관부터 상당한 변화가 있었고, 김성철 가옥이라고 불리는 호소카와 농장 주임의 관사 역시 수 차례의 공사로 원래 형태와는 상당한 차이가 있다.

일제강점기 급속한 대장촌 발전의 원동력은 대장역이었다. 이 역을 통해 외부인들이 자유롭게 들어와서 이 동네는 그 어느 곳에 못지않게 활기차고 개방적인 마을이 될 수 있었다. 철도는 단순한 교통수단 이상의 역할을 하였다. 지금으로부터 100년 전 철도 부설공사는 지금으로 치면 고속철도 공사와 같은 최첨단 공사였다. 특히 3년간에 걸쳐 진행된 전라선 확장공사는 대장촌 사람들에게는 경이로운 경험이었다. 공사가 진행되는 동안 대장촌은 고요할 틈이 없었다. 공사에 동원된 중장비의 기계음이 끊이지 않았고, 전국 각지에서 몰려든 인부들과 중국인 노동자들로 항상 떠들썩했다. 게다가 철도노선 확장공사가 열리던 시기는 만경강 개수공사 시기와 겹쳐 있어 대장촌은 개발의 열기로 후끈 달아올랐다. 사람이 쏟아져 들어오고 돈이 몰려들었다. 이 동네 특유의 거친 성향과 다소간의 배타적인 성향은 이 기간에 만들어진 것이다.

대장촌은 텃세 심하기로 유명한 동네였다. 기차를 타기 위해 대장역으로 와야 하는 동계와 유강리, 용강리, 석탄리 등 대장촌 주변 마을 사람들은 이 동네에 올 때부터 긴장을 늦추지 못했다. 당시 신문에서는 대장촌에 있던 철도 공사장과 만경강 공사장에서 수시로 이 동네 사람들과 공사현장의 외지인 사이에 집단 편싸움이 벌어졌다는 기사를 심심치 않게 찾아볼 수 있다. 대장촌 사람들은 외부인과 시비가 붙을 경우 모든 동네 사람들이 나서서 응징하는 것을 주저하지 않았다.

"대장촌에서 중국인 조선인 인부 편싸움이 벌어져 이리 경찰서 본서, 춘포, 오산, 팔봉 등 각 주재소까지 비상 소집하여 자동차로 급거 출동. 중국인과 조선인이 한데 섞여 흙 구루마 운반하여 선로를 쌓던 중 조선인 십장이 중국인 인부 서장빈에게 구루마 흙이 너무 적다고 지적. 이것이 말썽이 되어 중국인 인부가 덮어 놓고 삽으로 십장 머리 가격. 조선인들이 분개하여 중국인 포위하여 범인 추격에 나섰고 현장은 피투성이가 되어. 범인은 황혼을 이용하여 만경강을 잠수해 탈출했다더라."(『동아일보』 1928년 6월 23일자)

"외부 노동자들과 대장촌 용연리 농민들 사이에 사소한 일이 생기어 노동십장 김모가 구타를 당하였던 바 이것이 도화선이 되어 공사장 노동자들이 용연리 농민들을 모조리 타살하겠다고 손에 몽둥이 들고 포위 습격하였던 바 농민들도 크게 소동하여 서로 대치하여 최후 승부를 결하자는 태도로 나와 위기일발의 처지였는데 경찰이 급거 출동해 겨우 진압."(『동아일보』 1929년 5월 17일자)

그 시절은 자동차도 구경하기 힘들었던 시절이다. 소나 말을 이용해 농사를 짓고 짐을 나르던 시절에 집채만한 쇳덩이가 귀청이 떨어질 것 같은 기적을 울리며 말보다 훨씬 빠르게 들판을 가로질러 달리는 모습은 경이로움 그 자체였다.

기차의 운행은 이 동네 사람들의 시간개념을 바꿔 놓았다. 정시성의 도입, 시간을 지켜야 했다. 비가 와도, 눈이 와도, 바람이 불어도 기차는 정해진 시간에 정해진 곳으로 달렸다. 기차는 시간을 어기는 법이 없었다. 기차는 사람을 기다려 주지도 않았다. 정해진 시간에 도착하고 정해

일제강점기의 전라선 기관차

진 시간에 떠나는 것, 정시성의 원칙. 그것이 대장촌 사람들이 기차를 통해 배운 근대의 원칙이었다.

기적 소리는 이 동네 사람들에게 근대화를 촉구하는 소리로 들렸다. 대장촌 사람들은 이런 철마를 도입하고 철마가 달리도록 만든 사람들에 대한 경외심을 갖지 않을 수 없었다. 이것은 식민 지배자들이 철도를 만들면서 가장 기대했던 효과이기도 했다. 철도가 개통된 이후에는 주민들의 삶이 달라질 수밖에 없었다. 이 모든 과정을 지켜본 것이 지금의 춘포역사다.

에토 가옥―탐욕의 바벨탑

이 동네를 소재로 한 문학작품은 그리 많지 않다. 작가들의 문학적 상상력을 자극할 만한 소재와 역사로 가득한 이 동네로서는 유감스러운 일이다. 이런 점에서 작가 박이선의 『1938년 춘포』라는 소설은 소중하게 기억할 만한 작품이다. 전북 남원 출신의 박이선이 이 동네에 관심을 갖게 된 것은 우연이었다. 기차를 타고 오가는 도중에 이 동네의 경관에 매력을 느껴 사진을 찍기 위해 이 마을을 드나들면서 동네의 역사를 자연스레 알게 됐고, 그러고 나니 이 동네가 더욱 새롭게 보였다는 것이 박이선 작가의 설명이다.

그가 심혈을 기울여 쓴 『1938년 춘포』는 일제 치하 이 동네에서 살던 조선 소작인의 아들 해준과 호소카와 농장장의 딸 미유키의 사랑 이야기가 축을 이루면서 일제강점기의 이 동네 풍경을 꼼꼼하게 잘 묘사하고 있다. 미유키는 대장촌에서 태어나고 자란 인물인데, 자신의 고향인 대장촌에 대한 애정이 강하다. 미유키는 조선과 조선인에 대한 편견이 없는 인물로 그려진다. 그에 비하면 아버지인 에토는 일본에 가면 일본이 낯설게 느껴지고, 떠난 지 오래되어 일본에 별다른 연고도 없지만 조선 사람들과도 섞이지 못한 채 성과 같은 대저택에서 마을의 섬처럼 고립되어 지낸다. 작가의 상상력이 만들어 낸 이미지이기는 하지만 소설 속의 인물들은 당시 현실과 크게 어긋나지 않은 모습을 보인다.

대장촌의 제방과 논, 그리고 만경강에 대한 묘사도 인상적이지만 가장 눈에 들어오는 것은 미유키가 사는 집에 대한 묘사다. 이 묘사가 관심을 끄는 것은 소설 속 미유키가 살던 집이 지금도 이 동네에 원형 그대로 남아 있기 때문이다. 박이선 작품에서는 이 집의 주인인 에토가 호소카와 농장장으로 나오지만, 에토는 농장장이 아니라 이 농장의 기계 담당 직원이었다. 에토는 1940년 무렵에 이 집을 지었다. 건축된 지 80년이 다되어 다소 낡긴 했지만 아직도 안전에는 문제가 없다. 해방 이후 한약방 등으로 사용되었고 한동안 비어 있기도 했으며 주인도 몇 차례 바뀌었다. 개인 소유인지라 외부인 출입이 자유롭지 않으나 일제강점기에 지

에토 가옥

은 개인 가옥 중에서 보존상태가 좋아 이 집을 보기 위해 찾아오는 사람이 끊이지 않는다.

　에토 가옥은 일본식 2층 목조건물이며 연면적이 140m²가 넘는 큰 집으로 마치 일본의 성을 축소해서 만들어 놓은 듯하다. 1층은 정방형으로 'ㄱ'자형 복도를 따라 방들이 배열되어 있다. 2층에는 외부의 전경을 조망할 수 있는 발코니가 설치되어 있다. 목조 외관과 팔작지붕에 일식 기와가 얹혀 있고, 외벽은 비늘벽 처리가 되어 있어 건축의 문외한이 봐도 한눈에 일본식 집인 것을 알 수 있다. 1970년대까지만 해도 화강암으로 석축을 쌓은 담장이 위압적이었고, 그 석축 담장 위로 사철나무를 비롯해 여러 종류의 나무들이 제법 울창했다.

　일본 식민지 시절에 지어진 건축물 가운데 보존상태가 양호하고 건축 스타일이 특이해서 건축학적으로는 물론 역사적으로도 그 가치를 높이 인정받아 지난 2005년 등록문화재 211호로 지정되었다. 이 집의 사진을 찍기 위해 매년 대장촌을 방문하는 일본인도 있을 만큼 한국에서는 물론이고 일본인들에게도 관심의 대상이다.

에토는 이 집을 지을 당시 모든 건축자재를 일본에서 수입하고 건축기술자들도 일본에서 특별히 초빙했을 만큼 돈과 정성을 다 쏟았다. 대장촌의 건물 대부분이 초가지붕이던 시절, 만경강 옛 물줄기인 구강舊江 앞에 지어진 이 2층 건물은 규모와 위치, 화려함은 물론 건축양식에서도 단연 눈에 띄는 건물이었다. 지금도 크기나 높이 면에서 주변의 다른 집을 압도하는 에토 가옥은 건축 완공 당시에는 마치 거대한 성처럼 보였을 것이다. 이 집의 가장 큰 특징은 2층 전망용 베란다이다. 이 베란다에 서면 집 앞 구강은 말할 것도 없고 마을과 광활한 벌판이 한눈에 들어온다. 만경강 제방 너머로 멀리 김제군 백구면까지 보이니, 에토는 이 베란다에 설 때마다 자신의 성에서 농민들의 마을을 내려다보던 일본 봉건영주가 된 듯한 기분에 빠지곤 했을 것이다.

그런데 유의할 것은 이 집의 건축시기다. 이 집이 지어지기 한 해 전인 1939년은 전무후무한 대흉년의 해였다. 흉년의 원인은 가뭄이었다. 그해 강수량은 평년의 절반에도 못 미친 반면, 최고기온이 30℃ 이상인 날은 평년의 2~3배에 이르렀다. 비는 내리지 않고 기온은 높은 땡볕 더위로 전국이 타들어 갔다. 그해 쌀 수확량은 한 해 전에 비해 무려 900만 석이나 줄었다. 총독부가 빈민구제 대책으로 만경강 공사를 하지 않으면 안 되었던 1924년대 가뭄 당시 쌀 생산 감소가 237만 석이었다. 1924년과 비교해 보아도 1939년의 가뭄으로 인한 흉년이 어느 정도 혹독했는지 알 수 있다.

평년 수준의 수확을 거둔 1930년에도 농민의 48%, 소작인의 68%가 춘궁 농가였다고 조선총독부는 기록하고 있다. 그러니 대흉년이 덮친 1939년과 1940년 무렵 조선 농민들 가운데 하루 세 끼 먹는 사람은 거의 없었다. 조선 사람들의 굶주림은 일본인들에게도 관심이었다. 일본에서 발행되던 『모던일본』이라는 잡지는 그해 조선판 특별호를 발간했다. 일본 독자들에게 조선을 알리기 위한 차원에서 이루어진 일이었다. 그 특별호 대담에서 이케다 전 경성일보 주필은 이런 말을 한다.

"조선에서는 '춘궁'이란 말이 있어요. 대부분의 농민은 소작입니다. 자신이 거둔 소작미로 다음 해까지 먹을 수 있는 사람은 거의 없지요. 이듬해 이월 즈음이 되면 대부분의 사람들이 먹을 것이 떨어져요. 그래서 어딘가에 가서 쌀을 빌리지 않으면 먹고 살 수가 없지요. 3월이 되면 더욱 어려워지지요. 그리하여 4월이 되고 눈이 녹으면 풀뿌리를 캐서 먹으며 견딘답니다."(윤소영 외, 2007)

매년 조선의 풍경이 이러했다. 이런 상황에서 대흉년까지 덮쳤으니 농민들의 형편이 어떠했을지는 충분히 상상이 가능할 것이다. 대장촌 사람들을 포함해 대부분의 조선 농민이 굶주리고 있을 때 에토 가옥이 지어졌다.

일본인 에토가 성 같은 집을 짓던 시점은 중일전쟁이 한창이었고 미국과의 긴장이 최고조로 치닫던 시점이었다. 일본은 말할 것도 없고 조선도 전시체제로 접어든 상태로 일반 민중들이 극도의 내핍을 요구받던 시점이었다. 전시체제에 대흉년이 겹쳤으니 말 그대로 최악의 상황이었다. 이런 시점에 이 호화롭고 거대한 집이 지어진 것인데, 이 집을 지은 에토라는 일본인의 정체가 궁금하지 않을 수 없다. 모든 이에게 내핍을 요구하던 시절에 일개 농장 사무원이 이렇게 큰 집을 짓기란 쉽지 않은 일이다. 집을 짓는 데 들어간 비용은 물론이고 자재를 확보하는 것이 쉽지만은 않았을 텐데 어떻게 가능했을까?

어떤 이들은 이 집을 대장촌의 상징적인 건물이라며 자랑스럽게 생각했을지도 모르지만, 대다수 사람들에게는 질시와 원망의 대상이었다. 이 집은 지어진 시기는 물론이고 집의 형태도 주변 이웃 사람들에 대한 배려라고는 눈을 씻고 봐도 찾아볼 수 없다. 성채 같은 집은 마을과의 조화는 고려하지 않은 채 자기의 존재만을 위압적으로 과시하고 있을 뿐이다.

이 집의 구조와 위치는 그 시대 일본인 지배자들의 의식을 대변한 것이라고 할 수 있다. 오로지 자신의 입장에서 마을을 볼 뿐이었고, 자신의 존재가 이웃 사람들에게 어떻게 비쳐질지에 대한 성찰은 전혀 찾아볼 수 없다. "나는 너희들과는 달라. 너희 천한 조선인들과는 살고 있는 세상이 다르다고." 이렇게 말하고 싶은 듯 집은 높게 석축을 쌓고 높은 곳에 전망 전용 발코니를 만들었다. 에토 가옥은 일본인과 조선인 사이의 위화감을 불러일으키는 상징적인 건물이었다.

배곯고 있는 이웃을 두고 초호화관 집을 지으면서 내선일체니 일시동인一視同人: 모든 사람을 평등하게 바라보고 사랑한다는 뜻이니 하는 말을 늘어놓고 있었으니 누가 이런 말을 진정성 있는 말이라고 생각했을 것인가? 대흉년의 시기에, 전시통제기에 이토록 화려한 집을 지은 이를 조선 사람들이 어떻게 볼지 생각을 하기나 했을까? 일부이기는 하지만 영악한 일본의 통치자들조차 일부 몰지각한 일본인들의 행태가 조선 통치를 어렵게 한다고 통탄했을 정도다.

> "조선 통치의 평온을 깨트리며 조선의 인신人身을 어지럽히는 것은 소위 공산주의자도 사회주의 기구도 독립사상도 아니다. 사려 없고 무분별한 내지인의 경솔한 언동이다."(이형식 편, 2013)

에토는 이 집에서 천년만년 오래도록 살 것이라고 생각했을 것이다. 그렇지 않고서야 이런 대저택을 지었을 리 만무하다. 성처럼 꾸며 놓은 이 집에서 에토는 불과 5년밖에 살지 못했다. 일제는 전쟁에서 패했고 그는 이 집에서 쫓겨나듯 나가야 했다. 이 집에서 아무것도 가져가지 못했다. 평생의 자랑으로 삼고 싶었을 이 집을 두고 떠나려니 얼마나 속이 쓰리고 원통했을까? 불과 5년 후를 내다보지 못한 것을 한 일본인의 단견이라고만은 할 수 없을 것이다. 에토만이 아니라 그 당시 이 땅에 살고 있던 많은 이들이 일본 식민지 시대가 계속될 것이라고 생각했었다. 「전주 풍류 일년간」이란 시에서 대장촌의 모습을 아름답게 노래하기도 했던 미당 서정주도 일제의 지배가 수백 년은 갈 거라고, 해방이 이렇게 빨리 오리라고 생각하지 못했다고 고백하지 않았던가.

에토의 집은 굶주림에 울던 조선 사람들의 원망과 질시 속에서 세워졌고, 시대의 흐름을 읽지 못한 인간의 탐욕으로 올려진 집이다. 그리고 이 땅을 침탈했던 일본인의 탐욕이 집이라는 형태로 구체화된 것이다. 이 집이 문화재로 지정된 것은 역사적으로나마 건축학적으로 의미가 있기 때문이지만 식민지 지배자의 탐욕을 잊지 말자는 의미도 담고 있는 것이다.

포획된 사슴들의 피난처 – 대장교회*

이제는 기차도 서지 않는 고즈넉한 농촌마을인 이 동네에서 가장 눈에 띄는 건물은 대장교회 건물이다. 대장교회는 1902년에 세워져 100년이 훌쩍 넘는 역사를 자랑한다. 오랜 역사도 자랑할 만하지만 교회의 규모도 농촌 교회치고는 상당하다. 1999년에 완공된 지금의 교회 건물은 대지 2,500평에 연건평이 636평이나 된다. 교회 건물로만 치면 대도시에 있는 어떤 대형 교회도 부럽지 않다. 조선 땅에 개신교가 들어온 지 18년 만에 세워진 대장교회는 이 땅의 또 다른 이방인인 미국 선교사들의 숨결이 진하게 묻어 있다.

만경강을 거슬러 푸른 눈의 미국인 선교사들이 이 동네에 처음 발을 들여 놓은 것은 1894년 봄이다. 동학 삼례집회가 있은 지 일 년 반쯤이 지난 뒤였다. 미국 남장로교 선교회 소속 레이놀스William D. Reynolds 목사와 드루Alessandro D. Drew 목사는 1894년 3월 27일 서울을 떠나 제물포와 군산을 거쳐 4월 5일 대장촌에 이르렀다. 배를 이용해 만경강을 거슬러 전주로 가는 길에 포구가 있던 마을에 들렀는데 거기가 바로 대장촌이었다. 동학혁명으로 전국, 특히 호남이 온통 난리인 상황이었다. 레이놀스 목사는 이렇게 쓰고 있다.

---

* 대장교회 관련 부분은 『대장교회 100년사』를 참조했다. 도움을 준 이 교회 서이원 장로, 윤중주 장로에게 감사드린다.

"전주에서 서쪽으로 40리 떨어진 대장촌에서 하루 저녁을 지냈다. (길 안내와 통역인) 서씨는 많은 사람들과 이야기를 나누었으며 많은 책을 팔았으며 신약성서도 한 권 팔았다. 전주로 사람을 보내어 침대봉을 가져오게 했는데 다음 날 아침 10시에 도착하였다. 4월 6일 군창에서 쌍강까지 큰 배로 짐을 실어오는 데 3일이 소요되며 그곳에서 전주까지 짐꾼이 실어 나르는데 하루가 걸린다고 한다. 큰 배는 한국 달력으로 1일과 15일에만 올 수 있다고 한다. 대장촌에서 쌍강까지 배로 6리 혹은 8리다."(『대장교회 100년사』, p.70)

레이놀스 목사의 이 여행에는 통역 겸 안내인인 서씨와 식사 및 심부름을 맡은 옥선이라는 이름의 소년이 동행하고 있었다. 대장촌 사람들은 레이놀스 목사를 서양 귀신이라고 생각했을 것이다. 전주와 군산에 선교 본부를 두고 있던 미국 선교사들은 대장촌에 상주하지는 않았지만 만경강을 통해 오가는 도중에 이 마을을 수시로 들렀다. 푸른 눈의 선교사들은 끊임없이 복음의 씨를 뿌렸고 그 성과가 처음 나타난 것이 1902년 대장교회 설립으로 나타났다. 기록으로 보면 판문 부락에 8칸 초가집을 지어 예배를 드린 것이 이 교회의 시작이다. 호소카와 농장을 비롯한 일본인 농장이 세워지기 2년 전, 한일강제병합 조약으로 국권이 넘어가기 8년 전이다.

"(아전 출신) 최순표 씨가 또한 서울에서 예수를 믿었던 최재연 씨와 더불어 널문이 부락에 교회를 세우기로 결심하고 전주 선교부의 도움을 받아 지금의 용연리 525번지에 초가 8칸의 예배당을 지어 1902

년 3월에 춘포면 지방 유지들을 초청하여 마을 주민들과 함께 마로 덕 선교사의 인도로 창립 예배를 드린 것이 교회의 시작이었더라." (『대장교회 100년사』)

대장교회 전신인 용연교회는 1902년 현지 농민들이 자발적으로 회집하여 예배를 드리다가 1905년 3월에 교회당 건물을 지었다. 지주 5명이 교회 건축에 적극 나섰는데, 교회를 짓는 데는 한 달밖에 걸리지 않았다. 한 달 만에 교회가 완공되었다는 것은 뒤집어 생각하면 지은 건물이 작았다는 말이기도 하고, 신자들이 열성적이었다는 뜻도 될 것이다. 작은 교회당이었지만 대장교회는 그 이후로부터 지금까지 100년이 넘도록 늘 이 마을의 한가운데에 있었다. 왜 대장촌 사람들은 서양의 개신교에 쉽게 마음을 열었을까? 당시 상황을 분석한 윌리엄 불 선교사의 글을 보자.

"지금 우리는 한국의 위대한 대사건의 시기에 서 있는 기분이다. 일본과 러시아의 전쟁과 일본이 이 나라를 통치하는 것으로 인하여 사람들의 마음이 심란하고 편하지 않으며 나라 자체도 어렵고 정돈되지 않은 상태에 있다. 이렇게 마음이 불확정적인 상태는 사람들로 하여금 지지와 보호를 줄 수 있는 어떤 것을 붙잡게 한다. 내가 말하려는 요점은 한국인들이 받아들일 마음의 상태가 돼 있고 복음을 들으려 하고 또한 요청한다는 것이다. 이들은 포획된 사슴과 같아서 첫 번째 제시되는 도피처로 곧바로 숨으려고 한다. 2~3년 전만 하더라도 한국인들에게 우리가 건네주는 쪽복음을 받게 하기가 쉽지 않았다. 대개의 경우 우리가 말씀을 전하려고 부락에 가면 다들 피하고 숨었다. 이제는 이들이 쪽복음을 먼저 요구하고 들에서 일을 쉬고 길가로 나와서 주는 쪽복음을 받는다."(『대장교회 100년사』)

1905년 무렵 조선인, 특히 전라도 농민들은 이 선교사의 표현대로 포획된 사슴 같은 운명이었다. 동학혁명의 대의는 무참히 꺾였고 그 뒤에 이어진 청일전쟁과 러일전쟁으로 조선의 운명은 이미 망국의 길로 들어섰다. 이름을 황제로 바꾼 국왕이 가엾은 조선의 국민들을 보호하거나 지켜 줄 능력은 상실한 지 오래였다. 조선인들은 스스로 자신의 나라와 운명을 지키려고 나서거나, 아니면 나라가 아닌 누군가에게 손 내밀어 보호를 요청할 도리밖에 없었다. 당시 많은 사람들의 선택은 후자였다. 포획된 사슴 같은 운명의 조선인들이 눈 푸른 서양 선교사들이 내민 손을 붙잡은 것이다.

대장촌 널문이교회는 1909년 장로 1인을 뽑을 수 있는 자격을 얻게 될 만큼 급속히 성장한다. 당시 대장촌 널문이 교인수는 150명에 이른 것으로 추측된다. 대장촌 교회가 성장하는 데는 미국 선교사들의 역할이 절대적이었는데, 그중에서도 주목할 사람이 마로덕이라는 한국 이름으로도 많이 알려진 맥쿠첸 목사다. 미국 남장로교회 선교사인 맥쿠첸Luther D. Mccutchen 목사는 대장교회의 설립을 주도한 초대 담임목사인 동시에 1938년 조선을 떠날 때까지 오랫동안 이 교회의 실질적인 지도자였다. 뒤에 소개할 김창국 목사를 비롯해 대장교회에는 여러 명의 조선인 목회자들이 있었지만, 미국 남장로교회 선교사로 전주 외곽 선교를 책임지고 있던 맥쿠첸 목사가 이 교회에 끼친 영향력은 절대적이었다.

당시 전주 지역 개신교는 미국 남장로교회 선교사들이 이끌고 있었고,

재정적인 면에서도 선교사들에게 의존하지 않을 수 없는 형편이었다. 조선이 일본의 식민지가 되어 일제 지배자들이 조선 사람들을 지배하는 상황에서 미국 선교사들은 조선 사람들, 특히 조선 개신교의 보호막 역할을 하고 있었다. 국권 상실로 일체의 정치적 자유가 박탈된 상황에서 교회는 조선 사람들에게 거의 유일한 정신적 안식처인 동시에 피난처이기도 했다. 1910년을 전후한 대장교회의 급성장도 이런 맥락에서 해석될 수 있다.

일제와 서양 선교사들의 기묘한 동거

초대 조선통감 이토 히로부미는 기독교인은 아니었지만 기독교에 대한 이해가 깊은 인물이었다. 이토는 1871년부터 2년 동안 이와쿠라岩倉 구미사절단의 일원으로 유럽과 미국을 살펴보면서 서양에서 기독교가 차지하는 위상을 두 눈으로 확인했다. 첫 방문국인 미국에서는 미·일간 불평등조약 개정의 전제조건으로 기독교 탄압 중단을 요구받았고, 벨기에에서는 일본의 기독교 탄압에 항의하는 시위대와 직면하기도 했다.*

"우리들이 가는 곳마다 기리시단크리스트교 해방과 신교의 자유를 요구하는 외국인의 강력한 요구에 접하지 않을 수 없었다. 생각건대

---

* 일제강점기 기독교 관련 부분은, 윤경로, 2001, "일제의 초기 기독교 정책과 한인 기독교계의 대응", 『한국사 연구』 114; 김승태, 2006, "일제 말기 한국기독교계의 변질·개편과 부일협력", 『한국기독교와 역사』 25 등을 참조했다.

이번에 기리시단에 대해서는 속히 해방시켜 주고 신교의 자유에 대해서도 곧 자유롭고 관대한 조치를 취하지 않는다면 도저히 외국과 우호적 관계를 기대할 수 없다."

이토는 조선통감으로 부임한 뒤 당시 조선을 휩쓸던 개신교 열풍을 목격했다. 그리고 이를 일본의 조선 통치에 이용하고자 했다. 이토가 내세운 명분은 정교분리 원칙이었다. 이토는 미국 정부와 긴밀한 관계를 유지하고 있는 선교사들을 자신의 우군으로 확보하고 이들을 통해 일본의 조선 지배를 정당화할 필요도 있었다. 이토는 서양 선교사들에게 이렇게 제안했다.

"일체의 정치 사건에는 내가 대처하겠으니 금후 한국의 정신적 방면의 계몽 교화는 바라건대 그대가 맡아 주시오. 이렇게 되어야만 한국인에 대한 유도 사업이 비로소 완벽하게 이루어질 것입니다."(윤경로, 2001)

이토의 제안에 대해 선교사들은 대환영이었다. 을사조약으로 조선의 주권이 사실상 일본으로 넘어가는 상황에서 외국 선교사들이 가장 염려한 것은 자신들의 선교활동이 제약되는 것과 한국에서 이미 확보해 둔 재산권을 침해받는 것이었다. 정치와 종교를 분리하자는 이토의 제안은 선교사들에게 선교의 자유와 재산권을 인정하겠다는 뜻이었다. 이토는 선교사들의 마음을 잡기 위해 적극적으로 나섰다. 우선 선교사들의 재산권을 법적으로 보장했다. 선교사 명의의 교회 부지 전담 주택의 소유권을 인정하는 것은 물론, 1909년에 공포된 가옥세, 주세, 연초세 징수 대상에서 선교사들을 제외함으로서 사실상 면세특권까지 인정했다. 조선에 상당한 규모의 부동산과 각종 이권을 차지하고 있던 선교사들로서는 일제의 이런 정책들을 쌍수를 들어 환영했다.

이토의 선교사 회유책은 여기에 그치지 않았다. 외국인 선교사들을 수시로 통감관저로 불러 연회를 베푸는 것은 물론 직접적인 경제적 지원 방법도 동원했다. 평양에 감리교 교회를 지을 때 1만 원의 거액을 지원했는가 하면, 황성기독청년회YMCA에는 매년 1만 원의 운영비를 지원하기도 했다. 외교권 장악으로 미국을 비롯한 서구 열강이 조선에서 모두 철수한 상황에서 조선에 남은 외국인 대부분은 미국계 선교사들이었다. 선교사들의 여론이 미국 정부와 구미에 절대적인 영향을 줄 수 있는 상황이었던 것이다. 그렇기에 국내적으로는 주권박탈에 분노하고 있는 조선 기독교인들을 달래고, 국외적으로는 조선 강점에 대한 비판적인 여론을 달래려는 것이 미국계 선교사 회유의 근본 목적이었던 것이다. 이토의 이런 회유책은 다음과 같은 미국 정부의 반응을 보면 일단 성공적이었다.

"한국에서의 일본 행정은 무척 신의에 차 있고 또한 한국인의 행복을 생각한 흔적이 역력하다."(윤경로, 2001)

일본 제국주의와 서양 선교사들이 이끄는 개신교는 '하느님의 것은 하느님에게, 카이사르의 것은 카이사르에게'라는 성경 말씀을 내세워 조선 땅에서 타협하고 공존했다. 거의 모든 분야에서 일제의 강압적 지배와 감시가 있었지만 서양 선교사들의 활동에는 큰 제약이 없었다. 3·1운동 과정과 그 이후에 서양 선교사들에 대한 견제가 강화되긴 했지만 강제 출국 같은 조치로 이어진 경우는 거의 없었다. 맥쿠첸 목사를 비롯해 미국 선교사들의 강력한 영향력하에 있었던 대장교회도 당시 이런 분위기의 영향을 받지 않을 수 없었다.

이토 히로부미 통감 시절부터 미국 선교사들과 일제 총독부는 정교분리라는 원칙을 지키는 한 서로의 영역을 존중했다. 그것은 교회가 정치에 개입하지 않는 것을 넘어 일제의 조선 지배를 인정하는 것을 의미했다. 미국 선교사의 영향력이 강했던 대장교회 역시 이런 정교분리 원칙하에서 일제강점기를 보냈다고 할 수 있다. 대장교회가 오랜 기간 이 지역의 핵심적인 종교단체였지만 3·1운동이나 신사참배 문제에서 적극적으로 선두에 나서지 못한 것은 그런 역사적 맥락이 있었기 때문이다.

이 교회 역사에서 주목할 만한 사람은 김창국 목사다. 김창국 목사는 1884년 전주에서 한의사인 김제원의 둘째 아들로 태어났다. 전주에 온 미국 해리슨W. B. Harrison 선교사의 집에서 그의 어머니가 일을 도와주면서 김창국은 미국 선교사와 인연을 맺었다. 소년 김창국은 해리슨 선교사를 도와 시장에서 전도지를 나눠주며 노상 전도를 하는 등 어렸을 때부터 서양 선교사들과 친밀하게 지냈다.

김창국은 서양 선교사들이 설립한 전주신흥학교 1회 졸업생이다. 이 학교를 마친 뒤에 선교사들의 후원을 받아 1905년에는 평양의 숭실학교에 입학한다. 김창국이 평양 숭실학교에 재학하는 동안 평양에서는 성령대부흥운동이 시작됐다. 한반도에서 개신교 전파의 기폭제가 된 성령대부흥운동은 자신의 잘못을 회개하는 것에서 시작됐다. 목사 지망생 김창국도 이 성령대부흥운동에서 큰 영향을 받고 자신의 잘못을 회개하기 위해 군산까지 내려오기도 했다. 숭실학교를 졸업한 뒤 군산에서 해리슨 선교사를 도와 고등학교 교사로 일하다가 1908년에 다시 평양으로 가서 평양신학교에 입학한다.

5년간의 신학교 과정을 마친 김창국은 1915년 오랫동안 소원해 왔던 목사가 된다. 조선예수교장로회 전라노회는 1915년 8월 18일 전북 옥구에서 노회를 열어 김창국, 이자익, 이경필 세 사람의 목사 임직을 결정했다. 전북에서 최초로 한국인 목사가 탄생한 것이다. 목사가 된 김창국은 전북 익산군 춘포면에 있는 널문이교회의 2대 당회장 목사로 임명됐다. 그가 1908년부터 맥쿠첸 목사를 도와 목회활동을 하던 교회에 당회장으로 부임한 것이다.

그는 전주에서 최초로 세례를 받은 5명 가운데 한 명이었고, 전북 지역에서 목사로 임명된 최초의 조선인이기도 했다. 또 그가 평양 숭실학교와 평양신학교 출신이라는 점도 주의 깊게 살펴볼 필요가 있다. 한국 개신교 역사에서 보면 김창국 목사는 정통파라고 할 수 있다. 어린 시절부터 서양 선교사와의 접촉을 통해 신앙을 접했고 그들의 도움을 받아 신학교를 마친 것이다.

김창국 목사의 대장교회 목회는 그리 길지 않았다. 29세에 대장교회 목사가 되었다가 2년 후인 1917년 8월에 제주도 성안교회로 자리를 옮겼다. 2년 동안의 목회도 대장교회만 전담한 것이 아니었다. 당시에는 목회자가 많이 부족했기 때문에 한 명의 목사가 여러 교회를 맡아야 했다. 김창국 목사도 널문이교회 이외에 삼례, 봉개, 익산 구읍내 교회 등 3곳을 더 맡아서 교인들을 돌보아야 했다. 책임을 맡은 교회가 4곳이긴 했지만 지역으로 보면 그리 넓지는 않았다.

　그러나 김창국 목사가 대장교회에 끼친 영향은 적지 않다. 최초의 한국인 당회장으로 재직하면서 김 목사는 엄격하고 원칙적인 신앙을 교인들에게 요구했다. 술, 담배를 금하는 것은 물론 아침저녁으로 예배 드릴 것을 요구했다. 신앙적으로 타락한 사람들에 대해서는 출교조치도 마다하지 않았다고 『대장교회 100년사』는 기록하고 있다. 보수적인 미국 개신교의 방침에 충실했던 셈이다. 김창국은 민족주의 성향이 강한 평양 숭실학교와 평양신학교 출신이었다. 식민지 말기에는 일제에 의해 목사직을 박탈당하기도 했을 만큼 민족주의 성향이 강한 인물이었다. 그러나 대장교회 재직 당시에는 이런 성향을 강하게 드러내지는 않은 듯하다. 김창국 목사가 한일강제병합 직후였던 만큼 일본인들과의 갈등이 컸을 법도 하지만, 대장교회 목사 재직 시절에 외형적으로 드러난 문제는 없었다. 미국 선교사들의 방침대로 정교분리라는 원칙을 김 목사도 받아들인 것으로 추측된다. 이런 그의 정교분리 원칙은 그가 이 교회를 떠난 이후에도 계속 유지되었다.

　대장촌에는 미국계 선교사들만 온 것은 아니었다. 1912년에 대장촌에는 대장신사가 건립됐다. 호소카와를 비롯한 대장촌의 일본인 지주들이 적극적으로 신사 건립에 나섰다. 춘포면 춘포리 172번지. 사진으로 보는 대장신사는 제법 웅장하다. 이 번지가 종교부지로 되어 있고 주민들의 증언도 여기가 신사가 있던 곳이라고 증언하고 있다.

　전 소유주는 호소카와 모리타쓰, 호소카와 농장주의 땅으로 되어 있는 것을 보면 대장신사 건립에 호소카와 가문이 적극적으로 나섰다는 것을 알 수 있다. 대장촌에 신사가 들어섰다는 것은 우선 이 고장에 거주하는 일본인들이 많았다는 것을 반증한다. 일본 전통 종교인 신도神道의 대장촌 진출은 여러 가지를 의미한다. 신사는 일본인들의 정신적 구심점 역할을 하는 곳이다. 신사 건립은 대장촌이 단순히 일본인들이 살고 있는 동네 정도가 아니라 실질적인 일본인 마을로 변해가고 있음을 보여 준다. 거기에 사는 사람만이 아니라 귀신까지도 일본 귀신이 자리 잡

호소카와 모리타쓰-1914년부터
대장촌 호소카와 농장주

았다는 뜻이다. 물론 신사가 대장촌에만 있었던 것은 아니다. 해방 직전 조선에는 신궁 2곳, 대형 신사 77곳, 그리고 면 단위 작은 신사가 1,062곳이 되었다. 대장신사의 건립은 군사적·정치적·경제적 점령에 이은 정신적 점령까지도 이루어진 의미였다.

대장신사

해방 이후에도 일본인 농장과 주택은 오래도록 보존되었다. 그러
나 대장신사 건물은 해방 직후 철거되었다. 신사가 다른 건물과는 달
리 일본인들이 물러간 직후 철거된 것은 종교건물이기 때문이었을 것이
다. 마을의 조선 사람 가운데 진심으로 신도를 믿는 사람이 있었을 리 없
을 테니 종교시설로 계속 사용할 필요는 없었을 것이고, 일본 귀신이 깃
들어 있다는 건물을 다른 용도로 바꿔 사용하는 것도 찜찜했을 것이
다. 이 동네에서 가장 먼저 이루어진 일제 청산은 종교 분야였던 셈이
다. 일본의 냄새가 가장 진하게 배어 있고 일본의 귀신을 섬기는 시설
이었으니 해방 이후 일제의 흔적 지우기의 첫 번째 작업으로 신사 철거
는 당연하고 올바른 수순이라고 평가할 만하다. 신사 철거라는 방법으
로 정신적인 측면에서 일본 색깔 지우기가 이루어진 뒤 경제적인 부분
의 일제 청산 작업이 진행되었다. 일본인 지주들이 갖고 있던 토지가 농
민들에게 돌아간 것이다. 일본인 지주들의 지배 흔적이 결정적으로 지
워진 농지개혁은 대단히 중요하지만 이 책에서 당초 다루고자 했던 범
위를 넘는 이야기여서 다음 기회로 넘기기로 한다.

농지개혁 이후에도 일본인 지주들을 포함한 일본인들의 흔적이 이 마
을에서 완전히 지워졌다고는 할 수 없다. 40년에 걸친 지배의 흔적을 지
우는 방법으로 대장촌 사람들은 그 시절을 외면하고 망각하는 방법
을 선택했다. 일본인 지주들에 대해 말하지 않고 그들의 흔적을 찾지 않
으며 그들과 함께 만들었던 마을의 역사를 돌이켜보지 않았다. 그렇다
고 해서 적극적으로 일제의 잔재를 지우려고 했던 것도 아니다. 대장
촌이라는 역사성이 있는 마을의 이름을 춘포리라는 이름으로 바꾼 것
을 제외하면, 이 마을에서 일본을 잊으려는 구체적인 노력이 있었던 것

도 아니다. 일본과 일본인을 빼고는 이 마을의 역사를 말하기 어려운 곤란함을 외면과 망각으로 표현했던 것인지도 모른다. 이 책에서 살펴본 것처럼 이 마을의 역사에서 일본인, 특히 일본인 지주들이 차지하는 몫이 큰 것은 사실이다. 이 땅에서 살았던 일본인들 역시 이 마을 역사의 일부분이었다. 이 벌판에서 함께 호흡하고 함께 살았던 그들을 우리의 역사에서 지워야 할 이유는 없다. 그들에 대한 기억을 온전히 되살리지 못하면 이 땅에 대한 제대로 된 역사도 나올 수 없기 때문이다.

참고문헌

제1장

국사편찬위원회, 『駐韓日本公使館記錄』 1, 2권.

김용환, 2012, "동학교조신원운동과 동학농민혁명의 상관 연동", 『동학학보』 25.

동학농민혁명기념재단, 동학농민혁명 국역총서 4, 『남유수록』.

박맹수, 2007, "教祖 伸寃運動期 參禮集會에 대한 再檢討", 『한국독립운동사연구』 28.

박맹수, 2010, "매천 황현의 동학농민군과 일본군에 대한 인식", 『한국근현대사연구』 55.

황현 저, 김종익 옮김, 1994, 『번역 오하기문』, 역사비평사.

홍종식, 1929, "70년대 사상의 최대 활극 동학란 실화", 『신인간』 34.

제2장

국사편찬위원회, 한국독립운동사 자료 8권 「의병편」.

기무라 겐지, 2000, "메이지 시대 일본의 조사 보고서에 나타난 조선 인식", 『근대교류사와 상호인식』 한일공동연구총서 2.

마쓰모토 다께노리(松本武祝)·정승진, 2008, "근대 한국촌락의 중층성과 일본모델: 사회적 동원화와 '전통의 창조' 개념을 중심으로", 『아세아연구』 통권 131.

이경란, 1991, "日帝下 水利組合과 農場地主制−沃溝. 益山지역의 사례−", 『學林』 12, 13.

이규수·마쓰모토 다케노리·정승진·김경남·이정욱, 2016, "러일전쟁 직후 일본인 지주의 한국 진출 −〈군산농사월보〉의 검토를 중심으로", 『근현대 지역공동체 변화와 유교이데올로기: 지역공동체 재편 1』, pp.30−31, 흐름출판사.

정승진, 1998, "일제시대 식민 '신도시'의 출현과 주변 농촌−전북 이리와 대장촌의 사례를 중심으로", 『쌀, 삶, 문명연구』 1.

정승진, 2013, "開發農政의 宣傳과 '同化主義'−全北 裡里발행 〈朝鮮之産業〉(1929−1936)의 분석", 『大同文化硏究』 84.

정승진·마츠모토 다케노리, 2005, "영주에서 식민지 대지주로: 일본 귀족 호소카와가의 한국에서의 토지 집적", 『역사비평』 통권 73.

최원규, 1993, "日帝의 韓國移民策과 日本人 '農業移民'", 『동방학지』 79.

MATSUMOTO Takenori and CHUNG Seung-jin, 2009, "On the Hosokawa Farm and the History of Daejangchon, a japanese-Style in Colonial Korea: Dilemmas in Rural Development", *Korea Journal Autumn*.

Takenori MATSUMOTO, Seungjin CHUNG, 2015, "Japanese Colonizers in the Plain of Colonial Korea", *Sungkyun journal of East Asian Studies* 15.

井上正太郎, 1928, 東津江流域, 30-31.

千田稔, 1984, "華族資本としての候爵細川家の成立.展開", 『社會經濟史學』 52.

제3장

국사편찬위원회, 한민족독립운동사료집 11권 「三.一獨立宣言關聯者 訊問調書」.

김기주, 2013, "3·1운동에서 호남인의 참여도 검토", 『역사학 연구』 37.

金芙聲, 1978, "3.1運動의 空間擴散에 關한 硏究", 서울대학교대학원 석사논문.

김종수, 2015, "호남 지역의 3·1운동", 『군사연구』 139.

박찬승, 2008, "3·1운동기 지하신문의 발간경위와 기사 내용", 『韓國學論集』 44.

이규수, 2003, "3·1운동에 대한 일본 언론의 인식", 『역사비평』 통권 62.

이규수, 2007, "조선총독부 치안관계자의 한국인식-지바 사토루(千葉了) 녹음기록의 분석-", 『제국 일본의 한국인식 그 왜곡의 역사』, 논형.

이덕주, 2010, 『익산 四.四만세운동과 그 역사적 의미』, 영명중고등학교 사료.

이양희, 2016, "재한일본인 자위단의 3.1운동 탄압", 『한국근현대사연구』 77.

이정은, 1991, "3·1운동의 지방 확산 배경과 성격", 『한국독립운동사연구』 5.

임경석, 2008, "3·1운동기 친일의 논리와 심리-〈매일신보〉를 중심으로-", 『역사와 현실』 69.

전상숙, 2009, "'평화'의 적극적 의미와 소극적 의미-3·1운동기 심문조서에서 드러난 '민족대표'의 딜레마-", 『개념과 소통』 2.

조형근, 2007, "일제 식민지기 재래시장의 사회사적 분석을 통한 식민지 근대성론의 사회변동론적 재구성", 『사회와역사』 76.

황민호, 2006, "〈매일신보〉에 나타난 3·1운동의 전개와 조선 총독부의 대응", 『한국독립운동사연구』 26.

제4장

蘇淳烈, 1994, "植民地後期朝鮮地主制の研究―全羅北道を 中心に", 京都大學大學院研究科農林經濟學專攻 博士學位論文.

소순열, 2005, "식민지 조선에서의 지주·소작 관계의 구조와 전개", 『농업사연구』 4.

소순열, 2005, "일제하 조선에서의 일본인 지주경영의 전개와 구조-몇 가지 지주 경영 사례를 통하여-", 『농업사연구』 4.

소순열, 2007, "1902-30년대 농민 운동의 성격 변화-전북 지역을 중심으로", 『지역사회연구』 15.

정승진, 2004, "식민지 지주제의 동향(1914-1945)-전북 〈益山郡春浦面土地臺帳〉의 분석", 『한국경제연구』 12.

정승진. 2006, "松本武祝, 토지대장에 나타난 농지개혁의 실상(1945-1970)-전북 〈익산군춘포면토지대장〉의 분석", 『한국경제연구』 7.

정승진, 2009, "일제시대 전익수리조합의 전개과정과 그 역사적 의의", 『농촌경제』 31.

鄭然泰, 1988, "1910년대 일제의 농업정책과 식민지 지주제-이른바 〈米作改良政策〉을 중심으로", 『韓國史論』 20.

제5장

국성하, 2001, "일제 강점기 사회교육의 의미와 사회교육체제 형성", 『연세 교육연』 14.

김경자·김민경·김인전·이경진·김유진, 2004, "일제강점기 초등교육의 본질: 교육과정 요소를 중심으로", 『초등교육연구』 17.

김민영, 2011, "식민지 시대 개항장도시 일본인의 생활체계와 식민지 인식에 대한 실증연구-동창회, 향우회 명부, 사진첩, 추억록의 분석", 『한국도서연구』 23.

김용달, 1995, "朝鮮農會(1910-26)의 組職과 事業", 『國史館論叢』 64, 국사편찬위원회.

소순열, 2003, "일제하 일본인 지주의 일 존재형태-〈부민협회〉의 설립과 농장경영", 『농업사연구』 2.

송하춘, 2012, "시모다 후미요의 연애방정식", 『스핑크스도 모른다』, 현대문학.

이규수, 2011, "식민지 체험자의 기억 속의 '제국'과 '식민지'-후지카이(不二會)를 중심으로-", 『역사와 경계』 79.

李圭洙, 2013, "재조 일본인의 추이와 존재형태", 『역사교육』 125.

이연식, 2012, 『조선을 떠나며』, 역사비평사.

전북농지개량조합, 1978, 『全北農組 70년사』.

정승진, 2015, "식민지시기 학교조합과 호남의 일본인 이민자사회-全北 益山(裡里), 群山, 金堤, 全州의 단편사례", 『대동문화연구』 90.

조승연, 1999, "일제하 농업생산기반의 형성과 일본인 대지주의 농업 경영-전북 김제 지역의 사례를 중심으로-", 『역사민속학』 6.

崔宇中, 2009, "일제감점기 이등가(伊藤家)의 토지소유와 지주경영", 『농업사연구』 8.

山下英爾, 1915, 『湖南寶庫 裡里案內』, 惠美須屋書店.

제6장

김원, 2012, "일제 강점기 하천 공사의 역사", 『하천과문화』 8.

남궁봉, 1978, "만경강 유역의 개간 과정과 취락형성 발달에 관한 연구", 『정보관리연구』 11.

이종진, 2016, 『만경강의 숨은 이야기』, 도서출판 한맘.

조석곤, 1998, "식민지 근대화론과 내재적 발전론", 『동향과 전망』 38.

조선총독부, 1928, 『조선직할하천 공사연보』.

조선총독부, 1935, 『萬頃江改修工事誌』.

川澤章明, 1928, "埃及の旅", 『朝鮮』, 조선총독부.

허수열, 2012, "일제강점기 하천개수의 식민지적 성격-만경강 개수를 중심으로-", 『학술원논문집』 51(2).

허수열, 2014, "일제 초기 만경강 및 동진강 유역의 방조제와 하천의 제방", 『경제사학회』 56.

広瀬貞三, 2010, "植民地期朝鮮における 万頃江改修工事と 土地收用令", 福崗大學 研究部論集.

제7장

국사편찬위원회, 1989, 『한민족 독립운동사』 5.

김민철, 2012, 『기로에 선 촌락-식민권력과 농촌사회』, 혜안.

마쓰모토 다케노리, 2011, 『조선농촌의 식민지 근대 경험』, 논형.

반민특위조사기록, 1949, 蘇鎭文 반민족행위특별조사위원회 자료, 피의자 심문조서.

이규수, 2010, "일본인 지주 마스토미 야스자에몬(枡富安左衛門)과 '선의(善意)의 일본인'론 재고", 『아시아문화연구』 19.

이연식, 2012, 『조선을 떠나며』, 역사비평사.

지수걸, 1989, "1930년대 전반기 朝鮮人 大地主層의 政治的 動向", 『역사학보』 122.

지수걸, 1993, "식민지 농촌 현실에 대한 상반된 문학적 형상화 −이광수의 〈흙〉과 이기
　　영의 〈고향〉을 중심으로−", 『역사비평』 20.

지수걸, 1999, "일제의 군국주의 파시즘과 '조선농촌진흥운동'", 『역사비평』 47.

지수걸, 2007, "일제시기 재조선 일본인 사회와 조선의 '지방정치' 충남 공주·대전·조치
　　원 사례를 중심으로", 『한일공동연구총서』 12.

한지원, 2012, "1910년대 〈朝鮮衛生風習錄〉에 나타난 식민지 위생조사와 의료민속 실
　　태", 『역사민속학회』 39.

高崎宗司, 2002, 『植民地朝鮮の日本人』, 岩波書店.

山下英爾, 1915, 『湖南寶庫 裡里案內』, 惠美須屋書店.

梶村秀樹, 1992, 『朝鮮史と日本人』, 明石書店.

제8장

高承濟, 1975, "日帝時代村落統制의 社會史的 分析", 『경제학 연구』 2.

공제욱, 2006, "전시동원기 일제의 의복통제와 국민복", 『민주사회와 정책 연구』 9.

宮田節子, 2002, "한 일본인 연구자의 조선사 공부길−조선을 향해 걸어온 50년 열정",
　　『역사비평』 58.

김경남, 2016, "일제하 식민도시 개발과 조선인 자본가 형성의 특징−전북지역 박기순·
　　박영철 일가를 중심으로", 『嶺南學』 30.

김난주·송재용, 2004, "일제강점기 향토오락 진흥정책과 민속놀이의 전개 양상", 『비교
　　민속학』 44.

김승태, 2006, "일제 말기 한국기독교계의 변질·개편과 부일협력", 『한국기독교와 역
　　사』 25.

오새내, 2013, "일제 강점기 일본인 경찰, 관리 대상 조선어 교육의 역사적 배경과 〈경찰
　　관 전용 조선어교범〉의 내용 분석", 『語文論集』 54.

尹慶老, 2001, "일제의 초기 기독교 정책과 한인 기독교계의 대응", 『한국사 연구』 114.

윤소영·홍선영·김희정·박미경 역, 2007, 『일본잡지 모던일본과 조선 1939』, 어문학
　　사.

이윤진, 2004, "일제 식민지 탁아사업을 통해 본 국가의 여성관", 『아시아여성연구』 42.

조형근, 2013, "식민지 대중문화와 '조선적인'의 것의 변증법", 『사회와 역사』 99.

홍이표, 2015, "일제하 한국 기독교의 〈내지(內地)〉 개념 수용과 일본인식―무단통치기
　　　(1910-1919)를 중심으로", 『한국기독교 역사연구소식』 109.

■ 기타 자료

『동아일보』
『매일신보』
〈단상의 怒號〉, 한국 국회를 움직이는 32의원, 민중여론사, 1969.
高橋亨 著, 구인모 譯, 2010, 『식민지 조선인을 논하다』, 동국대학교출판부.
국사편찬위원회, 『일제침략하 한국36년사』 1966-1978년.
국사편찬위원회, 한국근현대 회사조합 자료.
김순전 외 6인, 2012, 『식민지조선 만들기』, 제이앤씨.
김정인·이준식·이송순, 2015, 『한국근대사 2』, 푸른역사.
김준태, 2013, 『보고 들으며 걸어온 길』, 진실한사람들.
대장교회 100년사 발간위원회, 『대장교회 100년사 1902-2003』.
동아공론사 편집부, 1970, 『제7대 국회의원의 인간상』, 동아공론사.
박이선, 2012, 『1938년 춘포』, 보민출판사.
박흥수, 2015, 『달리는 기차에서 본 세계』, 후마니타스.
송기숙, 2008, 『녹두장군 2』, 시대의창.
이종진, 2015, 『만경강의 숨은 이야기』, 도서출판 한맘.
이형식 편, 2013, 『제국과 식민지의 주변인』, 보고사.
익산문화원, 2007, 『익산의 역사와 문화』.
익산문화원, 2007, 『益山鄕土誌』 1, 2, 3권.
장성수·함한희·박순철·조성실·박진영·문예은, 2008, 『20세기 화호리의 경관과 기
　　　억』, 눈빛.
전북문화재연구원 편저, 2015, 『익산문화유산대관』, 익산시.
홍성찬·최원규·이준식·우대형·이경란, 2006, 『일제하 만경강 유역의 사회사』, 혜안.